Herzog · Spitze sein, wenn's drauf ankommt

W0195017

Spitze sein, wenn's drauf ankommt – Das Trainingsbuch

Komm aus'm Quark!

Matthias Herzog

Haufe Mediengruppe
Freiburg · Berlin · München

„Bibliografische Information der Deutschen Nationalbibliothek

Die Deutsche Nationalbibliothek verzeichnet diese Publikation in der Deutschen Nationalbibliografie; detaillierte bibliografische Daten sind im Internet über http://dnb.d-nb.de abrufbar."

ISBN: 978-3-648-00567-5   Bestell-Nr. 00290-0001

1. Auflage 2010

© 2010, Haufe-Lexware GmbH & Co. KG, 79111 Freiburg
Redaktionsanschrift: Postfach, 82142 Planegg/München
Hausanschrift: Fraunhoferstraße 5, 82152 Planegg/München
Telefon: (089) 895 17-0,
Telefax: (089) 895 17-290
www.haufe.de
online@haufe.de
Produktmanagement: Rechtsassessorin Elvira Plitt
Lektorat: Gabriele Vogt

Alle Rechte, auch die des auszugsweisen Nachdrucks, der fotomechanischen Wiedergabe (einschließlich Mikrokopie) sowie die Auswertung durch Datenbanken, vorbehalten.

Umschlag: Kienle gestaltet, Stuttgart
Druck: freiburger grafische betriebe GmbH & Co. KG, 79108 Freiburg

Zur Herstellung dieses Buches wurde alterungsbeständiges Papier verwendet.

Inhalt

Vorwort von Urs Meier

Ich habe als FIFA-Schiedsrichter gelernt, Entscheidungen zu fällen, mit Niederlagen und Fehlentscheidungen umzugehen. Unter Druck zu arbeiten: Wenn 60.000 Zuschauer gegen dich sind, Spieler gegen dich sind und du dann noch Entscheidungen innerhalb von Sekundenbruchteilen fällen musst, das ist Druck. Das alles findet womöglich noch in der 90. Minute statt, wenn ich schon zwölf bis fünfzehn Kilometer gelaufen bin, mein Puls auf 160 ist und meine Entscheidung nicht nur den Ausgang des aktuellen Spiels bestimmt, sondern vielleicht sogar noch die Meisterschaft. Das ist Stress, der reine, ungefilterte Stress. Doch genau hier kommt es darauf an, spitze zu sein. Nur dann kann ich eine Entscheidung treffen.

Auch Ihnen begegnen im Leben regelmäßig Momente, in denen es darauf ankommt, spitze zu sein – im Beruf, im Sport und im Alltag. Wie reagieren Sie in solchen Momenten? Sie wollen doch auch mehr vom Leben, oder? Sie haben Träume, Wünsche, persönliche Ziele, die Sie verwirklichen wollen. Doch tun Sie meistens zu wenig: zu wenig Lernen, zu wenig Trinken, zu wenig gesunde Ernährung, Bewegung, Entspannung und Motivation. Sie „sitzen im Quark", wie es Matthias Herzog sehr bildhaft nennt. Sie sabotieren sich selbst. Wollen Sie wirklich erfolgreich sein und mehr Lebensqualität gewinnen, denken Sie um. Wie das geht, zeigt Ihnen Matthias Herzog in diesem Trainingsbuch.

Auf den folgenden Seiten erhalten Sie die dafür notwendigen Impulse und alltagstauglichen Werkzeuge in spielerisch leichter Form an die Hand – denn das Leben ist ein Spiel. Es erwarten Sie verblüffende Beispiele, konkrete Übungen, praktische Tipps und Interviews mit prominenten Persönlichkeiten. Diese gelungene Kombination unterstützt Sie dabei, das Gelesene direkt in die Praxis umzusetzen und in Zukunft ein selbstbestimmtes und erfolgreiches Leben zu führen. Jung und Alt sowie Junggebliebene können die Strategien direkt anwenden und spüren sofort, wie sich erste Erfolge einstellen. Die gelungenen Zeichnungen von MATZE erzeugen zusätzlich wirkungsvolle Bilder im Kopf. Doch Vorsicht – keinen rosa Delphin!

Wer Matthias in seinen Vorträgen bereits erlebt hat, weiß: Er präsentiert seine Inhalte mitreißend, abwechslungsreich und unterhaltsam. Das gilt genauso für dieses Buch. Matthias hat etwas zu sagen und weiß es so zu verpacken, dass Ihnen das Lesen dieses Buches viel Freude bereitet und Sie darüber hinaus ins Handeln kommen. Sie werden seinen Ausführungen gebannt folgen.

Führen Sie Verbesserungen in Ihrem Leben selbstbewusst und zielorientiert herbei, anstatt passiv auf bessere Zeiten zu warten. Werden Sie zum aktiven Leser. Packen Sie Ihr Leben an und HANDeln Sie. Kommen Sie aus dem Quark und seien Sie spitze, wenn`s drauf ankommt!

Urs Meier, Juli 2010

www.ursmeier.ch

Vorwort

Alle Menschen sitzen immer wieder im Quark – auch du[1].

Du sagst, dass du glücklich, gesund, (beruflich) erfolgreich, finanziell abgesichert sein und tolle Beziehungen führen willst. Du hast gelernt, dass dein Denken, dein Fühlen und deine Handlungen für deine Ergebnisse ausschlaggebend sind und „eigentlich" weißt du auch, was gut für dich ist. Stattdessen machst du jedoch häufig das Gegenteil von dem und wunderst dich anschließend darüber, was herauskommt. Du sabotierst regelmäßig deinen eigenen Erfolg – in allen Lebensbereichen.

Wir leben in einem Land, in dem wir die besten Voraussetzungen haben, um persönliche Bestleistungen zu erzielen: wir besitzen einen hohen Lebensstandard und die nötige Infrastruktur, die Aus- und Weiterbildungsmöglichkeiten in Schulen und Universitäten sind gegeben, Technik und Wissenschaft sind fortschrittlich. Klar könnte alles noch besser sein. Nur: das Einzige, was dir einfällt, ist täglich darüber zu quaken, wie schlecht doch alles sei.

Anstatt dich über die guten Voraussetzungen zu freuen und diese zu nutzen, um mehr aus deinem Leben zu machen, versinkst du lieber im Mittelmaß. Deine Bequemlichkeit und Selbstzufriedenheit führen dazu, dass du mit deinem immer dicker werdenden Hintern tiefer und tiefer im Quark versinkst.

In diesem Buch erhältst du Strategien, die dich unterstützen, deine Grenzen zu überschreiten und langfristig aus dem Quark heraus zu kommen. Ich zeige dir, wie du bessere Ergebnisse erzielst, indem du die Verantwortung übernimmst für alles, was du denkst, sagst, tust, bist und hast.

Du erhältst Tipps und Werkzeuge, um dich weiter zu entwickeln und andere Menschen in ihrer Entwicklung zu stärken. Dabei ist es gleichgültig, ob du

---

1 Wissenschaftliche Untersuchungen sind zu dem Ergebnis gekommen, dass die Du- wie die Ich-Form direktere Wege zum Unterbewusstsein sind als das unpersönliche „Sie". Sicher sind Sie daran interessiert, den größtmöglichen Nutzen aus dem Lesen dieses Buches zu ziehen. Deshalb spreche ich Sie das Buch hindurch mit dem persönlichen „du" an. Solltest du weiterhin das „Sie" bevorzugen, stelle dir bei jedem „du" einfach vor, dass du mit „Sie" angesprochen wirst.

an dir arbeitest oder mit Schülern, mit deinen Kindern, mit Kollegen und Mitarbeitern oder mit Sportlern. Ich arbeite als Redner und Trainer jährlich mit über 30.000 Menschen aus all diesen Bereichen. Überall funktionieren diese Methoden. Im Sport habe ich nur wenige Stunden Zeit, um mit den Sportlern zu arbeiten. Hier sehe ich bereits am nächsten Spieltag oder im nächsten Wettkampf, inwieweit die Tipps umgesetzt werden und funktionieren. Die Ergebnisse sind verblüffend. Sind die Sportler bereit, die Verantwortung für ihr Handeln zu übernehmen und an sich zu arbeiten, und setzen die für sie passenden Tipps um, ist die Wirkung sofort sichtbar.

Dieses Buch enthält selbstverständlich auch Bilder. Du machst dir im Alltag immer Bilder. Unser Gehirn denkt in Bildern - ganz automatisch. Bilder erreichen tiefere Ebenen des Unterbewusstseins. Jedes Bild erzählt eine Geschichte. Deshalb bin ich froh, dass Timo Wuerz diese genialen Bilder gezeichnet hat. Timo gehört zu den Besten seines Faches. Jede seiner Zeichnungen greift das einzelne Thema im Buch so außergewöhnlich auf, dass sicher genau dieses Bild vor deinem inneren Auge auftaucht, wenn du in einer bestimmten Situation nach einer Lösung suchst.

Neben Geschichten und Bildern erwarten dich auch Interviews[2] von Siegertypen aus dem Sport und den Medien. Die Prominenten erzählen, wie sie es selbst immer wieder schaffen, aus dem Quark zu kommen und „Spitze zu sein, wenn's drauf ankommt". Du erkennst schnell, dass auch diese Menschen, zu denen viele aufschauen, die gleichen Herausforderungen im Alltag zu meistern haben wie du und ich.

Was du aus dieser Lektüre machst, entscheidest letztlich du ganz alleine. Ich wünsche dir, dass du das Beste daraus machst. Stelle dich darauf ein, an dir zu arbeiten, wenn du dein Leben wirklich verbessern willst. Schiebe deine Angst, etwas nicht sofort perfekt zu machen, einfach beiseite. Setze dich mit der wichtigsten Person in deinem Leben auseinander: mit dir selbst! Sei es dir wert. Setze dir das erste Ziel gleich jetzt, los, tu's! Du tust es für dich. Starte jetzt. Komm aus'm Quark und sei künftig spitze, wenn's drauf ankommt!

---

2   Die ausführlichen Interviews findest du unter www.matthiasherzog.com (Kennwort: „Spitzensportler").

Wie du dieses Buch optimal nutzt – Gebrauchsleitfaden

Was du schreibst, das bleibt!

Gehirnforscher haben herausgefunden, wann und wie wir uns Informationen merken. Wir merken uns[3]

- 10 % vom dem, was wir lesen,
- 20 % vom dem, was wir hören,
- 30 % vom dem, was wir sehen,
- 50 % vom dem, was wir hören und sehen,
- 70 % vom dem, was wir selbst sagen,
- 90 % vom dem, was wir selbst tun.

Der Studie kannst du entnehmen, dass wir uns nur 10 % von dem merken, was wir lesen. Schreibst du dir die wichtigsten Punkte auf, erhöhst du bereits die Merkrate.

Hier eine weitere Studie, die dir die Bedeutung der Schriftlichkeit verdeutlicht: An der Yale-Universität wurden im Jahr 1953 alle Abgänger dieses Jahrgangs befragt, ob sie ihre Ziele niedergeschrieben und eine konkrete Planung erstellt hätten. Das erstaunliche Ergebnis: Lediglich 3 % der Studenten beantworten diese Frage positiv. Im Jahr 1973, also 20 Jahre später - wurden diese Studenten erneut befragt. Es stellte sich heraus, dass die zielbewussten 3 % nicht nur gesünder waren, sie führten auch bessere Beziehungen. Darüber hinaus gaben sie an, sich glücklicher und zufriedener zu fühlen. Es gab jedoch noch ein weiteres beeindruckendes Ergebnis: Die 3 % mit langfristig, schriftlich fixierten Zielen verfügten über einen Anteil von 95 % am gesamten Vermögen dieses Jahrgangs. An diesem Ergebnis kannst du erkennen, wie enorm wichtig die schriftliche Zielfixierung ist. Brian Tra-

---

3 http://schimana.net/2009/01/kommunikation/was-wir-uns-merken-koennen. 20.02.2010.

cy – einer der weltweit erfolgreichsten Persönlichkeitstrainer – sagt sehr treffend: „Gewinner denken auf Papier. Verlierer denken ohne Papier." Deshalb mein Tipp an dich:

> **TIPP:** Nimm einen Textmarker und lege dir einen Bleistift zurecht. In diesem Buch findest du viele gute Anregungen. Markiere die Stellen, die dich besonders interessieren. Lies die markierten Stellen immer und immer wieder. Arbeite zusätzlich mit Post-Its®, auf die du ein dir wichtiges Stichwort schreibst und das Post-It® an die entsprechende Stelle klebst. Nutze die Seitenränder, um dir Notizen und Zeichnungen zu machen.

Außerdem empfehle ich dir, einen Notizblock in DIN A5 oder besser in DIN A4 neben dem Buch liegen zu haben. Schreibe hier die Antworten zu den einzelnen Fragen aus den Übungen hinein.

Lernen = Dauer x Wiederholung x Gefühle

Wie lautet die Formel für das Lernen? Was meinst du? Bis heute sind viele der festen Überzeugung, dass die Formel für das Lernen wie folgt aussieht:

$$Lernen = Dauer \times Wiederholung$$

D.h., du brauchst das gewünschte Verhalten oder die gewünschten Informationen nur lange genug und häufig genug zu wiederholen, dann hast du sie gelernt. Das Prinzip funktioniert zwar – bei einigen besser, bei anderen schlechter –, ein entscheidender zusätzlicher Aspekt macht das Lernen jedoch leichter und erfolgreicher: die Intensität deiner Gefühle. Die erweiterte Formel lautet daher:

$$Lernen = Dauer \times Wiederholung \times Intensität\ der\ Gefühle$$

Je mehr Gefühle du mit einem Verhalten verknüpfst, desto weniger Zeit und Wiederholungen benötigst du, um das gewünschte Verhalten zu lernen. Du kannst Kindern tausendmal sagen: „Fasse nicht auf die heiße Herdplatte." Manchmal funktioniert es. Meistens glauben Kinder jedoch, sie wären schlauer. Es gibt einen Moment, da lernt es wirklich jedes Kind, dass heiße Herdplatten nichts für zarte Kinderhände sind – und zwar für immer. Wann ist das? Richtig. Das Kind fasst drauf – (autsch) gelernt. Kein Kind braucht dieses Erlebnis 17 Minuten am Stück oder sieben Mal hintereinander. In der

Regel reicht eine knappe Sekunde und der Lernprozess ist erfolgreich abgeschlossen.

Mit positiven Gefühlen ist dieser Lernprozess natürlich viel angenehmer. Hast du schon einmal mit Spaß gelernt? Ich hoffe es. Wie ist es dir da ergangen? Kann es sein, dass du die gewünschten Informationen innerhalb kürzester Zeit aufgenommen und dir gemerkt hast? Diese Erkenntnis ist entscheidend für dein weiteres Leben. Hast du Informationen aller Art zu lernen, machst du dir das Leben leichter, wenn du positive Gefühle damit verbindest, am besten das Gefühl Spaß. Mit Spaß lernst du bis zu elf Mal leichter. Du lernst in kürzerer Zeit mehr Informationen und behältst diese länger. Die Informationen wandern eher ins Langzeitgedächtnis.

Wissen ist Macht! Stopp – wenn du's umsetzt

Sicher kennst du Sprüche wie „Wissen ist Macht. Nichts wissen macht auch nichts." Oder „Wissen heißt wissen wo es steht." Diese Sprüche klingen ganz lustig. Wenn du sie jedoch befolgst, erlebst du live mit, wie andere förmlich an dir vorbeifliegen. Das Wissen der Menschheit verdoppelt sich aktuell alle drei Jahre – mit der Tendenz zu immer kürzeren Zeiträumen. Nur, wenn du das Prinzip des „lebenslanges Lernens" lebst und dich beharrlich weiterbildest, hast du zukünftig Chancen, im Leben erfolgreich zu sein. Wer nicht mit der Zeit mitgeht, geht mit der Zeit. So einfach ist das.

Im Durchschnitt verbringen wir heute jedoch 221 Minuten (3 h 41 min) am Tag mit Berieselung vor der dem Fernsehgerät[4]. Nur 45 Minuten sind wir täglich mit Lesen beschäftigt. 22 Minuten verfallen davon auf Zeitungslektüre, nur 8 Minuten auf das Lesen von Büchern. Die Menschen lassen sich also lieber berieseln, als in ihre Weiterbildung zu investieren. Sie lesen die Tageszeitung, die Werbebeilagen oder sie lesen die tollen Angebote des Lebensmittelhändlers. Zu diesen „Leseunterlagen" kommen diverse Zeitschriften, E-Mails, SMS, Internetanzeigen oder Beipackzettel von Medikamenten.

---

4 http://www.ip-deutschland.de/ipd/forschung_und_service/publikationen/
publikationsreihen/television_keyfacts.cfm. 23.02.2010.

Kurzum, an „Lesefutter" mangelt es keineswegs. Entscheidend ist vielmehr die Qualität des „Lesefutters", an der es mangelt.

TIPP: Nutze ab heute wenigstens täglich 33 Minuten deiner wertvollen Zeit dich fortzubilden. Dann hast du am Ende eines Monats mindestens zwei Fachbücher gelesen. Lese neben diesem Buch weitere Fachliteratur, die dich interessiert und für deine weitere persönliche und berufliche Entwicklung von Bedeutung ist. Biographien sind z.B. spannend und bringen dich weiter, da du daraus sehr viel lernen kannst. „Harry Potter", „Biss zum Morgengrauen" oder „Tintenherz" fallen in eine andere Kategorie. Diese kannst du gerne zum Spaß zusätzlich lesen.

Bedenke: Selbst nach dem Lesen hat das Wissen, das du dir damit erworben hast, noch keine Macht. Immer wieder machen Menschen Aussagen wie: „Die Zeit fürs Buchlesen hätte ich mir schenken können. Es hat sich nichts verändert." Seit wann verbessert ein Buch allein dein Leben? Das machst du nur selbst. Du kannst alles Wissen der Welt besitzen. Erfolg bringt es dir erst, wenn du in die Handlungsebene kommst und dein Wissen anwendest. Erst dann entfaltet Wissen seine Macht.

Aktive Pause – Bewegung fürs Gehirn

Auch wenn dir das Buch noch so gut gefällt, lies es in kleinen Abschnitten, z.B. jeden Tag ein Kapitel – Häppchen für Häppchen. Du bist noch nicht spitze, nur weil du das Buch in einer Spitzengeschwindigkeit durchgelesen hast. Dein Gehirn hat nur eine beschränkte Aufnahmekapazität, die Konzentration lässt schnell nach. Wenn du dir eine Pause gönnst, verarbeitet dein Unterbewusstsein die gerade gelesenen Inhalte. So bleibt eine größere Menge der Inhalte in deinem Gehirn haften und die Wahrscheinlichkeit der Umsetzung steigt.

Eine große Bedeutung haben Pausen auch im Alltag und Beruf. Für Erwachsene gilt, spätestens nach 88 Minuten eine Pause (mind. 8 min) einzulegen. Bei Kindern und Jugendlichen gilt die Regel: „Lebensalter x 2", d.h., als 10-Jähriger lege nach 20 Minuten eine Pause ein, als 15-Jähriger nach 30 Minuten. Es reichen hier bereits Pausen von ca. 8 Minuten Länge.

Gehe in der Pause kurz an die frische Luft bzw. mache das Fenster auf, um Frischluft zu tanken. Bewegung jeder Art ist gut, um deinen Körper wieder mit frischem Sauerstoff zu versorgen.

Um wieder richtig in Gang zu kommen bieten sich „Brain-Gym®[5]" Übungen an. Das Brain-Gym® ist eine sehr gute Methode, die Lern-, Konzentrations- und Gehirnleistungen zu aktivieren und zu verbessern. Es ist Gymnastik für dein Gehirn. Anders als beim sogenannten Gehirnjogging geht es hier jedoch nicht um Denksportaufgaben, sondern tatsächlich um körperliche Bewegung. Mache diese Übungen regelmäßig über den Tag verteilt, um wieder frischer und wacher zu werden. Durchführen kannst du diese Übungen in den Pausen während der Arbeit, vor Besprechungen, im Unterricht, vor und während Prüfungen usw.

> ### Übung: Die Denkmütze
> Ziehe deine Ohren mit Daumen und Zeigefinger leicht nach hinten und streiche sie aus. Beginne ganz oben und gleite mit sanfter Massage abwärts am Ohrrand hinunter bis zum Ohrläppchen – das Ganze ca. 33 Sekunden lang.
>
> Die Denkmütze hilft dir dabei, ablenkende Geräusche auszublenden und dich zu konzentrieren. Sie erhöht das Hörvermögen, das Kurzzeitgedächtnis und die Fertigkeiten des abstrakten Denkens.

> ### Übung: Über-Kreuz-Bewegung
> Die Ellenbogen berühren abwechselnd das gegenüberliegende Knie. Der linke Ellenbogen geht zum rechten Knie, der rechte Ellenbogen zum linken Knie. Die Körperposition ist aufrecht.
>
> Die Überkreuzbewegung aktiviert beide Gehirnhälften gleichzeitig (die logische linke Seite und die kreative rechte Seite). So werden Fähigkeiten wie Zuhören, Lesen, Schreiben und Erinnern verbessert.

---

5   Dennison, G. E. et al: Brain Gym® fürs Büro. Kirchzarten: 2002.

Die 72-Stunden-Regel zum Erfolg

(Bilder MATZE: Timo Wuerz)

Ein englisches Sprichwort lautet: "Strike while the iron is hot!" Auf Deutsch: „Schmiede das Eisen, solange es heiß ist." Je länger der Schmied wartet, desto mehr Kraft braucht er, um sein Ziel zu erreichen. Am Ende ist seine Chance gleich Null, das Eisen zu formen. Dasselbe gilt für das Wissen aus diesem Buch.

Die „72" ist eine magische Zahl, die sich bei vielen Teilnehmern und bei mir als sehr wirksam erwiesen hat. Alles, was du innerhalb von 72 Stunden nach dem Lesen dieses Buches oder eines Kapitels ins Handeln bringst, hat eine über 90 %-ige Chance auf Erfolg. Danach sinkt die Wahrscheinlichkeit der Umsetzung rapide gegen Null.

Du brauchst es nicht innerhalb der 72 Stunden abgeschlossen zu haben. Das ist selten möglich. Entscheidend ist, dass du den ersten Schritt machst – also einen Grundstein legst. Um jetzt direkt mit dem Training deines Entscheidungsmuskels zu starten, wähle bitte drei Dinge aus, die du definitiv in den nächsten 72 Stunden ins Handeln bringst.

• Was bringe ich in den nächsten 72 Stunden konkret ins Handeln?

Lies bitte erst weiter, wenn du dir wirklich drei Punkte aufgeschrieben hast. Auch wenn du jetzt erst am Anfang des Buches bist, hast du sicher bereits drei Punkte parat.

Im Laufe des Buches erhältst du die Strategien, die dich bei der Umsetzung unterstützen. Nutze die folgende Vorlage und erstelle einen Aktionsplan. Beantworte die Fragen: Wer? Macht was? Bis wann? Bewerte anschließend den Status der Umsetzung und gib am Ende eine Schulnote, wie zufrieden du mit der Umsetzung bist.

Lfd.-Nr.	Vorhaben (Was tun?)	Wer ?	Beginn?	Bis wann?	Status			N
					P	U	Ok	
1.								
2.								
3.								

P = In Planung, U = In Umsetzung, Ok = abgeschlossen

N = mit Schulnote deine Aktion qualitativ bewerten

(1 = sehr gut bis 6 = ungenügend)

„Der eine wartet, bis die Zeit sich wandelt
Der andere packt sie kräftig an und handelt."
(Dante Alighieri)

LEBEM – Die fünf Säulen für mehr Lebensqualität

Die Belastungen in Beruf, Sport, Schule und Privatleben nehmen kontinuierlich zu. Hoher Druck und Stress bestimmen deinen Alltag. Erfolg verlangt dir immer mehr Einsatz ab, mehr Zeit, mehr Energie. Was aber nützt es dir und anderen, wenn du bereits nach kurzer Zeit körperlich und geistig ausgepowert bist? Wenn dir Zeit und Energie für gute Ideen, neue Lösungen, deine Partnerschaft, Familie, Freunde, Hobbys fehlen?

Leider gibt es Erfolg auf allen Ebenen sowie mehr Lebensqualität und -energie nicht auf Rezept oder als Pille zum Schlucken. Du kannst jedoch aktiv etwas dafür TUN. Um Erfolg zu haben, ist es wichtig, dich von alten Gewohnheiten zu verabschieden, die dir Lebensenergie rauben und diese durch neue, nützliche Gewohnheiten zu ersetzen.

Die Inhalte meiner Vorträge und dieses Buches beruhen auf dem Konzept „LEBEM". LEBEM ist ein sogenanntes Akronym – ein Kunstwort, das sich aus den Anfangsbuchstaben der fünf Säulen für mehr Lebensqualität zusammensetzt. Was beinhalten die fünf Säulen?

Die erste Säule: Lernen

Das „L" steht für Lernen. Wir leben heute in einer Zeit des lebenslangen Lernens. Während sich zwischen 1800 und 1900 das Menschheitswissen verdoppelt hat, gab es zwischen 1900 und 2000 bereits eine Verzehnfachung. Aktuell verdoppelt sich das Wissen der Menschheit ca. alle drei Jahre, d.h., das Wissen, das du heute hast, ist in drei Jahren nur noch die Hälfte wert. Wissen entsteht heute in immer kürzerer Zeit, gleichzeitig steigt die Verbreitungsgeschwindigkeit. So dauerte es 1997 noch 30 Tage, eine Datenmenge weltweit zu übertragen, die heute in einer Sekunde verschickt wird. Während früher Gelehrte wie Sokrates, Da Vinci und Newton noch einen Großteil des allgemeinen menschlichen Wissens ihrer Zeit besaßen, versteht heute ein Mathematiker die Rechnungen seines Kollegen nicht mehr. Durch den Eintritt von China und Indien in die Wissensgesellschaft beschleunigt sich das Wachstum des menschlichen Wissens nochmal. Ab 2050 verdoppelt sich das Wissen der Menschheit täglich, so dass wir die Verdoppelung dann in Stunden berechnen können.[6]

Die aktuelle Entwicklung unseres Wissens verdeutlicht sehr gut, dass das lebenslange Lernen mehr und mehr an Bedeutung gewinnt, um jetzt und in Zukunft Spitzenleistungen erzielen zu können. Wenn du meinst, du bräuchtest nach der Schule, Ausbildung oder Studium nicht mehr zu lernen, bist du auf dem Holzweg. Stillstand bedeutet Rückschritt. Lebenslanges Lernen ist Grundvoraussetzung, damit du auf dem Spielfeld des Lebens vorne mit dabei sein kannst.

Wenn ich dich frage: „Glaubst du, dass es Sinn macht, dir täglich mindestens 33 Minuten Zeit für deine persönliche Weiterbildung zu nehmen, um deinen Erfolg und deine Lebensqualität zu verbessern, z.B., indem du Bücher oder Fachzeitschriften liest?", dann antwortest du mit großer Sicherheit mit „Ja. Auf jeden Fall!" Machst du das denn auch?

Verstehst du, warum du im Quark sitzt? Du weißt, was gut für dich ist und tust häufig etwas ganz anderes. Ist das logisch, intelligent und nachvollziehbar? Oder ist es vielmehr unlogisch, dumm und absolut unverständlich? Du bist dabei in guter Gesellschaft. Studien zeigen, dass der Großteil der Bevölkerung genauso handelt. Nur macht es das besser?

- Die Studie „Wo bleibt die Zeit" des Statistischen Bundesamtes von 2003 kommt zu folgendem Ergebnis: Je älter du bist, desto weniger Zeit investierst du täglich ins lebenslange Lernen. Während 10- bis 18-Jährige einschließlich Hausaufgaben und Selbststudium durchschnittlich etwa 3 ½ Stunden täglich für das Lernen aufwenden, sind es bei 18- bis 25-Jährigen noch gut 1 ½ Stunden und bei 25- bis 45-Jährigen lediglich noch knapp 15 Minuten. Bist du über 45 Jahre alt, beschäftigst du dich durchschnittlich sage und schreibe vier Minuten täglich mit Bildung und Lernen. Diese Entwicklung ist erschreckend.

---

6   http://www.ciwm-wissenstransform.de.

- Laut der Studie „Lesen in Deutschland 2008" finden Deutsche Bücher lesen wichtig - sie tun es aber nicht. So liest jeder Vierte keine Bücher. Ebenfalls nur einer von vieren liest wenigstens ein Buch pro Monat (Gelegenheitsleser).

- Der Durchschnittsbürger schaut 3 Stunden 41 Minuten Fernsehen am Tag.[7] Das sind über 25 Stunden pro Woche, also mehr als ein Tag. Hallo?!? Aufs Jahr gerechnet sprechen wir von 56 Tagen, also fast zwei Monaten, die du vor der Glotze hängst. Kein Wunder, du hast keine Zeit zum Lesen, Sport treiben oder für andere Dinge.

Jetzt sagst du bestimmt: „Ich schaue nicht so viel fern." Führe eine Woche folgendes Experiment durch: Schreibe genau auf, wann und wie lange du vor der Glotze gesessen hast. Du wirst verwundert sein, wieviel Zeit insgesamt zusammenkommt. Allein für das Anschauen eines Fußballspiels bist du schnell bei über zwei Stunden. Dasselbe gilt für einen Spielfilm inklusive der langen Werbepausen. Fernsehen ist in der Regel reiner Konsum. Mit Weiterbildung und Lernen hat dein Fernsehprogramm wenig bis gar nichts zu tun.

Dabei kannst du bereits mit wenig Zeit viel erreichen. Der Gedächtnisweltmeister und achtfache Deutsche Meister im Gedächtnissport Dr. Gunther Karsten sagt: „Ich kann fast ohne Training mein altes Niveau halten. Die letzte Zeit trainiere ich 10-15 Minuten am Tag." Gunther ist z.B. in der Lage, sich in einer Minute 102 Dezimalziffern (134264...) in der richtigen Reihenfolge zu merken. Um ähnliche Leistungen zu vollbringen, brauchst du keine zwei Stunden am Tag zu trainieren. Mit der richtigen Technik und bereits 11 Minuten Training am Tag kannst du deine Gedächtnisleistung immens verbessern – entscheidend ist die Regelmäßigkeit.

Besitzt du Lerntechniken, die dir das Lernen vereinfachen, kannst du in weitaus kürzerer Zeit als bisher große Informationsmengen aufnehmen und verarbeiten. Die sogenannte Mnemotechnik ist z.B. eine ausgezeichnete Methode, mit der du dir Informationen schneller, sicherer und länger merken kannst. Das funktioniert durch den Einsatz von Bildern, die du dir im Kopf machst. Sie führt schnell zum Erfolg und macht in der Anwendung viel Spaß. Durch den Einsatz verbesserst du u.a. dein Namens- und Zahlenge-

---

7   http://www.new-business.de/medien/detail.php?nr=592064. 12.01.2010.

dächtnis, kannst Spickzettel aller Art im Kopf behalten, große Stoffmengen bewältigen und Fremdsprachen leichter lernen.

Im Anhang findest du Empfehlungen für erstklassige Bücher von Trainerkollegen, die dir das zukünftige Lernen erleichtern können – vorausgesetzt natürlich, du wendest die Inhalte an.

Die zweite Säule: Ernährung

Das erste „E" steht für Ernährung. Wir haben uns vom Fleisch- und Pflanzenfresser zum Fastfood- und Zuckerkonsumenten entwickelt. Wir essen zu viel, zu fett, zu süß, zu salzig – einfach gesagt: ungesund. Schiebst du nur Mist in dich hinein, brauchst du dich nicht zu wundern, wenn am anderen Ende nur Mist herauskommt.

Wenn du dein Auto schon einmal mit dem falschen Sprit betankt hast, kennst du die Konsequenzen. Mit welchem Brennstoff versorgst du deinen Motor – sprich: deinen Körper? Nimmst du ausschließlich leere Kalorien zu dir, ist es logisch, dass dein Tank schnell wieder leer ist. Nahrung kann beleben oder belasten, vitalisieren oder fett und träge machen.

* Glaubst du, dass es Sinn macht, täglich fünf Portionen Obst und Gemüse zu essen, mehr Vollkornprodukte und weniger Weißmehl, Zucker, Reis und Nudeln? Macht es Sinn, viel Wasser zu trinken, um deine Leistungsfähigkeit und Lebensqualität zu steigern?

„Natürlich macht das Sinn!", antwortest du. Und warum schiebst du dir stattdessen regelmäßig Burger, Pizza, Pommes, Limonaden und Bier zwischen die Kiemen?

* Fast jeder möchte gerne schlank sein. Du auch? Wie kommt es dann, dass drei von vier erwachsenen Männern und mehr als jede zweite Frau heute übergewichtig sind?[8] Damit haben wir Deutschen in der Moppelliga Europas den Bauch vorn. Die Wahrscheinlichkeit, dass du dazu gehörst, ist sehr hoch. Du weißt selbst, welche Folgen der mittlere Ring, die Frühlingsrolle, der Pommesfriedhof um deine Hüften mit sich bringt. Schon einmal etwas von Zivilisationskrankheiten gehört? So leiden aktuell über 10 Millionen Deutsche unter der Volkskrankheit Nr. 1, Diabetes mellitus.[9] Die Dunkelziffer ist weitaus höher, weil viele Fälle unerkannt bleiben.

* Insgesamt trinken fast zehn Millionen Deutsche Alkohol in gesundheitlich riskanter Weise – das ist fast jeder Achte. Sechs Millionen Bundesbürger trinken sogar täglich Alkohol.[10] Damit belegen wir weltweit einen Spitzenplatz und liegen beim Alkoholkonsum auf Platz fünf.[11] Bist du stolz darauf? Warum trägst du dazu bei, dass wir ein Volk von „Säufern" sind?

Kraftstoff Wasser

Dein Körper besteht zu 50 - 70 % aus Wasser, dein Gehirn sogar zu 85 %. Das ist sicher nicht neu für dich. Was brauchst du wohl am dringendsten, um fit und leistungsfähig zu sein und dich wohl zu fühlen? Richtig, Wasser.

---

8   http://www.sueddeutsche.de/gesundheit/8/379812/text/.
9   http://www.diabetes-deutschland.de/aktuellesituation.html. 20.03.2010.
10 http://talk.excite.de/nachrichten/1878/Alkoholkonsum-in-Deutschland-6-Millionen-
    trinken-taglich. 10.03.2010.
11 http://www.sueddeutsche.de/wissen/813/507964/text/. 12.04.2010.

Wunderst du dich, dass du dich schlecht konzentrieren kannst, regelmäßig krank bist und ständig Kopfschmerzen hast (10 Millionen Deutsche leiden an Migräne[12])? Du brauchst dich nicht zu wundern. Achte nur einmal darauf, wie viel und was du täglich trinkst. Dann hast du die Ursache schnell gefunden. Häufig liegt es an deinen Trinkgewohnheiten.

SMILEY – dein fröhlicher Trinkerinnerer

Wasser ist das wichtigste Lebensmittel überhaupt. Viele Menschen machen sich Gedanken über ihre Ernährung, nehmen jedoch selten ihre Trinkgewohnheiten unter die Lupe. Zu Unrecht: 80 % der Bevölkerung trinken zu wenig, d.h., 8 von 10 Menschen fehlt es an Flüssigkeit. Gehörst du auch dazu? Die Wahrscheinlichkeit ist sehr groß. Jeder dritte Schüler verlässt morgens das Haus, ohne etwas getrunken zu haben.[13] Jeder vierte Schüler trinkt vormittags nichts in der Schule. Tendenz steigend. Diese Entwicklung gilt es zu stoppen bzw. vielmehr umzukehren.

Beim Auto ist es undenkbar, dass du mit einem leeren Tank losfährst. Spätestens wenn die Warnleuchte aufblinkt und dich damit auffordert nachzutanken, biegst du zur nächsten Tankstelle ab. Viele verlassen jedoch, ohne etwas getrunken zu haben, das Haus – fahren also mit leerem Tank los. Dein Körper bleibt nicht wie dein Auto stehen. Er holt sich das Wasser aus den Körperzellen, auf Kosten deiner Gesundheit. Dein Blut wird dickflüssiger, was u.a. den Sauerstofftransport erschwert. Du besitzt kein vernünftiges Frühwarnsystem für Durst. Du kennst das Hungergefühl, indem z.B. dein Magen knurrt. Dein Körper meldet sich jedoch erst spät mit einer Art Notsignal – dem Durstgefühl. Wartest du auf das Durstgefühl, bis du etwas trinkst, ist es zu spät, da du dann bereits ein Flüssigkeitsdefizit hast. Du behandelst deinen Körper und damit deine Gesundheit schlechter als dein Auto.

Wasser ist das wichtigste Transport- und Kühlmittel deines Körpers. Merke dir folgende Faustformel: Pro Kilogramm Körpergewicht brauchst du 30-40 ml Flüssigkeit, sprich mindestens 1,8 Liter bei 60 kg und mindestens

---

12 http://www.forum-schmerz.de/schmerz-infos/migraene.html. 20.03.2010.
13 http://www.gesundheit-themenguide.de/service/sms/ernaehrung/wellnesskueche/.
    jugendliche_gehen_oft_ohne_fruehstueck_aus_dem_haus.html. 03.03.2010.

2,4 Liter bei 80 kg Körpergewicht. Für jede Stunde Sport, die du treibst, brauchst du je nach Temperatur 0,5 bis 1 Liter zusätzlich. Täglich fließen allein 1.400 Liter Flüssigkeit durch dein Gehirn. Zwei % Flüssigkeitsverlust bedeuten bereits 20 % Konzentrationsverlust. Dein Blut fließt langsamer. Deine Muskelzellen leiden unter Sauerstoff- und Nährstoffmangel. Auch Schwindel und Kreislaufprobleme sind die Folge. Wassermangel kann dich krank machen.

Ich möchte dir daher einen witzigen Trinkerinnerer vorstellen, der für mich ein Inbegriff für den leichten Umgang mit gesunder Ernährung ist. Zum Thema Trinken haben viele ein gespaltenes Verhältnis. SMILEY schafft es, aus dem Trinken eine spaßige Angelegenheit zu machen, der du plötzlich mit Begeisterung nachgehst.

Lass dich auf fröhliche Weise ans Trinken erinnern

Der Erfinder und Unternehmer Sven Olsen aus Flensburg hat die pfiffige Idee der Trinkuhr entwickelt: Seine Trinkuhr erinnert dich stündlich daran, einen Schluck zu trinken. Denn der kleine Schluck ist am Schreibtisch oder bei Besprechungen Voraussetzung für gute Ideen.

Diese besondere Uhr zeigt dir an, wann es an der Zeit ist, das nächste Glas Wasser zu trinken. Das macht sie jedoch nicht in Form von Zahlen, sondern anhand witziger SMILEYs. Lächelt dich SMILEY an, ist alles in Ordnung. Im 15 Minuten Takt verschlechtert sich SMILEYs Stimmung – inklusive seiner Mimik. Nach einer Stunde guckt SMILEY dich böse an, wenn du bis dahin nicht getrunken hast – das Zeichen für: „Trink". Und wenn du dann immer noch nicht trinkst, wird er richtig böse. Nach 90 Minuten erinnert dich SMILEY daran zu trinken, indem er dich alle 30 Sekunden anknurrt. Spätestens da trinkst du, das garantiere ich dir. Warum? Hier kommt nicht der erhobene, böse Zeigefinger. Du wirst auf eine fröhliche, freundliche und spaßvolle Art und Weise an deine Gesundheit erinnert. Per Händedruck sagst du der Uhr, dass du getrunken hast. Drei Sekunden Drücken und SMILEY ist wieder glücklich.

Wasser trinken, aber wie?

Mit SMILEY hast du eine ausgezeichnete Möglichkeit gefunden, regelmäßig ans Trinken zu denken. Das Wasser, das du trinkst, bleibt jedoch nicht einfach so in deinem Körper. Insbesondere dann nicht, wenn du über Jahre hinweg zu wenig getrunken hast und dehydriert bist!

Du kannst das mit einer ausgetrockneten Topfpflanze vergleichen. Du gießt das Wasser auf die ausgetrocknete Topferde. Annähernd die gleiche Menge, die du oben hinein gegossen hast, kommt unten wieder heraus. Die Topferde kann das Wasser nicht speichern. Genau das Gleiche geschieht in deinem ausgetrockneten, dehydrierten Körper. Dein Körper besitzt kein Reservoir für Wasser! Du bist kein Kamel, auch wenn einige Menschen vorne einen Höcker haben. Deshalb ist es wichtig, dass du deine Wasseraufnahme über den ganzen Tag verteilst. Trinke alle 55 Minuten ein Glas Wasser. SMILEY unterstützt dich dabei. Wenn du mehrere Wochen mit SMILEY „spielst", wird das Wasser trinken wieder zur alltäglichen Gewohnheit.

Trinktipps für noch mehr Spaß und Erfolg mit SMILEY

1. Schaffe ein Ritual!

   Trinke direkt nach dem Aufstehen am Morgen und 33 Minuten vor jeder Mahlzeit ein Glas Wasser. Achte auf deine Körpersignale. Oftmals werden die Signale für Hunger und Durst verwechselt. Hunger zwischen den Mahlzeiten kann auch bedeuten, dass du durstig bist.

2. Trinke regelmäßig über den Tag!

Achte über den Tag auf eine verteilte, kontinuierliche Flüssigkeitszufuhr. SMILEY unterstützt dich dabei. Regelmäßig heißt etwa alle 55 Minuten ein Glas Wasser oder Saftschorle. Kaffee, schwarzer Tee, Milch und alkoholische Getränke füllen den Wasserhaushalt des Körpers nicht auf. Mache dir eine Strichliste, um deine tägliche Trinkmenge zu kontrollieren (Trinkprotokoll). Einen Strich für jedes Glas Wasser und jede Tasse Tee, die du getrunken hast (1 Glas Wasser = ca. 300 ml).

3. Iss wasserhaltige Lebensmittel!

Je weniger du isst, desto mehr solltest du trinken. Ca. ein Drittel der Flüssigkeitszufuhr nimmst du über feste Nahrung zu dir - vorausgesetzt du verzehrst "normale" Portionsgrößen und ernährst dich ausgewogen. Suppen und viele Obst- und Gemüsesorten (z.B. Melone, Orange, Nektarine, Ananas, Erdbeere sowie Gurke, Tomate und Zucchini) liefern dir viel Flüssigkeit. Insbesondere an heißen Sommertagen kannst du auf diese Weise die Flüssigkeitszufuhr zusätzlich erhöhen.

4. Halte Wasser stets griffbereit!

Stelle dir ein Glas und eine Flasche mit (Leitungs-)Wasser in greifbare Nähe und fülle dein Glas sofort wieder auf, nachdem du es ausgetrunken hast. Stelle dir morgens so viele Flaschen hin, wie du trinken willst. Stelle dir auch für zwischendurch die Getränke gut sichtbar bereit. Bei uns in der Wohnung steht überall etwas zu trinken: in der Küche, im Büro auf dem Schreibtisch, neben dem Fernsehsessel und am Bett.

5. Nimm Wasser mit auf Reisen!

Wenn du das Haus verlässt, nimm dir Wasser mit. Ich habe immer Wasserflaschen im Auto. Wenn ich verreise, habe ich mindestens eine Flasche im Koffer. Achte auch für längere Autofahrten oder Ausflüge auf einen ausreichenden Trinkvorrat.

6. Setze dir realistische Trinkziele!

Vorsätze wie „Ab morgen trinke ich jeden Tag mindestens zwei Liter Wasser" sind unrealistisch, wenn du bisher z.B. kaum einen Liter am Tag schaffst. Setze dir Teilziele und steigere dich um ~ 0,3 Liter pro Woche (etwa ein Glas). Beispiel: Start ~ 1 Liter, dann in der ersten Woche täglich ~ 1,3 Liter trinken, in der zweiten Woche täglich ~ 1,6 Liter trinken usw.

7. Achte auf Abwechslung!

Abwechslung tut gut und erhält die Lust am Trinken. Peppe dein Wasser auf und mache es dir dadurch schmackhaft: Gib ein paar Zitronenscheiben oder Orangenscheiben, ein paar Blätter frische Pfefferminze oder Zitronenmelisse dazu. Aussehen und Geschmack werden aufgepeppt und Auge und Gaumen verwöhnt.

Ausschließlich Mineralwasser zu trinken ist natürlich langweilig. Greife auch zu Saftschorlen (Verhältnis: 3 Anteile Wasser zu 1 Anteil Saft), Früchte- oder Kräutertees. Selbstverständlich darfst du auch Limonaden und andere Süßgetränke zu dir nehmen. Entscheidend sind die Menge und die Häufigkeit, mit der du zugreifst. Je weniger und seltener, desto besser.

Mehr Informationen erhältst du unter www.trinkuhr.de

Willst du persönliche Bestleistungen erzielen, erreichst du das langfristig nur, indem du dich ausgewogen und gesund ernährst. Esse mehr Vollkorn- und Eiweißprodukte sowie Obst und Gemüse und weniger einfache Kohlenhydrate aus Nudeln, Reis, Mehl oder Zucker. Verbote sind verboten. Verzichten ist out. Klar sind auch ungesündere Lebensmittel erlaubt. Entscheidend ist vielmehr, dass du sie seltener und in einer geringeren Menge isst als bisher. Die richtige Ernährung ist der Brennstoff für deine Lebensenergie. Du fühlst dich energiegeladener, bist stressresistenter, weniger anfällig für Erkältungen und andere Erkrankungen. Somit fördert sie deine Gesundheit und Leistungsfähigkeit.

Die dritte Säule: Bewegung

Das „B" steht für Bewegung. Wir haben uns vom Jäger und Sammler zum Sitzmenschen entwickelt. Der Durchschnittseuropäer sitzt heute sieben Stunden täglich. Du kommst mit zwölf Minuten Bewegung am Tag aus. Morgens geht es aus dem Bett kurz unter die Dusche und anschließend direkt an den Frühstückstisch. Anschließend fährt dich das Auto direkt von Tür zu Tür. Viele wünschen sich größere Eingangstüren und ein Büro mit Parkplatz direkt nebenan – „effizientes Zeitmanagement" sagen sie dazu. Am Nachmittag geht es mit dem Auto wieder bis direkt vor die Haustür. Zu Hause angekommen gibt es ab und zu tatsächlich Bewegung – am Joystick der Playstation … – bevor es direkt aufs Sofa geht und dort mit der Fernbedienung die Fingermuskulatur trainiert wird.

- Meinst du, dass es sinnvoll ist, wenigstens zwei Mal die Woche je 33 Minuten Ausdauertraining (z.B. Walking, Laufen, Radfahren…) und zwei Mal pro Woche 22 Minuten Krafttraining zu machen, um fitter zu werden und Zivilisationskrankheiten und Rückenschmerzen vorzubeugen?

„Klar", sagst du. Bewegst du dich denn auch? Folgende Zahlen beweisen, wie faul die meisten im Quark sitzen und die Füße hochlegen:

- Der Durchschnittseuropäer legt 400-700 m am Tag zu Fuß zurück.[14] Lies das nochmals und lass dir die Zahlen auf der Zunge zergehen: 400-700 Meter. Diese Strecke entspricht ein bis zwei Runden um einen Fußballplatz. Was meinst du? Reicht das an Bewegung pro Tag? Deine Vorfahren haben als Jäger und Sammler 20-30 km zurückgelegt – täglich. Auch neuzeitliche Naturvölker kommen heute noch auf 15-19 km. Doch hier in Europa wimmelt es überall nur von Couchpotatoes – und du gehörst dazu. Die WHO empfiehlt hingegen mindestens 7.000 Schritte am Tag – also mehr als das Zehnfache.

- Du bewegst dich einfach zu wenig. Fast jeder zweite Erwachsene (44 %) bezeichnet sich laut Forsa-Umfrage im Auftrag der Techniker Krankenkasse (TK) als Sportmuffel bzw. Antisportler.[15] Du gibst es also zu, dass du faul bist!? Jeder zweite der Nicht-Sportler gibt gleichzeitig in der TK-Umfrage an, bereits unter Beschwerden des Bewegungsapparates wie Rückenschmerzen zu leiden. Aktuell sind 20 Millionen Menschen in Deutschland von regelmäßigen Rückenschmerzen betroffen.[16]

- Professor Dr. Norbert Klusen, Vorsitzender des Vorstandes der TK sagt: „Weniger als jedes zweite Kind kommt heute noch zu Fuß oder mit dem Fahrrad zur Schule, fast 70 % der Schulkinder sind weniger als eine Stunde täglich aktiv. Stattdessen verbringen sie immer mehr Zeit vor Fernseher, Computer und Spielkonsole. Hier wächst die nächste Generation von Sofakartoffeln heran."[17] Und woran liegt das? U.a. daran, dass Eltern es den Kindern vorleben.

Was glaubst du, passiert mit deinen Muskeln, wenn du die körperliche Bewegung einsparst? Exakt. Sie atrophieren – sprich: die Muskeln bilden sich zurück. Hast du keine Muskeln, kannst du auf die Fettverbrennung, die du dir so sehnlichst wünschst, lange warten. Fett verbrennt nur in den Muskeln. Willst du deine Rundungen in der Magengegend wieder loswerden – deinen sogenannten Mittleren Ring, deinen Pommesfriedhof, dein Feinkostgewölbe

---

14 http://www.diearztpraxis.com/98-0-Uebergewicht-und-Sport.html. 20.03.2010.
15 http://www.presseportal.de/pm/6910/1583568/tk_techniker_krankenkasse. 26.03.2010.
16 http://www.zeit.de/zeit-wissen/2010/s1/Rueckenschmerzen. 26.03.2010.
17 http://www.presseportal.de/pm/6910/1583568/tk_techniker_krankenkasse. 26.03.2010.

– dann beweg dich! Machst du Kraft- und Ausdauertraining, schmilzt dein Fett, auch im Schlaf. Ein schöner Nebeneffekt: Du bleibst von Schädigungen des Muskelapparates weitestgehend verschont und deine Nacken- und Rückenschmerzen sind Geschichte. Deine Leistungsfähigkeit und Lebensqualität steigen.

Die vierte Säule: Entspannung

Das zweite „E" – die vierte Säule – steht für Entspannung. Wo Anspannung ist, braucht es natürlich auch die Entspannung. Ansonsten fährst du mit Vollgas gegen die Wand. Früher hieß das Zauberwort „relaxen". Heute heißt es, na? „Chillen".

Gerade, wenn du besonders beansprucht bist, ist es wichtig, regelmäßig eine Pause einzulegen, um neue Energie zu tanken. Kleine und große Pausen – Auszeiten vom Alltag – gehören einfach dazu. Keiner kann pausenlos Gespräche führen, lehren und lernen, am Computer arbeiten, Entscheidungen treffen, beziehungsweise laufen, springen, Rad fahren oder schwimmen. Es ist wichtig, deine inneren Akkus – sowohl deine körperlichen als auch deine geistigen – von Zeit zu Zeit wieder aufzuladen.

Wenn du zu selten regenerierst, büßt du einen Großteil deiner Lebensenergie und Leistungsfähigkeit ein. Vor allem geht dein innerer Antrieb, deine Lust am Tun verloren. Langfristig ist deine Gesundheit gefährdet. Regelmäßig höre ich Aussagen von Menschen nach einem Herzinfarkt oder Schlaganfall wie: „Hätte ich das nur früher gewusst, dann hätte ich einiges anders gemacht."

- Meinst du, dass es sinnvoll ist, spätestens alle 88 Minuten mindestens eine achtminütige Pause einzulegen, um zu entspannen, deine Aufmerksamkeit zu steigern und wieder zu Kräften zu kommen?

„Auf jeden Fall", stimmst du mir zu. Warum sorgst du nicht für entsprechende Entspannungsphasen?

- 80 % der Deutschen empfinden ihr Leben als stressig, jeder dritte klagt über Dauerdruck in Job und Haushalt, Schule, Sport und Studium. Und fast jeder zweite glaubt, dass der Stress in den kommenden Jahren weiter zunimmt.[18]

- Eine DAK-Studie kommt zu folgendem Ergebnis: Um im Arbeitsalltag zu bestehen, ist jeder fünfte Arbeitnehmer bereit, Pillen zu schlucken. Rund zwei Millionen gesunde Bundesbürger haben schon einmal Leistung und Laune mit Medikamenten gesteigert.[19] Laut DAK-Studie sind 1,5 Millionen Deutsche medikamentenabhängig - zwei von drei sind Frauen.[20] Auch Kinder schlucken vermehrt Pillen für bessere Noten. Stehen Pillen demnächst auf deiner wöchentlichen Einkaufsliste wie Brot, Milch und Butter?

- Offiziell leiden vier Millionen Deutsche unter Depressionen[21]. Wie bei Diabetes liegen auch hier die Zahlen aufgrund der Dunkelziffer weitaus höher. Ähnlich viele oder sogar noch mehr leiden am Burn-out-Syndrom. Genaue Zahlen gibt es keine dazu. Sie sind auch schwer zu bestimmen, da heute fast jeder meint, Burn-out zu haben, wenn er sich über wenige Wochen erschöpft und ausgelaugt fühlt. Heute gehört es bereits zu jedem guten Kneipengespräch dazu, sagen zu können: „Eh, ich hab Burn-out. Und du?" Eine Studie der Uni Freiburg ergab, dass rund 50 % der Pflegekräfte auf Krebs-, Aids- und Intensivstationen an Burn-out leiden. Bei Ärzten sind es rund 23 %. Bei Lehrern fühlen sich etwa 35 %

---

18 http://www.welt.de/wirtschaft/article3738169/Jeder-dritte-Deutsche-fuehlt-sich-im-Dauerstress.html. 20.03.2010.

19 http://www.stern.de/wissen/mensch/doping-am-arbeitsplatz-zwei-millionen-greifen-zu-medikamenten-654570.html.

20 http://www.presse.dak.de/ps.nsf/sbl/8B42ADE92419FF8FC125746600350E26?open. 20.03.2010.

21 http://de.wikipedia.org/wiki/Depression. 10.02.2010.

ausgebrannt, weitere 30 % befinden sich im Vorstadium zum Burn-out, so die Untersuchung.[22]

Persönliche Bestleistungen erzielst du nur, wenn Körper und Geist mit 100 %-igem Einsatz aktiv sind. Niemand kann Tag für Tag, Woche für Woche, Monat für Monat, Jahr für Jahr auf Hochtouren laufen und auf der Überholspur leben. Dieser extremen Anspannung kann nur eine totale Entspannung folgen, um die notwendige Regeneration zu erreichen. Dann schaffst du es auch, in brenzligen Situationen einen kühlen Kopf zu bewahren. Arbeit und Erholung brauchen ein gesundes Gleichgewicht, um eine hohe Leistungsfähigkeit und Lebensqualität zu erreichen.

Die fünfte Säule: Motivation

---

22 http://lifestyle.t-online.de/burn-out-syndrom-wie-hoch-ist-ihr-burn-out-risiko-/id_41069306/index. 20.03.2010.

Die fünfte Säule, das „M", steht für Motivation. Darin steckt das Wort „movere". Das stammt aus dem Lateinischen und heißt „sich bewegen". Das „Motiv" wird im Wörterbuch übersetzt mit „Beweggrund, Antrieb, Leitgedanke". Das bedeutet, du brauchst einen Beweggrund, einen Antrieb, um ins Handeln zu kommen. Motivation ist die Energie, die dich im wahrsten Sinne des Wortes in Bewegung bringt – der Stachel im Hintern.

Deine Motivation hängt von deiner inneren Bereitschaft und von Außenreizen ab. Im ersten Fall sprechen wir von „intrinsischer Motivation". Sie kommt nicht aus dem Kopf, sondern aus deinem Herzen und ist die wirksamste Motivation. Es ist die innere Begeisterung, die dich zu Bestleistungen antreibt. Im zweiten Fall sprechen wir von „extrinsischer Motivation". Diese kommt von außen. Klassische Beispiele sind Druck, Geld bzw. andere Belohnungen, Ruhm, Lob und Angst (z.B. vor Verlust des Arbeitsplatzes oder des Partners).

- Glaubst du, dass du mehr Spaß und Begeisterung hast und bessere Ergebnisse erzielst, wenn du einer Beschäftigung nachgehst, die deinen Talenten und Stärken entspricht und du herausfordernde Ziele besitzt, die du unbedingt erreichen willst?

„Und ob!", nickst du. Warum suchst du dir nicht so eine Arbeit oder solche Aufgaben und setzt dir herausfordernde Ziele?

- Laut Gallup-Studie – Gallup ist ein führendes, amerikanisches Beratungsunternehmen – machen zwei von drei Beschäftigten (66 %) in Deutschland Dienst nach Vorschrift, fast jeder vierte (23 %) hat innerlich gekündigt und nur jeder neunte Arbeitnehmer (11 %) fühlt sich seiner Firma stark verbunden und gibt in seinem Job vollen Einsatz.[23] D.h., neun von zehn Mitarbeitern sitzen ohne Spaß und wirkliche Begeisterung bei der Arbeit. Bedenke, dass du dich mehr als die Hälfte eines Werktages mit deiner Arbeit in irgendeiner Form beschäftigst – und das über 30, 40 Jahre.

- Die Gallup-Studie hat darüber hinaus herausgefunden, dass nur jeder fünfte Mitarbeiter einer Arbeit nachgeht, in der er seine Talente und Stärken gezielt einbringen kann. Einer von fünf! D.h., dass vier von fünf Mitarbeitern etwas machen, was wenig bis gar nicht ihren Talenten und

---

23 http://www.n24.de/news/newsitem_5963739.html. 31.03.2010.

Stärken entspricht. Depressionen, Burn-out und andere Zivilisations-krankheiten sind da nur eine Frage der Zeit.

Fällt es dir wie vielen anderen schwer, die nötige Motivation aufzubauen, um ins Handeln zu kommen? Du stoppst dich selbst durch deine Selbstzu-friedenheit und Bequemlichkeit – die größten Feinde deines Erfolgs. Diese zwei führen dich in die Frustration. Wenn du darauf wartest, dass dich an-dere motivieren, dann kannst du lange warten. Wirksame Motivation kannst du von niemandem erwarten – von keinem Lehrer, Chef, Trainer, Freund, Eltern oder von mir. Niemand liefert dir die Motivation frei Haus.

Auch dieses Buch wird dich nur mobilisieren, aus dem Quark zu kommen, wenn du es wirklich selbst willst. Wirkliche, nachhaltige Motivation findest du nur in dir selbst. Hast du deine Motivation jedoch gefunden, kannst du deine 3 L – deine Leistungsbereitschaft, deine Leistungsfähigkeit und deine Lebensqualität – steigern.

Die Zusammensetzung deiner Leistungsfähigkeit

Eine hohe Leistungsfähigkeit ist wichtig, damit du langfristig persönliche Bestleistungen erzielen kannst. Welche Bedeutung haben die einzelnen LEBEM-Säulen für deine Leistungsfähigkeit?

Die höchste Gewichtung haben die beiden außen stehenden Säulen Lernen und Motivation. Beide machen jeweils 30 % deiner Leistungsfähigkeit aus. Sicher ist dir bereits aufgefallen, dass drei der fünf Säulen sich mit deiner Gesundheit beschäftigen. Das spiegelt die hohe Bedeutung der Gesundheit an deiner Leistungsfähigkeit wieder: immerhin 40 % deiner Leistungsfähigkeit gehen auf die drei Säulen Ernährung (10 %), Bewegung (15 %) und Entspannung (15 %) zurück.

Beachte, dass die fünf Säulen zusammen gehören und sich gegenseitig bedingen. Du hast dir das Tortendiagramm vielleicht angeschaut und dabei gedacht: „Hey, das ist eine coole Statistik. Bewegung und gesunde Ernährung haben nur eine geringe Bedeutung und gingen mir schon immer auf die Nerven. Ich bin jedoch hoch motiviert und offen für lebenslanges Lernen." Diese beiden Säulen alleine bringen dich nur kurzfristig weiter. Reiner Calmund erfüllt sicher die Kriterien „Lernen" und „Motivation". Würde er im 10. Stock ohne Fahrstuhl leben, hätte er sicher seine Probleme damit. Er hat selbst erkannt, dass Bewegung und eine gesündere Ernährung dazu gehören. Unter Anleitung von Joey Kelly hat er bereits viele Kilos abgenommen.

Das Fundament deines Erfolgs

Die fünf Säulen des LEBEM-Konzepts – Lernen, Ernährung, Bewegung, Entspannung und Motivation – können nur ihre volle Wirkung entfalten und damit deinen Lebenserfolg steigern, wenn du sie auf ein stabiles Fundament stellst.

Stelle dir einmal vor, du hättest die Chance, dein Traumhaus zu bauen. Du investierst sehr viel Zeit, Energie und Geld, damit es am Ende genauso aussieht, wie du es dir in deinen Träumen vorgestellt hast. Du bist stolz wie Oskar und überglücklich – alles scheint perfekt. Doch dir ist ein ausschlaggebender Fehler unterlaufen: du hast dein Haus auf weichem Strandsand am Meer gebaut.

Es kommt der erste Sturm. Was geschieht? Das Wasser beginnt, deinem Haus das Fundament wegzuspülen. Dem ersten Gewitter hält es noch Stand, auch dem zweiten. Mit jedem Gewitter bricht dein Fundament jedoch Stück für Stück weg. Dein Haus bekommt tiefe Risse, bis es letztlich wie ein Kartenhaus in sich zusammenfällt.

Du kannst jeder der fünf Säulen viel Zeit und Energie widmen. Deine Leistungsfähigkeit, -bereitschaft, Lebensqualität und damit dein Lebenserfolg steigen nur, wenn du ein stabiles Fundament in Form einer positiven Lebenseinstellung und funktionierender Beziehungen besitzt.

Deine persönliche Einstellung

Deine persönliche Einstellung hat einen entscheidenden Einfluss auf dein Leben und die Richtung, in die es sich entwickelt. Besitzt du eine negative Einstellung, triffst du Aussagen wie:

- „Lebenslanges Lernen ist doch Unsinn. Dadurch bekomme ich auch keinen besseren Job."

- „Essen soll auch schmecken. Das gesunde Grünzeug schmeckt total langweilig. Ich brauche etwas Deftiges."

- „Sport ist Mord. Danach bin ich total fertig. Locker, leicht, lächelnd ist eine Lüge. Außerdem habe ich dafür keine Zeit."

- „Entspannung ist was für Weicheier und Loser. Willst du was leisten, musst du immer Gas geben und durchpowern!"

- „Motivation? Dieses Tschaka Ding? Ich bin motivierter als meine Kollegen und Freunde. Das reicht. Besser wird meine Situation dadurch auch nicht."

Mit dieser Einstellung fällt dein Traumhaus sehr schnell in sich zusammen. Wenn du darüber hinaus täglich aus dem Fenster schaust und dich über das Wetter und andere Dinge aufregst, auf die du keinen Einfluss hast, mache dir bitte ernsthafte Gedanken über deine Einstellung. Es gibt tausend Dinge, auf die du keinen Einfluss hast. Ob es draußen warm ist oder kalt, es regnet oder schneit, ob die Sonne scheint oder Wolken den Himmel verdunkeln – du kannst es nicht beeinflussen. Du kannst jedoch beeinflussen, wie du auf solche Dinge reagierst. Das ist das Entscheidende im Leben. Verantwortlich dafür ist deine persönliche Einstellung. Du hast es selbst in der Hand.

Deine Beziehungen

Neben deiner persönlichen Einstellung ist ein weiterer Punkt für die Stabilität deines Fundaments entscheidend – deine Beziehungen zu anderen Menschen. Jeder Mensch möchte geliebt und respektiert werden. Jeder Mensch möchte Freunde haben, die für ihn da sind. Keiner will sich alleine fühlen. Verbindungen und Beziehungen zu und mit anderen Menschen sind ein grundlegendes Bedürfnis, das jeder von uns hat.

Es existieren viele verschiedene Arten von Beziehungen – die Eltern-Kind-Beziehung, die Lehrer-Schüler-Beziehung, die sexuelle Beziehung, die Liebesbeziehung, die freundschaftliche Beziehung oder die Geschäftsbeziehung. Jede Beziehung läuft auf eine andere Art und Weise ab. Dennoch sind Beziehungen nur von Dauer und Erfolg gekrönt, wenn sie eine Grundvoraussetzung erfüllen: Ein gegenseitiges Geben und Nehmen. Ich spreche in diesem Zusammenhang vom „Win-Win-Prinzip".

In der heutigen Gesellschaft herrscht ein starker Egoismus. Viele Menschen denken ausschließlich an sich und ihre eigenen Vorteile. Sie leben die zwei Mottos „Jeder denkt an sich, nur ich denk' an mich" sowie „Wenn jeder an sich denkt, ist an alle gedacht". Das mag kurzfristig funktionieren, führt jedoch langfristig zu Einsamkeit, Krankheit und Erfolglosigkeit.

Das Konzept LEBEM funktioniert langfristig, wenn du dich mit anderen Menschen austauscht, ihr euch gegenseitig unterstützt und füreinander da seid. Jeder Mensch ist wichtig und verdient deine volle Anerkennung und deinen Respekt. Du brauchst nicht jeden Menschen auf diesem Planeten zu mögen. Das geht gar nicht. Du kannst allerdings jeden respektieren.

Beziehungen sind der Dreh- und Angelpunkt des Lebens. Privat wie beruflich gilt: Nur ein weitläufiges Netz von Beziehungen und Partnerschaften ist die Garantie für dauerhaften Erfolg und persönliche Bestleistungen. Viele deiner Ziele, die du dir setzt, erreichst du weitaus schneller und zuverlässiger, wenn andere dich dabei unterstützen, dir Arbeit abnehmen oder du von ihren Erfahrungen profitierst. Gerade wenn es einmal anders läuft als gewünscht, sind Menschen für dich da, bestärken und unterstützen dich und helfen dir, auf dem richtigen Weg zu bleiben. Sie fragen dich ab, wenn du für eine Prüfung lernst. Sie stellen mit dir gemeinsam die Ernährung um und testen neue Rezepte. Du triffst dich mit ihnen zum Sport. Ihr geht gemeinsam zur Entspannung in die Sauna oder massiert euch gegenseitig. Ihr habt gemeinsame Ziele und seid motiviert, täglich an euch zu arbeiten. Der gemeinsame Weg zum Ziel schweißt euch als Team zusammen.

Du siehst, was alles möglich ist, wenn du Menschen hast, die zu dir halten und auf die du dich verlassen kannst. Pflege und intensiviere deine Beziehungen und du machst mehr aus deinem Potenzial.

Ich verspreche dir: Dieses Buch will und kann dir die nötige Inspiration liefern und wirksame Spielregeln aufzeigen. Alles Weitere liegt bei dir. Bist du bereit, die volle Verantwortung für dein Leben zu übernehmen und die für dich passenden Inhalte aus diesem Buch umzusetzen, kannst du dich zukünftig selbst bestens motivieren und persönliche Bestleistungen erzielen. Mache jetzt den ersten Schritt.

MATZE unterstützt dich

MATZE findet die fünf Säulen von LEBEM total klasse und ist überzeugt von diesem Konzept. Er gibt täglich sein Bestes, um so viel wie möglich umzusetzen. Selbstverständlich macht er Fehler und erwischt sich dabei, wie er Dinge anders umsetzt, als es gut für ihn wäre. Er weiß jedoch: Fehler gehören dazu. Fehler sind die beste Möglichkeit, sich weiter zu entwickeln. Er lernt daraus und macht es beim nächsten Mal besser. Außerdem weckt Perfektion Aggression – Nobody is perfect. Und das ist gut so.

MATZE begleitet dich durch das Buch. Die Kernaussagen werden durch ein Cartoon unterstützt. Das erhöht die Wirkung der Aussagen und erreicht so besser dein Unterbewusstsein. Bei der Umsetzung der Grundsätze des LEBEM-Konzepts achtet MATZE auf die Einhaltung der folgenden fünf Werte. Jeder Buchstabe seines Namens steht für den Anfangsbuchstaben eines Wertes:

M = Miteinander

MATZE ist der positive Umgang miteinander sehr wichtig. Er ist sich sicher: „Wenn du mit anderen zusammen arbeitest und lernst, erzielst du bessere Ergebnisse und größere Erfolge, als wenn du alleine an eine Aufgabe heran gehst. Ihr profitiert gegenseitig von den Stärken des anderen und unterstützt euch gegenseitig. Das macht Spaß und fördert das Vertrauen in das eigene Können (Selbstvertrauen). Außerdem ist es spannend, sich neuen Herausforderungen zu stellen und diese im Team erfolgreich zu meistern! Habe den Mut und gehe in Zukunft vermehrt auf andere Menschen zu. Bitte um Unterstützung und unterstütze andere. Ihr beide fühlt euch anschließend bestärkt und wertgeschätzt. Gemeinsam seid ihr stark."

A = Anerkennung

MATZE hat folgende Erfahrung gemacht: „Anerkennung durch andere (Eltern, Lehrer, Freunde, Chefs, Kollegen, Trainer, Mitschüler/-spieler) für deine Leistungen im Unterricht, im Beruf, im Sport, in der Freizeit stärkt dein Selbstbewusstsein und motiviert dich, dich größeren Herausforderungen zu stellen. Genauso ist es anders herum. Durch ein ehrliches Lob für bestimmte Charaktereigenschaften oder Leistungen motivierst und unterstützt du andere Menschen und machst wertvolle Erfahrungen, die dir den Weg zu persönlichen Bestleistungen ebnen. Sei ein gutes Vorbild, bringe anderen Menschen Respekt entgegen und sei höflich, dann ist es umgekehrt auch der Fall."

T = Training

MATZE ist ständig in Bewegung. Er sagt: „Konsequentes, ausdauerndes Training ist die Grundlage für unseren Erfolg. Spitzensportler trainieren täglich ihre Fähigkeiten, obwohl sie bereits richtig gut sind und mindestens 10.000 Stunden trainiert haben, um überhaupt so gut zu werden. Warum? Damit sie ihr aktuelles Niveau mindestens halten oder noch besser werden, wenn auch nur ein kleines bisschen, denn Stillstand bedeutet Rückschritt. Nur wenn du täglich an dir arbeitest und dich weiter entwickelst, kannst du auf dem Spielfeld des Lebens vorne mit dabei sein. Ansonsten ziehen andere an dir vorbei. Gib immer dein Bestes, gib 100 %. Mache das, was du tun willst, in dem Moment, wo du es tust, mit vollem Einsatz. Gehe mit Leidenschaft, Konzentration und Ausdauer an die Umsetzung deiner Ziele, die du dir gesetzt hast. Jeder besitzt drei bis fünf außergewöhnliche Talente, die er zu Stärken ausbauen kann - auch du!"

Z = Zuversicht

MATZE ist absolut davon überzeugt: „Wenn du dir ein großes Ziel setzt, das konkret formuliert und dir wirklich wichtig ist, und du ein gewisses Talent und die Zuversicht dafür hast, dieses Ziel zu erreichen, dann kannst du es auch schaffen. Sei bereit, den Preis dafür zu bezahlen, sprich, dafür richtig Gas zu geben mit Disziplin und Ausdauer." Verfolge dieses Ziel mit Begeisterung und habe Spaß auf dem Weg zur Zielerreichung. Sicher treten Hindernisse auf, du machst Fehler und erleidest Niederlagen. Entscheidend ist jedoch eins: Mache den Fehler, analysiere ihn, lerne daraus und mache es beim nächsten Mal besser. Es zeugt von Stärke, eigene Fehler zuzugeben, statt Fehlschläge einer Verkettung unglücklicher Umstände zuzuschreiben. Suchst du statt Entschuldigungen Erklärungen, hast du bereits den ersten Schritt in Richtung Neuanfang getan. Zu verlieren ist zwar im ersten Moment unangenehm, jedoch ein wichtiger Teil deines Lebens, der seinen Sinn hat und rückblickend erfahrungsgemäß als wertvoll erkannt wird. Vertraue auf deine Stärken, manage deine Schwächen und lebe deine Träume. Stehe immer mindestens einmal mehr auf, als du hinfällst! Sei stets optimistisch und glaube immer an deinen Erfolg."

E = Erfolg

MATZE freut sich über jeden Erfolg: „Erfolgserlebnisse sind die Grundlage für die positive Entwicklung deiner Persönlichkeit. Erfolg kannst du nur haben, wenn du etwas tust und damit etwas in Bewegung setzt. Habe den Erfolgswillen, notiere dir deine Ziele schriftlich, überlege dir, wie du sie umsetzen kannst und welchen Preis du bereit bist, dafür zu bezahlen. Dann zahle diesen Preis." Dabei können die Ziele sehr unterschiedlich sein, z.B. eine zweite Fremdsprache lernen, mehr Zeit für Familie, Freunde und Hobbys, mehr Geld verdienen, Klavier spielen lernen usw. Setze Prioritäten und unterscheide täglich zwischen wichtigen und unwichtigen Dingen. Erfolg ist 1 % Inspiration (Talent) und 99 % Transpiration (Schweiß).

Deine Maßstäbe sind heute oft zu hoch, deshalb nimmst du deine alltäglichen Erfolge nicht mehr wahr. Du hast gelernt zu laufen, Fahrrad zu fahren, zu schwimmen, zu lesen und zu schreiben. Vieles ist für dich einfach selbstverständlich. Freue dich auch über kleine Erfolge. Wenn du Erfolg hast, dann feiere ihn als Belohnung für deine Anstrengungen, disziplinierte Arbeit und investierte Zeit.

Deine Einstellung ist ein entscheidender Faktor für die Gestaltung deines Lebens (mehr in der SpitzenStrategie 1 „Achte auf deine Wahrnehmung"). Sei ein 75er und übernimm zu 100 % die Verantwortung für dein Leben. Akzeptiere weder Ausreden noch Mittelmaß. Wenn deine Einstellung stimmt, ist eine Niederlage ok. Sei positiv anders als andere und besser. Gehe neue Wege, sprenge deine Grenzen, sei offen für Verbesserungen und ständige Weiterentwicklung.

Komm aus'm Quark und handle jetzt. Du schaffst es! Ich glaube an dich! Glaube auch du an dich! Viel Spaß auf deinem Weg zu deiner persönlichen Bestleistung!

MATZE

Gewinner- und Verlierersprache

Im Alltag neigst du dazu, sogenannte Weichmacher in deiner Sprache zu benutzen, nach dem Motto: „Eigentlich könnte man mal wieder laufen gehen." „Ich muss mich verändern." „Ich kann's nicht." „Na gut, ich versuche es mal." Die Worte, die du gebrauchst, entscheiden mit darüber, ob du persönliche Bestleistungen erzielst oder nicht. Die Sätze, die du laut aussprichst oder auch nur in deinen Gedanken kreisen lässt, sorgen häufig bereits im Vorfeld dafür, dass dein Scheitern vorprogrammiert ist. In diesem Zusammenhang spreche ich von Gewinner- und Verlierersprache. Im Folgenden erhältst du Tipps und Alternativformulierungen, die sich lohnen, in deinen Sprachgebrauch übernommen zu werden, und dafür andere Formulierungen weitestgehend zu streichen. Teste es aus und du stellst sehr schnell fest, wie sich die Ergebnisse in deinem Leben verbessern.

Der Nicht-Zauber

Übung: Denke jetzt nicht an einen rosafarbenen Delphin!
Und, was ist passiert? Du malst dir ein buntes Bild aus und siehst einen rosafarbenen Delphin. Dazu hast du ein Schmunzeln auf den Lippen, schließlich begegnet dir dieses Bild ziemlich selten. Du wirst das Bild auch nur sehr schwer wieder los. Obwohl ich dir klar gesagt habe: "*Nicht* daran denken."

Was ist geschehen? Dein Unterbewusstsein versteht keine negativen Befehle (bzw. tut sich damit sehr schwer). Es kann das Wort "nicht" nicht verarbeiten. Das bedeutet, dass vom eigentlichen Satz für dich nur noch übrig bleibt: „Denke jetzt an einen rosafarbenen Delphin!" Und das klappt hervorragend! Oder?

Achte in Zukunft auf positive Formulierungen. Streiche das Wort "nicht" so gut wie möglich aus deinem Wortschatz. Dein Gehirn übersetzt alle Worte in Bilder. Deshalb kann es nicht nicht denken.

Du möchtest weitere Beispiele? Gerne. Das Bild, das du z.B. bei der Aussage „Ich will nicht dick sein!" erhältst, ist welches? Genau, ein inneres Bild von dir, wo du dick bist. Das Bild zu „Ich will nicht mehr rauchen!" sieht wie aus? Du siehst dich, wie du eine Zigarette rauchst und prompt bist du auf den Geschmack gekommen und steckst dir eine Zigarette an. Es tritt also genau das ein, was du verhindern willst.

Im New Yorker Central Park wurde vor ein paar Jahren folgendes Experiment gestartet: Die Parkbesucher liefen immer wieder über den frisch gesäten Rasen. Das wollte die Stadt in Zukunft unterbinden. Deshalb wurden für einen Test über einen Zeitraum von jeweils zwei Wochen zwei unterschiedliche Schilder aufgestellt. Die ersten zwei Wochen wurde ein Schild mit der Beschriftung: „Den Rasen bitte nicht betreten!" aufgestellt. Die zweiten zwei Wochen wurde ein anderes Schild mit der Beschriftung „Bitte den Gehweg benutzen!" aufgebaut. Am Ende kamen die Verantwortlichen des Experiments zu folgendem Ergebnis: Während der zwei Wochen, in denen das Schild „Bitte den Gehweg benutzen!" aufgestellt war, liefen nur halb so viele Menschen über den Rasen als in den anderen zwei Wochen, in denen das Schild „Den Rasen bitte nicht betreten!" aufgestellt war.

Auch im Sport spielt das Wort „nicht" eine entscheidende Rolle. Die Bedeutung wird heute noch stark unterschätzt. Häufig erlebe ich selbst Nationaltrainer unserer größten und erfolgreichsten Verbände, die sich das Leben unnötig schwer machen, indem sie zu wenig darauf achten, das Wort „nicht" aus ihren Anweisungen an die Spieler zu streichen. Sätze wie „Jetzt nicht foulen!", „Nicht so defensiv!", „Macht die Räume nicht so eng!" höre ich bei meiner Arbeit oder bei Fernsehübertragungen regelmäßig. Was von den einzelnen Sätzen bei den Spielern ankommt, kannst du dir inzwischen denken. In vielen Sportarten geht es darum, schnellstmöglich die richtige Entscheidung zu treffen – teilweise im Bruchteil einer Sekunde. Erhältst du die Information „Jetzt nicht foulen!", hast du sofort das Bild „Foulen" im Kopf. Bis du bewusst verstanden hast, dass dein Trainer dir sagen wollte „fair spielen", liegt dein Gegner bereits flach auf dem Boden und du erhältst eine Zeitstrafe, gelbe Karte oder gar einen Platzverweis. Solche Kleinigkeiten in der Kommunikation sind regelmäßig spielentscheidend – zu deinen Gunsten wie zu deinen Ungunsten.

Fußballer und Handballer wundern sich häufig, dass sie ständig die Latte oder den Pfosten treffen. Wenn dir das häufiger passiert, mache dir einmal bewusst, worauf du deinen Blick richtest, bevor du wirfst bzw. schießt. Guckst du wirklich ins Tor oder doch eher auf die Latte oder den Pfosten? Dazu sagst du dir noch: „*Nicht* schon wieder den Pfosten treffen." Wunderst du dich jetzt noch, warum bestimmte Dinge passieren? Torhüter tragen genau deshalb signalfarbene Trikots in rot, orange, gelb oder grün, um den Blick des Schützen damit zu beeinflussen und auf diese Weise die Wahrscheinlichkeit zu steigern, dass der Ball förmlich vom Trikot angezogen wird.

In der Formel 1 lernen die Fahrer sehr früh, wohin sie am besten gucken, wenn vor ihnen plötzlich ein Hindernis auftaucht, z.B. ein defektes Auto oder Teile eines Autos. Normalerweise guckst du direkt auf das gefährliche Hindernis. Wenn der Formel-1-Fahrer das jedoch macht, crasht er mitten hinein. Dasselbe passiert dir, wenn du auf einer Straße entlang fährst, dein Auto ins Schleudern gerät und am Straßenrand ein Baum steht. Achtest du auf den Baum und sagst dir: „Bloß *nicht* gegen den Baum!", ist es bereits zu spät. Im Fernsehen oder in der Zeitung siehst du Bilder von Unfallstellen, wo ein Auto sich um einen Baum gewickelt hat. Oft war es der einzige Baum, der in der Nähe stand.

Deshalb lernen Formel-1-Fahrer als erstes, sich nicht auf das Hindernis oder die Mauer zu konzentrieren, auf die sie auffahren könnten, sondern weiterhin auf die Straße. Bei den ersten Malen im Simulator knallt der Fahrer immer wieder gegen das Hindernis. Nach einiger Zeit hat er gelernt, auf die Straße zu achten und am Hindernis vorbei zu fahren. Irgendwann hat er es automatisiert und macht es im Rennen unbewusst richtig. Er betätigt Gas und Bremse so, dass er in den meisten Fällen auf der Straße bleibt und heil am Hindernis vorbeikommt.

> **TIPP:** Mache dir Folgendes klar: "Denke, sage und tue immer das, was du willst und nicht das, was du nicht willst." Formuliere alle deine Ziele und Vorstellungen positiv (siehe das Kapitel „Wandle deine Angst in Mut"). Sagst du deinem Kind zu Weihnachten: „Fass die Kerze nicht an!", ist es wenig überraschend, wenn sich dein Kind am Ende die Hände verbrennt. Deshalb achte auf positive Formulierungen: „Das schaffe ich! Ich bin schlank." Oder aufs Kind bezogen: „Schatz, komm und spiele mit deinem neuen Spielzeugauto, das du zu Weihnachten bekommen hast."

Du erhältst niemals die absolute Garantie, dass du am Ende erfolgreich bist, nur weil du positive Formulierungen verwendest. Die Wahrscheinlichkeit für einen Erfolg steigt jedoch signifikant. Sagst du deinem Kind z.B.: „Fall bloß nicht hin", erhöht sich dessen Sturzwahrscheinlichkeit um das Fünffache! Oder der Ausruf: „Pass auf. Bloß keinen Fleck aufs Hemd!" Komisch, plötzlich ist der Fleck da – auf dem nagelneuen Hemd. Wie von Geisterhand.

Auf eine Formel gebracht:

- Hast du ein positives Ziel, löst du damit ein positives Programm aus.
- Konzentrierst du dich auf ein negatives Ziel, spulst du ein negatives Programm ab.

Wenn du sagst: „Das schaffe ich nie!" sei wenig überrascht, wenn du am Ende scheiterst. Damit programmierst du dich bereits auf das Scheitern. Sobald du dir irgendwo eine solche Grenze errichtest, wirst du alles dir zur Verfügung Stehende unternehmen, um zu beweisen, dass die Grenze genau da hingehört. Unbewusst. Keiner macht das absichtlich. Es passiert nach dem Prinzip der selbsterfüllenden Prophezeiung. Deshalb achte immer auf positive Formulierungen: „Ich schaffe es!"

Vom müssen und sollen zum dürfen und wollen

Wie oft sagst du: „Ich muss noch Hausaufgaben machen!" „Ich muss noch lernen." „Ich muss länger arbeiten!" „Ich muss noch trainieren!" „Ich soll das Projekt noch fertig machen!" Musst du das alles wirklich? Du könntest es doch auch sein lassen.

Welche Art von Gefühlen verbindest du mit Sätzen, wenn sie beginnen mit: „Ich muss…, ich soll…"? Steht dir nach solchen Sätzen begeisternde, handlungsauslösende Energie zur Verfügung? Fühlst du dich richtig gut? Mitnichten. Wie sehen deine Ergebnisse anschließend aus, wenn du mit der Haltung „Ich muss…, ich soll…" unterwegs bist? Bestenfalls mittelmäßig? Persönliche Bestleistungen erzielst du so auf keinen Fall. Immer, wenn du in diesen Kategorien „Ich muss…, ich soll…" denkst und handelst, spielen Gefühle von Angst eine Rolle – Angst, es nicht zu schaffen, Angst vor möglichen Konsequenzen, wenn es schief geht.

Ab dem Moment, wo du sagst: „Ich muss diese Produkte verkaufen", verkaufst du immer weniger. Sobald du sagst: „Ich muss die Umsätze machen, ansonsten gehe ich Konkurs" oder „Ich muss diese Kunden überzeugen", erzielst du schwache Ergebnisse. Je stärker du in das „Ich muss" reingehst, desto stärker kommt die Verkrampfung. Diese spürt auch dein Gegenüber und entscheidet sich gegen dich, weil du wenig überzeugend bist.

Im Spitzensport ist die „Ich muss…, ich soll…"-Haltung weit verbreitet: „Ich muss diesen Wettkampf / dieses Spiel gewinnen. Das ist meine letzte Chance, ansonsten verliere ich meine Sponsoren und meine Karriere ist am Ende." Sobald du „Ich muss" denkst, kannst du keine volle Leistung mehr abrufen, weil du gehemmt bist. Plötzlich verliert der klare Favorit gegen den Außenseiter, der Spitzenfußballclub spielt gegen eine No-Name-Truppe unentschieden. Und für alle war vorher klar: „Das müssen die gewinnen."

Geschichte: Gegen Ende des zehnten Schuljahres dachte ich 1993: „Boah, noch drei Jahre musst du dir das antun, danach hast du den Mist endlich hinter dir." Das Abitur kam näher und näher. Ich merkte: „Jetzt musst du dich wirklich langsam entscheiden, was du danach machst: Studium oder Ausbildung". Ich entschied mich für das Studium Energie- und Umweltmanagement mit dem Abschluss zum Diplom Wirtschafts-Ingenieur. „Ich sollte etwas Gescheites machen." Das Studium war gescheit. Nach etwa acht Semestern meines Studiums wurde mir folgendes bewusst: Warum sage ich immer „Ich muss lernen. Ich soll das noch machen."? Was ist das für ein Blödsinn? Ich darf lernen und will das Studium machen. Es zwingt mich doch keiner dazu. Ich mache es freiwillig. Als mir das bewusst wurde, habe ich ein Wort ausgetauscht. Statt „Ich muss lernen" und „Ich soll das noch machen." sage ich heute: „Ich will lernen." „Ich will das noch machen." Seitdem besitze ich eine viel höhere Eigenmotivation. Und die Macht, die ich über mein eigenes Leben habe, ist viel größer. Plötzlich machte mir das Studieren so viel Spaß, dass ich anschließend ein zweites Studium anhängte: Sportwissenschaften mit Schwerpunkt Psychologie und Ernährungswissenschaften.

Worauf will ich hinaus? Entscheidend ist, dass du deinen Schalter umlegst. Wie fühlst du dich, wenn du sagst: „Ich will lernen!" „Ich will länger arbeiten!" „Ich will noch trainieren." „Ich darf das Projekt fertig machen!" Plötzlich steigt deine Motivation und du bist energiegeladener. Sobald du von „Ich darf…, ich will…" sprichst, empfindest du mehr Freude, Liebe und Spaß an der Sache.

Das einfache Prinzip lautet: „Vom müssen und sollen zum dürfen und wollen." Du erzielst klar bessere Ergebnisse, wenn du dich von „ich muss…, ich soll…" verabschiedest und deine Einstellung wechselst. Du musst gar nichts, außer atmen, trinken, essen und aufs Töpfchen. „Du musst nicht arbeiten!" Du musst nicht lernen." „Du darfst bzw. willst arbeiten." „Du darfst bzw. willst lernen!"

Du sagst: „Ich muss doch arbeiten!" Es gibt Millionen Menschen, die einer anderen Meinung sind. „Aber ich muss doch Geld verdienen!" Das musst du nicht! Gucke dir an, wie viele einfach so in den Tag hineinleben. Du machst alles freiwillig. Wenn du etwas nicht willst, dann kannst du es bleiben lassen! Du hast die Wahlfreiheit. Sei dir nur über eins im Klaren: mache dir bewusst, was die Konsequenzen sind und akzeptiere diese. Die Konsequenzen dürften bei diesen beiden Beispielen die Arbeitslosigkeit und Hartz IV sein. Wenn das für dich Alternativen sind, ok. Das entscheidest du selbst. Denke intensiv darüber nach, für was du dich entscheidest – verbunden mit allen Konsequenzen.

Du willst dich nicht verändern

Übung: Ich bin bereit, mich wesentlich zu verändern.

Lehne dich zurück und mache es dir bequem. Du erhältst gleich zwei Sätze, die du bitte je fünf Mal leise sprichst. Zunächst sprich den ersten Satz fünf Mal, nach ca. sieben Sekunden Pause den zweiten Satz ebenso oft. Schließe beim Sprechen deine Augen und achte auf die Gefühle, die in dir entstehen, z.B. im Bauch. Vergleiche anschließend die Gefühle beim ersten mit den Gefühlen beim zweiten Satz. Der erste Satz lautet:

„Ich bin bereit, mich wesentlich zu verändern."

Jetzt sprich bitte den folgenden Satz ebenfalls fünf Mal in normaler Lautstärke bei geschlossenen Augen:

„Ich bin bereit, mich wesentlich zu verbessern."

Wenn du noch keinen Unterschied feststellen konntest, wiederhole die Übung.

Bei welchem Satz hast du ein angenehmeres, ein entspannteres Gefühl empfunden? Wenn ich diese Übung im Seminar mache, geben mir über 80 % der Teilnehmer das Feedback, dass sie sich beim zweiten Satz: „Ich bin bereit, mich wesentlich zu verbessern!" wohler gefühlt haben. Warum ist das so? Alles, was du sagst, denkst du auch. Wenn du sagst: „Ich bin bereit, mich wesentlich zu verändern!", wandert das Wort „verändern" in dein Unterbewusstsein und es wird geprüft, welche Erfahrungen du mit Veränderungen hast. Welches Ergebnis kommt heraus, wenn du dich veränderst? Das weißt du in der Regel vorher noch nicht. Du hast die Erfahrung gemacht, dass manchmal etwas Positives herauskommt und manchmal etwas Negatives.

Sagst du hingegen: „Ich bin bereit, mich wesentlich zu verbessern!", was für ein Ergebnis erwartest du dann? Klar, es gibt nur eine Möglichkeit. Es kommt etwas Positives heraus, ein Erfolg, ein Sieg, ein Happy-End.

Wenn du anderen gegenüber von Veränderung sprichst, verbinden die damit etwas Positives oder etwas Negatives. Nur wenige Menschen haben zu dem Wort Veränderung ein rein positives Programm abgespeichert. Viele Menschen verbinden mit Veränderung negative Erfahrungen wie Verzicht, Opfer, Niederlagen, Verlust, harte Arbeit, Anstrengung, Qualen. Das führt dazu, dass sie Angst vor Veränderungen haben. Sag in Zukunft niemals zu anderen: „Du musst dich verändern." Sag auch nie: „Ich muss mich verändern." Das führt sofort zu einer Abwehrhaltung. Allein wenn du das Wort „Veränderung" denkst oder sagst, verlierst du wertvolle Energie! Sprich in Zukunft nur noch von „Verbesserung".

Mache dir zusätzlich Folgendes bewusst: Die einzige Person, die du verbessern kannst, ist die Person, die du jeden Morgen schlaftrunken im Spiegel siehst – dich selbst. Andere Menschen verbessern sich erst, wenn sie selbst es wollen.

> „Kein Mensch will sich verändern.
> Doch jeder hat den Wunsch, sich zu verbessern!"

Eigentlich müsste man vielleicht..., aber...!

Man, man, „man". Wer ist eigentlich „man"? Kennst du „man" nicht? Ich auch nicht. Es ist jedoch interessant: Wieso sprichst du andauernd von „man", wenn du „man" gar nicht kennst? „Man müsste häufiger Laufen gehen." „Man kann das so oder so machen." „Eigentlich muss man sich herausfordernde Ziele setzen." „Man muss an sich glauben und sich anstrengen, um erfolgreich zu werden." „Vielleicht sollte man auf Alkohol und Fast Food verzichten." Wer ist „man"?

In Gesprächen höre ich regelmäßig diese und ähnliche Sätze. Ich frage meinen Gegenüber dann: „Wer ist „man"?" Im ersten Moment schaut er bzw. sie mich total irritiert an: „Wie, wer ist „man"? Ich bin „man"." „Ach du! Sag das doch gleich.", antworte ich lächelnd und mit ein wenig Ironie. Worauf will ich hinaus?

Wenn du von „man" sprichst, wahrst du geschickt Distanz und senkst deine innere Verpflichtung. „Man"-Aussagen sind sehr allgemein gehalten und unverbindlich. Es können auch andere Personen damit gemeint sein. Sagst du: „Man müsste häufiger Laufen gehen", dann gilt diese Aussage für viele. Du meinst eventuell, dass das auch für dich gilt, gesagt hast du es damit jedoch nicht wirklich. Wenn du am Ende das Laufen lässt und es spricht dich jemand darauf an, redest du dich leicht heraus, nach dem Motto: „Ich habe nicht von mir gesprochen, sondern meinte allgemein, dass regelmäßiges Laufen gut für den menschlichen Organismus ist."

Streiche das Wort „man" in Zukunft weitestgehend aus deinem Wortschatz. Erhöhe deine innere Verpflichtung und Verbindlichkeit, indem du „man" durch „ich" ersetzt.

Grausam sind darüber hinaus Worte wie „eigentlich", „vielleicht", „zwar" und „aber". Das sind sogenannte rhetorische Weichmacher. Diese erweisen sich als riesige Erfolgskiller!

Beispiel: Der Hotelpool

Du willst in den Urlaub fahren und schaust dir den Prospekt eines Reiseanbieters deines Vertrauens an. Du entdeckst ein Angebot, bei dem dir die Bilder mit Sonne, Palmen, Strand und einem ansprechenden Hotel sofort ins Auge stechen und ein gutes Gefühl vermitteln. Auf den ersten Blick kannst du dir hier deinen Traumurlaub vorstellen. Um mehr zu erfahren, liest du die Anzeige: „Unser Hotel hat zusätzlich einen eigenen Swimming-Pool." Du denkst dir: „Cool." Du liest weiter: „Der Pool ist ZWAR nur bis zu 1,60 m tief, ABER EIGENTLICH kommt er bei unseren Gästen sehr gut an. VIELLEICHT testen Sie ihn einfach mal selbst aus."

Schade – mit diesem Nachtrag ist die Lust am Traumurlaub in diesem Hotel vergangen. Die Gesamtpräsentation verliert durch die Weichmacher an Qualität. Die Aussage über den Pool verliert an Kraft. Plötzlich kommen dir Zweifel, ob es wirklich das richtige Hotel ist. Dabei war der Pool zu Beginn nebensächlich. Stünde in dem Prospekt: „Der Pool ist bis zu 1,60 m tief und kommt bei unseren Gästen sehr gut an. Testen Sie ihn einfach mal selbst aus.", hättest du weiterhin ein positives Bild von diesem Hotel. Selbst, wenn du dir sagst: „Na ja, der Pool ist nur 1,60m tief", verliert dieser Mangel an Bedeutung, da laut Prospekt den Gästen der Pool sehr gut gefällt. Die Wahrscheinlichkeit, dass du dich für dieses Hotel entscheidest, ist nun groß.

> **Übung: Weichmacher**
>
> Teste einmal, wie „gefährdet" du bist, Weichmacher zu nutzen. Bitte eine andere Person – Partner, Freund, Kollege, Verwandter – bei eurem Gespräch darauf zu achten, wie häufig du diese oder ähnliche Weichmacher und Formulierungen verwendest. Du gewinnst an Souveränität und Akzeptanz und stärkst deinen Auftritt, wenn du in Zukunft weitestgehend auf Weichmacher verzichtest. Diese Übung ist auch sehr gut geeignet, um heraus zu finden, inwieweit du dazu neigst, in Präsentationen mit „Äähs" Pausen zu überbrücken oder Aussagen mit „ok" abzuschließen, um zum nächsten Punkt überzuleiten.

Zum Abschluss einige gern verwendete Aussagen aus dem Sport:

* „EIGENTLICH waren wir die bessere Mannschaft." Was nun? Waren sie die bessere Mannschaft oder nicht? „Eigentlich" bedeutet immer eine Einschränkung. Wie fühlt sich das an, wenn jemand zu dir sagt: „Eigentlich hast du einen ausgezeichneten Job gemacht."

* „VIELLEICHT sollte ich im nächsten Spiel früher wechseln." Wie kompetent wirkt ein Trainer, der „vielleicht" seine Spieler früher auswechseln will?

* „Unser Torwart hat sehr gut gehalten, ABER in der entscheidenden Phase hat er sich einen unnötigen Patzer geleistet." Vor dem „aber" war der Torwart noch sehr gut, nach dem „aber" wird er für das Scheitern verantwortlich gemacht. Alles, was vor dem „aber" gesagt wurde, ist plötzlich nichts mehr wert.

OK, MATZE! Ich versuch's!

> **Übung: Versuchen zu Tun**
>
> Stehe bitte auf. Achte darauf, dass hinter dir ein Stuhl steht, auf den du dich setzen könntest, wenn du denn wolltest. Versuche dich jetzt einmal auf den Stuhl zu setzen. Mache die Übung bitte mit, außer du hast Knieprobleme. Hallo! Ich habe gesagt: „Versuche dich hinzusetzen." Ich habe nichts von Hinsetzen gesagt. Also hoch mit deinem Hintern. Du dürftest jetzt in der typischen Skiabfahrtshaltung hocken. Ich weiß nicht, wie es dir dabei geht. Wenn ich länger „versuche", mich hinzusetzen, bekomme ich Schmerzen. Stell dich bitte wieder aufrecht hin. Du

erhältst eine zweite Chance: Versuche dich nochmals hinzusetzen. Und? Dieselben Schmerzen wie zuvor, oder? Versuche jetzt nicht nur, dich hinzusetzen, sondern mache es einfach. Setz dich hin. Sitzt du? Was war für dich einfacher? Das „Versuchen" oder das „Tun"? Können das Parallelen zu deinem Leben sein? Du kannst vieles in deinem Leben „versuchen" – im Unternehmen, in der Schule, im Sport, im Alltag. Was bekommst du dafür? Schmerzen! Stattdessen kannst du es einfach tun.

Welche Schlüsse ziehst du aus der Übung?

„Versuchen" bereitet Schmerzen! Wenn ein Handwerker zu dir sagt: „Ich versuche, gegen 14:00 Uhr bei Ihnen zu sein!" Wie groß ist die Wahrscheinlichkeit, dass er tatsächlich kommt? Sehr gering. Wenn dein Kind, Schüler, Mitarbeiter, Kollege, Spieler zu dir sagt: „Ich versuche es, bis morgen zu machen." Was kommt dabei heraus? Nichts. Absolut gar nichts. Wie oft hast du gesagt: „Ich versuch's mal!" und es ist nichts daraus geworden? Zu oft.

„Versuchen" beinhaltet bereits die Annahme für dein Scheitern. Wenn du etwas versuchst, gehst du bereits im Vorfeld davon aus, dass du wahrscheinlich scheiterst. Das Scheitern ist bereits vorprogrammiert. Streiche das Wort „versuchen" für immer aus deinem Wortschatz. Entweder du tust etwas oder du lässt es. Entweder du willst etwas, oder du willst es nicht. Entweder A oder B, ja oder nein. Es gibt auch kein halbschwanger. Oder hast du schon mal eine halbschwangere Frau gesehen?

TIPP: Statt etwas zu versuchen tue es einfach. Tue es jetzt! TUN ist eine Abkürzung und steht für „Tag Und Nacht". Beweg deinen Hintern. Komm aus dem Quark!

„Versuchen bereitet Schmerzen!
TUN bringt den gewünschten Erfolg!"

7 SpitzenStrategien, mit denen du aus dem Quark kommst!

Vorspiel

In meinen Vorträgen und Seminaren mache ich immer wieder kleine Spiele mit meinen Teilnehmern, in denen sie gefordert sind, selbst aktiv zu werden. Diese Spiele nutze ich als Metaphern für die Inhalte, die ich referiere. Die Teilnehmer haben riesigen Spaß dabei und die Aha-Erlebnisse sind enorm. Deshalb lade ich dich jetzt zu einem Spiel ein, bevor du die sieben wirkungsvollen und leicht umsetzbaren SpitzenStrategien kennen lernst, mit denen du spielend aus dem Quark kommst. Hast du Lust drauf? Es ist aus meiner Sicht eine der härtesten Herausforderungen, der ich persönlich bisher in meinem Leben begegnet bin – noch härter als mein erster IRONMAN … Überzeuge dich selbst.

Die härteste Herausforderung deines Lebens

Übung: Der Tischtennisball auf der Flasche

Hast du Lust auf eine richtig große Herausforderung, die dich mit allem fordert, was in dir steckt? Stelle eine kleine leere Getränkeflasche (z.B. eine 0,33-Liter-Glas-Flasche) auf die Ecke eines frei stehenden Tisches. Auf den Flaschenhals legst du einen Tischtennisball – die Farbe des Balles wählst du frei. Stelle dich in mindestens vier Meter Entfernung vom Tisch auf. Strecke den rechten Arm komplett aus (Linkshänder entsprechend den linken).

Forme mit Daumen und Zeige-, Mittel- oder Ringfinger einen Kringel – die Finger sind schnippbereit. Deine Handfläche zeigt nach oben. Wenn du startklar bist, gehst du zügig auf die Flasche mit dem Ball zu. Sobald du auf der Höhe der Flasche bist, schnippst du im Vorbeigehen den Ball von der Öffnung – ganz wichtig, im Vorbeigehen! Nachschlagen ist verboten, falls du vorbeischnippen solltest. Trägst du eine Jacke oder ein Sakko, schließe diese bitte vorher, da du ansonsten ggf. die Flasche vom Tisch fegst. Führe die Übung jetzt durch! Lies erst weiter, wenn du die Übung in der Praxis durchgeführt hast. Alternativ kannst du zum Tischtennisball den Schraubverschluss einer Flasche umgedreht auf den Flaschenhals legen.

Wie ist es dir ergangen? Falls du gescheitert bist, befindest du dich in guter Gesellschaft. Selbst Welt- und Europameister sowie Olympiasieger haben genauso „vorbeigeschnippt" wie Manager der obersten Führungsebene. Der Tischtennisball bleibt bei den meisten Menschen unberührt liegen. In der Regel schaffen es im Schnitt nur ca. 15 % der Teilnehmer, diese so einfach scheinende Aufgabe erfolgreich zu bewältigen. Für die Mehrheit wird es zu einem unüberwindbaren Hindernis, an dem viele selbst dann scheitern, wenn sie es häufiger wiederholen.

Du bist vielleicht einer der Wenigen, der getroffen hat. Was glaubst du, woran es gelegen haben könnte? Warum du getroffen hast, hat verschiedene Gründe, die dir im weiteren Verlauf dieses Buches klar werden.

Es interessiert dich sicher viel mehr, warum du zu der Mehrheit der Menschen gehörst, die bei dieser sehr leicht erscheinenden Übung gescheitert sind. Im Folgenden erfährst du die Gründe für dieses Phänomen. Außerdem erhältst du SpitzenStrategien an die Hand, die dich in Zukunft unterstützen, deine Trefferwahrscheinlichkeit signifikant zu erhöhen.

Die Tischtennisballübung und dein Leben haben mehr gemeinsam als du glaubst – beide sind z.B. ein Spiel und wollen erfolgreich gestaltet werden. Wenn du bereit bist, die folgenden SpitzenStrategien in deinem wahren Leben umzusetzen, steigen deine Erfolgschancen signifikant. Du bist anschließend leistungsfähiger und -bereiter, erreichst bessere Ergebnisse bei weniger Zeit- und Energieeinsatz, gehst erfolgreicher mit Ängsten und Stress um und steigerst deine Lebensqualität. Interessiert? Dann lies jetzt weiter.

1. Achte auf deine Wahrnehmung – Ich sehe was, was du nicht siehst

Deine aktuelle Wahrnehmung spielt bei der Tischtennisballübung eine wichtige Rolle. Bist du überzeugt davon, den Ball herunter zu schnippen? Oder bist du der Zweifler, der von vornherein denkt, dass die Wahrscheinlichkeit sehr gering ist, das Ziel zu treffen, und annimmt zu scheitern? Gehst du selbstbewusst und überzeugt vom Erfolg auf die Flasche samt Ball zu, steigt deine Wahrscheinlichkeit, den Ball herunter zu schnippen.

In meinen Vorträgen beobachte ich häufig folgendes Phänomen, wenn bereits mehrere Teilnehmer daran gescheitert sind, den Ball herunter zu schnippen: Den noch folgenden Teilnehmern kannst du sofort an ihrem Gang inklusive ihrer Körperhaltung ansehen, dass sie mit wenig Überzeugung und Erfolgsglauben an die Aufgabe herangehen und prompt scheitern.

Ein wesentlicher Faktor, der über deinen Erfolg und Misserfolg entscheidet, sowohl bei der Tischtennisballübung als auch in deinem Leben, ist deine Wahrnehmung. Sie ist nicht der wichtigste Erfolgsfaktor, jedoch der Grundlegendste.

Warum laufen einige Menschen stets auf den Erfolg zu, andere todsicher daran vorbei? Liegt es daran, dass die einen die Klugen und die anderen die Dummen sind? Vielleicht. Wenn es um Glück und Erfolg geht, spielt die Intelligenz jedoch häufig eine Nebenrolle. Entscheidend ist vielmehr die Optik: Durch welche Brille betrachtest du dein Leben?

Folgende Übung verdeutlicht dir die Wichtigkeit der Wahrnehmung.

Übung: Die Matheaufgabe

Gucke dir die folgenden Gleichungen in Ruhe an. Was siehst du?

Was fällt dir auf? Klar, logisch – die dritte Gleichung. Die ist falsch! Die ist dir förmlich ins Gesicht gesprungen – wie ein Frosch –, stimmt's? Am liebsten würdest du Folgendes machen. Ein strenges Gesicht aufsetzen, Rotstift herausholen und los geht's:

- Ein „f" hinter die Aufgabe schreiben,
- das falsche Ergebnis unterstreichen,
- an der Seite einen senkrechten dicken Strich setzen,
- die „31" umkreisen,
- einen dicken Pfeil zeichnen, dessen Pfeilspitze zum falschen Ergebnis zeigt
- und als krönenden Abschluss das Ergebnis durchstreichen und einen missmutigen Smiley unter die vier Gleichungen malen!!
- Als ich vor kurzem in Wien einen Vortrag hielt, lernte ich dort etwas Neues dazu. Ich durfte das Wort „Pfui" dazu schreiben.

Wie geht's dir jetzt, nachdem du die perfekte Anleitung zur Fehlerkennzeichnung gelesen hast? Bist du nun erleichtert? Ist es wirklich von Vorteil, dass du deinen Blick ausschließlich auf die fehlerhafte Gleichung richtest? Mache dir darüber bitte einmal kurz Gedanken und lies erst weiter, wenn du zu einem Ergebnis gekommen bist.

Du übersiehst mal eben, dass drei von vier Gleichungen richtig sind – immerhin 75 %! Mit 75 % der Punkte erhältst du in der Schule die Note befriedigend. Das ist ganz ordentlich. Zeige 100 verschiedenen Personen diese vier Gleichungen und frage sie ganz neutral: „Was siehst du?“ 99 werden dir sofort antworten: „Die dritte Aufgabe ist falsch. Das ist mir sofort aufgefallen.“ Die drei richtigen Ergebnisse werden komplett übersehen und in keinster Weise erwähnt. Du bist bereit, drei richtige Aufgaben völlig zu ignorieren, nur weil eine falsch ist! Obwohl die richtigen Ergebnisse eine große Bedeutung im Leben haben und dich weiterbringen, nimmt diese in der Regel kein Mensch wahr. Warum?

Deine Wahrnehmung ist bevorzugt negativ

Gleichgültig, ob beim Rechnen, in der Schule, im Beruf, im Sport oder im Privatleben: Deine Wahrnehmung ist bevorzugt negativ orientiert. Auf gut deutsch: „Den Mist siehst du immer.“ Fehler fallen dir sofort auf! Immer fällt dir auf, was alles schief läuft:

- die einzige 4 im Zeugnis,
- der eine Kommafehler im Kundenangebot, über den lange diskutiert wird,
- die kleine Unachtsamkeit im Training, die ausführlich zwischen Trainer und Sportler analysiert und diskutiert wird,
- der kleine Kratzer am vorderen Kotflügel im ansonsten makellosen Lack,
- das buchstäbliche Haar in der Suppe...

Du schaust bevorzugt auf das, was alles kaputt ist, schief geht und insbesondere auch auf das, was du nicht besitzt und kannst. Die Bauern haben früher schon gesagt: „Die Wiese des Nachbarn ist immer ein bisschen grüner als die eigene.“ Du konzentrierst dich auf die Defizite und siehst, was du nicht bist, tust, hast oder kannst, statt dich darüber zu freuen, was du bist, tust, hast und kannst.

Was glaubst du? Ist diese Wahrnehmung genetisch veranlagt oder anerzogen? Sie ist tatsächlich überwiegend anerzogen. Nur ein kleiner Anteil ist genetisch bedingt. Wie erlebst du Kinder im Kindergarten und in der Grundschule? Mit welcher Einstellung gehen die durch das Leben? „Wow, guck mal. Hast du das gesehen? Stark, cool, hammer, geil, krass, urkomisch, fett." Kennst du „FETT!"? Wenn jemand zu dir sagt: „Hey, du bist aber ein fettes Teil!", sei beruhigt und atme drei Mal tief durch: das gilt als Kompliment.

Wie hört sich das dagegen bei den Älteren an? „Hast du den Mist schon gehört? Hast du den Blödmann da drüben gesehen? Der Idiot hat mir die Vorfahrt genommen!" Woran liegt es, dass sich deine Wahrnehmung extrem verschlechtert, je älter du wirst?

Da ist ein bisschen Erziehung dazwischen gekommen, ein bisschen Freunde, Mitschüler, Eltern, Trainer, Lehrer, Medien. Hast du die Schule genossen …? Wirf einmal einen Blick in die Schule. Selbst heute, im Jahr 2010, wird anhand der Anzahl deiner Fehler gemessen, wie erfolgreich du bist. Das Gleiche gilt in der Wirtschaft und teilweise auch im Sport. Du lernst heute noch primär Fehler zu vermeiden anstatt Leistung zu erzielen. Und glaube mir: Es ist etwas ganz anderes, ob du durch dein Leben gehst, um Fehler zu vermeiden oder um Leistung zu erzielen. Du erzielst ganz andere Ergebnisse.

Bist du ein 25er oder 75er? – Lerne Optimismus, es lohnt sich!

Kennst du diese Spezies Mensch, die nach dem Motto lebt: „Hey, was schief gehen kann, geht schief." Diese Menschen treffen in ihrem Leben kleine Entscheidungen und erzielen damit nur kleine Erfolge. Ich habe dazu eine Metapher für dich. Stelle dir Folgendes vor: Du wachst morgen früh auf. Neben dir auf deinem Nachttisch liegen zwei farbige Brillen. Auf dem Brillenbügel der grünen Brille steht die Zahl „75", auf dem der roten Brille die Zahl „25". Wofür stehen diese beiden Zahlen? Vielleicht hast du bereits davon gehört, dass ca. 75 von 100 Dingen, die dir im Leben passieren, positiv sind und nur 25 von 100 Dingen negativ. Mit dem Aufsetzen der entsprechenden Brille bestimmst du jeden Tag aufs Neue, wie du den Tag gestaltest – als 25er oder 75er.

Bist du mit deiner roten 25er Brille unterwegs, ist überall etwas im Argen. Du kannst hinkommen, wohin du willst. Du findest immer etwas, was dir stinkt: Der Lehrer hat die fertig korrigierten Arbeiten zu Hause gelassen. Die Schüler haben ihre Hausaufgaben wieder „vergessen". Im Büro sind die Kaffeetassen noch schmutzig vom Vortag. Die Sportler kassieren ein unnötiges Gegentor und gewinnen nur 3:1. Der Ehemann hat seine Schuhe angelassen, als er von der Arbeit nach Hause kommt.

Als typischer 25er findest du nicht nur eine Sache am Tag, die dir auf die Nerven geht, du hast andauernd etwas zu meckern. Du bist der typische Halbleerglasseher. Du bist eher der Pessimist und hast auch gleich zwei 25er Brillen auf deinem Nachttisch liegen, da eine kaputt gehen könnte. Selbst über Erfolge ärgerst du dich, da es noch viel besser hätte laufen können. Meistens fängst du jedoch gar nicht erst an, etwas Großes in deinem Leben umzusetzen. Es könnte schief gehen. Deshalb lässt du es lieber gleich.

Entscheidest du dich hingegen, die grüne 75er Brille auf der Nase zu tragen, besitzt du eine positive Lebenseinstellung und erzielst ganz andere Ergebnisse. Du bist erfolgreicher, lebst gesünder und länger und hast erfülltere Beziehungen. Du achtest mehr darauf, was du hast, was du kannst, freust dich auch über kleine Erfolge, nimmst Misserfolge als Chance, es beim nächsten Mal besser zu machen und schaust positiv in die Zukunft. Außerdem setzt du dir große, herausfordernde Ziele und kommst anschließend sofort ins Handeln, um deine Ziele Schritt für Schritt umzusetzen.

Sportlerinterview Dominik Klein

Rechte: Global MMK

Ein absolutes Musterbeispiel für einen 75er ist Dominik Klein. Dominik spielt beim deutschen Rekordmeister THW Kiel und ist Handball-Nationalspieler. 2007 gelang ihm mit seinem Teamkollegen Christian Zeitz das einmalige Kunststück, in einer Saison vier Titel zu gewinnen: DHB Pokalsieger, Deutscher Meister, Champions League Sieger und Weltmeister beim deutschen „Wintermärchen"[24].

Dominik ist Optimist durch und durch und immer gut drauf. Mit seiner positiven Stimmung und Begeisterung für den Handballsport infiziert er regelmäßig seine Mitspieler. Bei der WM 2007 im eigenen Land hätte er auf der Bank rumlümmeln und sich ärgern können, dass er neben Torsten Jansen die Nr. 2 auf dieser Position ist. Stattdessen heizte er von der Bank die Stimmung an, war heiß, engagiert, hochkonzentriert und motiviert, so dass du als Außenstehender das Gefühl hattest, er würde die gesamten 60 Minuten auf dem Spielfeld agieren. Er hat seine Mitspieler von der Bank angefeuert und gepusht, vor allem dann, als es in Phasen des Spiels schlechter lief. Mit dieser 75er-Haltung hatte er einen entscheidenden Anteil am Teamer-

---

24 Mehr Infos zu Dominik Klein unter www.dominikklein.com.

folg. Sobald er eingewechselt wurde, war er sofort im Spiel und unterstützte seine Mitspieler direkt auf dem Feld.

Im Interview mit Dominik wird dir sehr schnell deutlich, was einen 75er wie Dominik auszeichnet. Er liebt den Handballsport über alles – den Wettkampf und auch das Training. Anstatt sich von den Stärken der Gegner einschüchtern zu lassen, schaut er auf seine eigenen Stärken und ist überzeugt, Erfolg zu haben. Druck motiviert ihn zusätzlich. Selbst bei der EM 2010, bei der ihn der Nationaltrainer Heiner Brand fünf Tage vor dem Turnier aus dem Aufgebot strich und Dominik zu Hause blieb und vor dem Fernseher das Turnier verfolgte, quakte er nicht. Anstatt andere für diese Niederlage verantwortlich zu machen, übernahm er die Verantwortung und suchte die Schuld bei sich. Er hinterfragte sich und fand schnell in die Erfolgsspur zurück. Belohnt wurde er mit dem Gewinn des Meistertitels und der Champions League mit dem THW Kiel.

Matthias: Welches sind deine drei wichtigsten Erfolgseigenschaften, die dich so erfolgreich machen?

Dominik: Der erste wichtige Punkt ist die Erziehung, für die ich meiner Familie sehr dankbar bin. Als zweiter Punkt stehen für mich der Spaß, den ich für meinen Sport habe und die Leidenschaft, im Team erfolgreich zu sein, die Emotionen also. Und der dritte Punkt ist der absolute Wille. Mein Vater hat immer zu mir gesagt: „Mach 10 % mehr als die anderen! Nimm dir nach dem Spiel nochmals 10 Bälle und werfe sie von außen auf das Tor."

Matthias: Viele Mannschaften sind, wenn sie ein oder zwei Mal einen Titel gewonnen haben, satt. Sie werden faul, überheblich, gemütlich. Der THW Kiel zeigt seit Jahren einen unbändigen Willen nach Titeln. Wie motivierst du dich, obwohl du bereits fast alles gewonnen hast?

Dominik: Als ich nach Kiel kam, wurde ich sofort von dem Virus infiziert. Gleich zu Beginn hatte ich viel Kontakt zu Nikola Karabatic und Vid Kavticnik, weil wir im selben Ort wohnten. Da erzählte ich ihnen: „Hey, habt ihr gelesen, der HSV hat wieder zig Neuzugänge geholt. Die werden wieder ganz oben mitspielen." Das wussten die beiden gar nicht. Ich dachte mir: „Mensch, ihr könnt doch nicht hier spielen und nicht wissen, was die Konkurrenz macht." Die hatten klar die Einstellung: „Da, wo wir sind, ist oben. Was die anderen machen, ist uns egal. Wir machen unser Spiel." Davon wurde ich am ersten Tag gleich infiziert, nur auf uns zu schauen, den Blick auf unser Spiel zu richten. Das hat uns das Triple gebracht.

Matthias: Wie gehst du mit dem Thema Angst um?

Dominik: Der Sport ist mein Beruf und ich mache ihn, weil er mir Spaß macht. Da passen die Angstgefühle nicht dazu, das ist positiver Druck. Das erdrückt einen nicht. Ich habe bei einem Verein unterschrieben, bei dem es jedes Jahr darum geht, erfolgreich Titel zu gewinnen. Da gehört Druck dazu.

Matthias: Was ist bisher deine größte Niederlage in deiner Karriere gewesen? Wie hast du diesen Rückschlag abgehakt?

Domink: Die Niederlage 2009 im Champions League Finalrückspiel. Der Handballsport ist so schnelllebig. Nach einer Niederlage bin ich schnell wieder optimistisch, so dass ich die nächste Aufgabe lösen will. So schlimm es ist, einen Weltmeistertitel nicht genießen zu können, weil man eine Woche später schon wieder gegen den HSV spielt, umso schöner ist es, eine Champions League Niederlage gegen Ciudad Real wie 2009 verstreichen zu lassen, weil schon wieder die nächste Aufgabe ansteht, für die es sich zu konzentrieren gilt. Es besteht sofort wieder die Chance, die Sache besser zu machen. Da bin ich Grundoptimist.

Matthias: Wie bist du mit dem Rückschlag umgegangen, bei der EM 2010 nicht berücksichtigt worden zu sein?

Dominik: Ich bin auch hier den offensiven Weg gegangen. Ich habe mich gefragt, was sind die Gründe dafür? Ich weiß selbst, dass ich in der Hinrunde nicht auf dem Niveau gespielt habe, auf dem ich sein kann. Die Gründe dafür habe ich analysiert. Und ich habe einen Coach, mit dem ich arbeite. Aufgrund seiner Fragestellungen komme ich selbst darauf, was ich verbessern kann: Wo sind deine Stärken? Wann fühlst du dich gut? Was spielt eine Rolle? Dadurch konnte ich verstehen, dass ich die Lösung bereits im Kopf habe. Jetzt verspüre ich wieder unglaubliche Energie.

Natürlich wäre ich da gerne dabei gewesen, aber diese Erfahrung hat mich persönlich auch weiter gebracht. Es geht nicht immer nur bergauf. Niederlagen gehören dazu und es kommt darauf an, was man daraus macht.

75er leben länger, sind gesünder und erfolgreicher!

Eine positive Lebenseinstellung verlängert dein Leben und mindert deine Wahrscheinlichkeit, im Alter krank zu werden. Das besagt eine im Fachmagazin "Journal of Personality and Social Psychology" veröffentlichte Studie.[25] Die Forscher Deborah Danner und David Snowdon von der Universität von Kentucky in Lexington analysierten die Autobiographien, die 180 katholische, amerikanische Nonnen um 1930 im Alter von rund 22 Jahren auf Anweisung ihrer Oberschwester verfasst hatten. Die Lebensläufe der Schwestern waren einander äußerst ähnlich. Sie hatten die gleichen Startbedingungen. Alle ernährten sich gesund, bewegten sich regelmäßig – und lebten enthaltsam. Die Schwestern, die ihr Leben als Zwanzigjährige jedoch als überaus glücklich beschrieben, lebten rund sieben Jahre länger als die etwas bedrückteren. Mit der Anzahl der positiven Sätze stieg die Lebenserwartung deutlich. So kamen Schlüsselworte wie "glücklich", "Freude", "Liebe", "hoffnungsvoll" und "zufrieden" bei den Nonnen häufiger vor, die anschließend älter wurden. Ausschlaggebend für die höhere Lebenserwartung war damit die optimistische 75er Einstellung dieser Testpersonen. Die Lebenseinstellung der Frauen hatte auch über sechzig Jahre später Einfluss auf ihre Sterblichkeit: Von den positiv gestimmten waren mit 85 Jahren noch 90 % am Leben, von den Schwarzseherinnen nur 34 %.[26] Dem Glücklichen schlägt also weitaus später die Stunde. Zeitgleich fanden Forscher des John-Hopkins-Zentrums in den USA heraus, dass bei optimistischen Menschen deutlich seltener schwere Herzkrankheiten wie z.B. Infarkte auftreten.

Begründet werden die Ergebnisse wie folgt: Negative Stimmungen wie Angst, Hass und Zorn können im Laufe der Zeit eine starke Wirkung auf deinen Körper haben. Über Jahrzehnte hinweg verletzt du dich mit diesen negativen Emotionen selbst. Regst du dich häufig auf und reagierst auf etwas mit Ablehnung, schüttet dein Körper viel giftiges Noradrenalin aus, das dich krank macht und vorzeitig altern lässt. Das schädigt über Jahre nicht nur deine Gefäße, sondern macht dick. Deine Wahrscheinlichkeit, an Burn-out,

---

25 http://www.wissenschaft.de/wissenschaft/news/151985.html, 06.01.2010.
26 Zeitschrift Hören und sehen, Ausgabe 2007.

Depressionen, Krebs, Herzkrankheiten und Schlaganfällen zu erkranken, nimmt infolgedessen signifikant zu.[27]

Als optimistisch denkender Mensch schüttest du dagegen große Mengen positiv wirkende biochemische Stoffe aus. Die halten dich jung, bekämpfen Tumorzellen, lindern Schmerzen, beschleunigen Heilungsprozesse und verbessern sogar deine persönlichen Beziehungen. Je optimistischer du bist, desto weniger Stress übst du im Laufe der Zeit auf deinen Körper aus. Und umso weniger haben dein Körper und Geist unter den Folgen dieses Stresses im Alter zu leiden.[28] „Positives Denken ist die beste Medizin für den Körper", sagt der japanische Forscher Dr. Shigeo Haruyama.[29]

Optimistische Schüler bringen bessere Leistungen

„Denkst du vor der Herausforderung bereits ständig daran, welche Fehler du machen könntest, hast du bereits den ersten gemacht!", sagt Psychologie-Professor Jürgen Hoyer von der TU Dresden.[30]

Denkst du bereits vor einer Prüfung, einem Verkaufsgespräch, einem Wettkampf daran, was wieder alles schief laufen könnte, erhöhst du damit die Wahrscheinlichkeit, dass genau diese Befürchtungen auch eintreten. Dasselbe geschieht genau in die andere Richtung, wenn du von Grund auf optimistisch und mit Erfolgsglauben an eine Sache herangehst. So bringen optimistische Schüler z.B. bessere Leistungen. Professor Hoyer und sein Team haben für Schüler ein Training entwickelt, das das Vertrauen in die eigenen Fähigkeiten stärken soll. Hoyer kommt in seinen Ausführungen zu dem Ergebnis, dass positiv eingestellte Schüler im Schnitt um ein bis zwei Noten besser abschneiden als negativ eingestellte.

Pessimisten küsst du nicht! Optimisten verkaufen besser!

Erfolgreiche Menschen zeichnet immer ein hohes Maß an Optimismus aus. „Piep, piep, piep, wir haben uns alle lieb" ist damit natürlich nicht gemeint. Es gibt jedoch immer Chancen und Möglichkeiten, gleichgültig, wie schlecht

---

27 http://www.wissenschaft.de/wissenschaft/news/151985.html, 06.01.2010.
28 http://www.wissenschaft.de/wissenschaft/news/153999.html, 06.01.2010.
29 Zeitschrift Hören und sehen, Ausgabe 2007.
30 Zeitschrift Hören und sehen, Ausgabe 2007.

es gerade läuft – privat und beruflich. Wichtig ist, dass du positiv nach vorne schaust und glaubst, dass es möglich ist, das gewünschte Ziel zu erreichen. Norman Vincent Peale sagte einmal: „Optimisten weigern sich nicht, das Negative zur Kenntnis zu nehmen. Sie weigern sich lediglich, sich ihm zu unterwerfen."

Entscheidend ist, was in deinem Kopf vorgeht. So verkaufen z.B. Optimisten besser als Pessimisten. Das ist wissenschaftlich bewiesen. Der amerikanische Psychologie-Professor und Glücksforscher Dr. Martin Seligman untersuchte Versicherungsvertreter der US-Versicherung Metropolitan Life (Met Life). Das Klinkenputzen im Tür-zu-Tür-Policenverkauf ist so frustrierend, dass drei von vier neuen Versicherungsverkäufern in den ersten drei Jahren aufgeben.[31] Den Versicherungsgesellschaften gehen aufgrund der hohen Abbrecherquote viele Millionen Dollar verloren, da sie die neuen Verkäufer vor ihrem Arbeitsantritt intensiv schulen. Zwar werden Bewerbertests bereits seit Jahren eingesetzt, konnten die Abbrecherquote jedoch nur minimal senken.

Seligman führte einen Optimistentest durch und wählte bei der Versicherung Met Life aus den bereits abgelehnten Bewerbern eines Jahrgangs die 100 stärksten Optimisten aus. Das Ergebnis: Die Sondergruppe entwickelte sich hervorragend. Im ersten Jahr verkauften die neu eingestellten optimistischen Mitarbeiter 21 % mehr Versicherungen als die der regulären Gruppe, im zweiten Jahr waren es gar 57 % mehr.[32] Außerdem gaben von den Optimisten nur halb so viele im ersten Jahr auf wie von den Pessimisten. Seither stellt Met Life die größten Optimisten ein – andere Eigenschaften werden zweitrangig bewertet.

Die Amerikaner sagen: "Success is a mind game" – zu Deutsch: „Erfolg entsteht im Kopf". So denkt der Pessimist nach einem missglückten Verkaufsgespräch, bei dem er rausflog: „Oje, entweder taugt das Produkt nichts oder ich bin zu schlecht. Oder gar beides." Mit dieser deprimierten Einstellung geht er ins nächste Verkaufsgespräch. Der Optimist sagt sich: „Man, der

---

31 Gabriele Stöger, Hans Stöger: Besser verkaufen mit Glaubwürdigkeit und Sympathie. Redline, 2006, S. 33.

32 http://www.faktor-g.de/2007/09/29/optimistische-verkaufer-verkaufen-mehr/ 29.09.2007/20.10.2009.

Kunde hatte heute aber einen schlechten Tag, doch beim nächsten Kunden läuft es auf jeden Fall besser."

Der Pessimist gibt nach weiteren Misserfolgen bereits auf und sagt sich: „Das wird immer schlimmer. Bei diesem Job läuft auch alles schief." Der Optimist steckt die Misserfolge schneller weg: „Das kann nur besser werden." Und kurz darauf oder spätestens am nächsten Tag startet der Optimist den nächsten Kundenangriff. Er ist überzeugt, dass das Negativerlebnis eine Ausnahme war und macht so lange weiter, bis er Erfolg hat.

Am Ende wirft der Pessimist die Arbeit hin, weil er zu dem Schluss kommt, dass er für die Aufgabe kein Talent habe und zu schlecht sei oder die Branche nichts tauge. Der Optimist gewinnt mit zunehmendem Erfolg die Überzeugung, er sei ein fabelhafter Vertreter.

Seligman kommt abschließend zu folgendem Ergebnis: „Pessimisten küsst du nicht und Optimismus kannst du lernen".[33]

Ist es wirklich unmöglich oder eine große Chance?

Ein bedeutender Schuhhersteller schickt einen Marketingexperten nach Afrika. Seine Aufgabe ist zu erkunden, inwieweit der afrikanische Markt für die Firma interessant ist, um auch dort die Produkte zu verkaufen. Der Experte ist nur wenige Stunden vor Ort und ist sofort schockiert. Kopfschüttelnd ruft er seinen Chef per Handy an und erzählt ihm völlig deprimiert: „Chef, es tut mir leid, dass ich Ihnen das mitteilen muss. Hier trägt kaum ein Mensch Schuhe. Wer soll bitte unsere Schuhe kaufen? Die Chancen sind aussichtslos. Es ist unmöglich. Ich breche meine Zelte ab und fliege heute noch zurück." Der Chef nimmt die Aussage seines Experten erst einmal so hin. Nur einen Monat später denkt sich der Chef: „Ich schicke nochmals einen Experten rüber. Der soll sich auch einmal ein Bild von der Lage in Afrika machen." Gesagt, getan. Der Experte fliegt rüber. Nur wenige Stunden nach seiner Ankunft ruft er begeistert bei seinem Chef an: „Chef, Sie werden es nicht glauben. Hier trägt fast kein Mensch Schuhe. Das ist einfach nur genial. Stellen Sie sich den gigantischen Markt vor, der sich uns hier

---

33 Martin Seligman: Pessimisten küsst man nicht. Droemer Knaur, 2001.

bietet. Sie müssen sich das unbedingt einmal selbst vor Ort anschauen. Sie werden begeistert sein."

Was ist passiert? Beide Experten haben exakt dieselben Bedingungen vorgefunden. Aus Sicht des Experten 1 („Mr. 25") ist die Lage aussichtslos. Eine Investition vor Ort wäre der größte Fehler, den die Firma machen könnte. Für Experte 2 („Mr. 75") ist die Situation wie ein Lottogewinn, die dem Unternehmen unglaubliche Umsatzzuwächse bescheren kann. Beide haben die Situation aus zwei komplett verschiedenen Blickwinkeln bewertet – einmal als typischer 25er und einmal als 75er.

Abgefahren! Das Ziel im Visier

Schau dir die Skirennläuferin Maria Riesch an. Mit 21 Jahren war ihre Sportkarriere fast beendet – innerhalb von 14 Monaten erlitt sie so viele schwere Verletzungen wie andere Sportler nicht einmal in ihrer gesamten Karriere. Sie hat bereits in jungen Jahren alle Höhen und Tiefen eines Profisportlers durchlebt. Zu Beginn der Saison 2004/05 zog sie sich einen Knochenbruch in der Schulter zu. Darauf folgte im Januar 2005 ein Kreuzbandriss im rechten Knie. Gerade auf dem Weg zum Comeback erlitt sie im September 2005 eine Schienbeinkopfverletzung, einen Monat später einen Mittelhandknochenbruch. Sie konnte im Weltcup-Winter 2005/06 nur sechs Rennen bestreiten, ehe sie sich im Dezember 2005 einen Kreuzbandriss im linken Knie zuzog, der ihre Teilnahme an den Olympischen Spielen 2006 in Turin unmöglich machte.[34]

Wenn du Ski fährst, weißt du aus eigener Erfahrung, welche Belastungen auf deinen Beinen und hier speziell auf die Knie wirken, wenn du einen Berg herunter fährst. Spitzensportlerinnen wie Maria erreichen dabei Geschwindigkeiten von weit über 100 km/h. Deshalb hatten viele Experten Maria nach dem zweiten Kreuzbandriss innerhalb eines Jahres bereits abgeschrieben und waren sich sicher, dass ihre Karriere schneller vorbei sein würde, als sie angefangen hatte. So durfte Maria sich anhören, dass sie sich Gedanken machen sollte, was sie statt des Skisports machen wolle.[35]

---

34 http://de.wikipedia.org/wiki/Maria_Riesch. 20.01.2010.
35 http://www.womenweb.de/fitness-und-sport/wintersport/maria-riesch.html. 20.01.2010.

Maria hat sich von diesen Aussagen und Gedanken nicht beirren lassen. Nachdem sie ihre Tränen getrocknet hatte, hat sie hart an ihrem Comeback gearbeitet. Klar hat auch Maria anfangs häufig die Gedanken gehabt, ob das noch einmal was würde mit der Karriere und ob es nicht doch besser wäre, alles hinzuwerfen und sich die Zeit und Energie für ein mögliches Comeback zu sparen. Maria aber wollte weiterhin nur Ski fahren. Sie hat ihre negativen Gedanken (25er) schnell verdrängt, diese durch positive (75er) ersetzt und fest daran geglaubt, wieder zurückzukehren – stärker und erfolgreicher denn je. Und sie hat es in beeindruckender Weise geschafft. 2006 kehrte Maria auf die Weltcupbühne zurück, wurde in der Saison 2007/08 Gesamtweltcupdritte. Im Jahr 2009 wurde sie Weltmeisterin im Slalom und zweite im Gesamtweltcup hinter ihrer besten Freundin Lindsey Vonn, mit der sie sich auch im Winter 2009/2010 einen heißen Kampf um den Gesamtweltcup lieferte. Auch hier wurde sie Gesamtweltcupzweite hinter Vonn. 2010, fünf Jahre nachdem ihre Karriere bereits vor dem Ende stand, krönt sie diese zusätzlich in beeindruckender Weise: „Maria fährt Lindsey daVONN", titelt die BILD so treffend. Bei ihren ersten Olympischen Spielen in Vancouver gewinnt Maria zwei Goldmedaillen und macht sich damit unsterblich.

Wann hättest du an Marias Stelle aufgegeben? Oder hättest auch du weiter die 75er Brille aufgesetzt, weiter gemacht und wärst stärker als zuvor zurückgekommen? Sei ehrlich: Wie oft gibst du zu früh auf, wenn du eine Niederlage erleidest (mehr in dem Kapitel „Zeige Ausdauer und Disziplin")?

Sportler: Im Hockey haben andere Nationen wie z.B. die Niederlande und Argentinien weitaus bessere Trainingsbedingungen als Deutschland. Ich fragte Michael Behrmann, Nationaltrainer der Hockeydamen, wie er seinen Spielerinnen klar mache, dass sie dennoch die Chance haben, gegen diese „Übermannschaften" zu bestehen? Seine Antwort: „Vor einem Spiel wie gegen die Niederlande sage ich meinen Spielerinnen: 'Normalerweise sagen alle Statistiker, dass Deutschland in zehn Spielen nur ein Spiel gegen Holland gewinnt. Was ist, wenn heute das zehnte Spiel ist?' Es gibt immer eine Chance zu gewinnen, möge sie auch noch so klein sein."

Achte auf deine Gedanken – Gedankenhygiene mit Wasser-hahn

Ich arbeitete einmal mit einem Sportler zusammen, der in seiner Karriere bereits unzählige Titel gewonnen hatte. Er war vielfacher deutscher Meister, Europameister, Vizeweltmeister, Vizeolympiasieger und auch Weltsportler seiner Sportart. Als wir uns verabredeten, lief es bei ihm sportlich gesehen absolut miserabel. Es stand eine Weltmeisterschaft an und es sah danach aus, dass diese ohne ihn stattfinden würde. Wir haben uns zusammengesetzt und ausgetauscht. Es war sofort klar, womit seine aktuelle Situation zusammenhing: Er glaubte nicht mehr an sich, sein Trainer hatte ihn auch bereits abgeschrieben. Seine Gedanken waren voller Zweifel. Alles war schlecht, ungerecht, alle waren seiner Meinung nach gegen ihn.

Was haben wir getan, um ihn aus seiner negativen Haltung heraus zu holen? Zunächst haben wir uns seine Wahrnehmung angeschaut. Sein Schwerpunkt lag ausschließlich auf den negativen Dingen. Früher noch der typische 75er, führte er heute das Sportlerleben eines 25ers. Die positiven Punkte waren in den Hintergrund geraten. Im ersten Schritt klärten wir das alles. Alles Negative, was ihn bedrückte – seine Energiefresser –, trugen wir in einer Liste zusammen (siehe Kapitel „Aus dem Auge, aus dem Sinn...“). Jetzt kam der spannende Teil – eine Visualisierung, d.h. sich gezielt Bilder im Kopf zu machen. Dies kann auch dir in Zukunft hilfreich sein.

Ich stelle dir jetzt eine Visualisierungsübung vor. Die ist so einfach, dass viele meiner Kunden gleich abwinken, wenn sie von dieser das erste Mal hören: „Du spinnst doch. Das wäre viel zu einfach, um wahr zu sein. Das kann nicht funktionieren.“ Weißt du, nur wenn die Werkzeuge einfach sind, die ich dir anbiete, bist du bereit, diese einzusetzen. Lies die folgende Wasserhahnübung zunächst und führe sie anschließend selbst durch. Übrigens hat dieser Sportler auch damit gearbeitet. Er wurde nicht nur für die Weltmeisterschaft nominiert, sondern wurde Weltmeister und im Rahmen des Turniers für seine Leistungen ausgezeichnet. Selbstverständlich war die Übung bei weitem nicht allein dafür verantwortlich. Sie war ein kleiner Mosaikstein auf seinem Weg zurück an die Weltspitze.

Übung: Wasserhahnübung

Um die Übung durchzuführen, stehe bitte auf. Schließe die Augen und stelle dir vor, deine Energiefresser – negative Situationen und Gedanken, die dir Energie rauben – liegen in deinem Körper als eine dunkelbraune, stinkende, klebrige Flüssigkeit vor. Die Flüssigkeit hat sich in deinem gesamten Körper verteilt – vom Kopf bis zu den Füßen. Stelle dir vor, du hast rechts auf Knöchelhöhe einen Wasserhahn. Den drehst du jetzt auf. Schon fließt die braune Flüssigkeit aus deinem Körper heraus. Spüre, wie du dich immer befreiter fühlst. Wenn dein gesamter Körper von der Flüssigkeit befreit ist, drehst du den Wasserhahn wieder zu. Jetzt ist zwar die gesamte negative Energie raus, dir fehlt jedoch positive Energie. Was spendet dir in deinem Leben am meisten Energie? Überlege einmal. Ist es die Sonne? Nutze die Sonnenenergie, um dich energetisch aufzuladen. Stelle dir vor, wie die Strahlen der Sonne in deinen Körper eindringen. Spüre, wie dein gesamter Körper sich mehr und mehr mit positiver, gelber Energie füllt. Fühlst du dich von Kopf bis Fuß mit gelbem Strom aufgeladen, öffne wieder deine Augen.

- Was hast du während der Übung gespürt? Wie fühlst du dich jetzt?
- Welche Erkenntnis ziehst du aus dieser Übung?

Diese Übung ist eine Art Gedankenhygiene. Du räumst deinen Körper komplett auf und befreist ihn von allem Ballast. Führe die Übung jetzt im Stehen durch. Setze dich nach der Übung wieder. Ich kann deine Skepsis absolut nachvollziehen. Die hatte ich auch, als ich von der Übung das erste Mal gehört hatte. Viele Sportler, mit denen ich zusammen arbeite, setzen diese Übung erfolgreich vor jedem Wettkampf ein. Sie haben die Erfahrung gemacht, dass sie noch energiegeladener in ihren Wettkampf gehen. Sie erreichen einen Topzustand, den sie brauchen, um ihre persönliche Bestleistung abrufen zu können. Auch Verkäufer, Handwerker, Lehrer, Banker, Ingenieure, Ärzte, Manager, Schüler… arbeiten gerne mit dieser Übung.

Die Macht des Glaubens – Pygmalion in the classroom

Pygmalion war ein griechischer Bildhauer. Eines Tages haute er sich aus einem großen Marmorblock eine wunderbare Frauenstatue heraus. Diese gestaltete er nach seiner Vorstellung, wie er sich die perfekte Frau vorstellte. Als seine Statue fertig war, war er so überwältigt von ihrer Schönheit, dass er sich in diese leblose Gestalt verliebte. Aphrodite, die Göttin der Liebe und Anmut, sah das und bekam sofort Mitleid mit Pygmalion. Sie sorgte dafür, dass die Statue zu Fleisch und Blut wurde. Beide wurden ein Paar und lebten glücklich bis an ihr Lebensende. Soweit die Sage zu Pygmalion.

Und jetzt zu Pygmalion in the classroom: Prof. Dr. Rosenthal von der Harvard Universität machte vor vielen Jahren ein Experiment an einer Grundschule in der Nähe von San Francisco. Er rief ein paar Lehrer zusammen und erzählte ihnen, dass sein Forschungsteam gemeinsam mit den Direktoren aus allen Grundschulklassen die begabtesten und intelligentesten Kinder ausgesucht hätte. Diese sollten in einer Hochbegabtenklasse zusammengeführt und von den besten Lehrern – nämlich ihnen – unterrichtet werden. Ziel des Forschungsprojekts war es, herauszufinden, inwieweit sich die besten Schüler in einer Klasse, unterrichtet von den besten Lehrern, im Vergleich zu den Vergleichsklassen schneller entwickeln würden. Und wenn sie sich besser entwickelten, um wie viel besser? Wichtig bei diesem Experiment war, dass wirklich nur die Lehrer in den Versuch eingeweiht waren, die diese besondere Klasse unterrichteten. Weder die anderen Lehrer, noch die Schüler und Eltern wurden über dieses Experiment informiert. Die hätten sich sicher aufgeregt, wenn es offiziell eine besondere Klasse gegeben hätte.

Ein Jahr später untersuchte Rosenthal das Experiment und tatsächlich: Die extra zusammengestellte Klasse hatte sich um ein Vielfaches besser entwickelt als die Vergleichsklassen. Das Experiment schien geglückt. Nun rief Rosenthal die beteiligten Lehrer zusammen. Diese waren begeistert und stolz, dass sich ihre Klasse so gut entwickelt hatte. Das Forschungsteam sagte: „Liebe Lehrer, wir müssen euch etwas beichten. Wir haben euch angelogen. Eure Kinder haben sich zwar weitaus besser entwickelt als die Vergleichsklassen, nur haben wir diese nicht nach dem Intelligenzquotienten, sondern nach dem Zufallsprinzip zusammengestellt." Die Lehrer waren zunächst erschrocken, hatten jedoch sofort eine Erklärung parat. So sagten sie: „Dann liegt es sicher daran, dass wir – die besten Lehrer dieser Schule – ausgewählt wurden und diese Schüler unterrichten durften." Nur wurden die Lehrer auch hier enttäuscht. Das Forschungsteam sagte ihnen: „Tut uns leid. Auch euch haben wir ausschließlich nach dem Zufallsprinzip ausgewählt."

Dieses Experiment ging in die psychologische Geschichte ein und steht heute in nahezu jedem psychologischen Basiswerk. Es wurde bekannt unter „Pygmalion in the classroom". So wie Pygmalion sich aus seiner Vorstellung heraus die optimale Frau schuf und sie laut Sage lebendig wurde, so schaffst auch du dir die Menschen in deiner Umgebung. Johann Wolfgang von Goethe erkannte das bereits vor einigen Jahrhunderten. Er schrieb: „Wer die Menschen behandelt wie sie sind, macht sie schlechter. Wer sie behandelt wie sie sein könnten, macht sie besser."

- Welche Erkenntnisse ziehst du aus dieser Geschichte für dich?
- Was siehst du in den Menschen in deiner Umgebung? Was siehst du in deinen Kunden? Was siehst du in deinen Kindern? Was siehst du in deinen Mitarbeitern? Was siehst du in deinen Sportlern? Was siehst du in deiner Firma? Was siehst du überhaupt in der Welt für Chancen und Möglichkeiten?

Wenn du fest daran glaubst, dass aus deinen Mitmenschen mehr werden kann, dann verhältst du dich ihnen gegenüber und behandelst sie auch entsprechend: Du redest ihnen gut zu, du traust ihnen viel zu und übergibst ihnen Verantwortung, du förderst sie und unterstützt sie dabei, dass sie sich in eine positive Richtung entwickeln. Wenn du von deinen Mitmenschen hingegen wenig hältst, dann sorgst du – meist unbewusst – mit deinem Verhalten ihnen gegenüber dafür, dass aus ihnen auch nur wenig werden kann. Wenn du davon überzeugt bist, dass aus deinen Kindern etwas Phantastisches wird und dass sie erfolgreich werden, und wenn du fest an sie glaubst, dann entwickeln sie sich auch genau in diese Richtung. Dasselbe gilt für deine Schüler, Mitarbeiter, Sportler – für alle Menschen deiner Umgebung.

Triffst du hingegen, wenn dein Kind keine Hausaufgaben macht oder eine 5 mit nach Hause bringt, Aussagen nach dem Motto: „Du bist doch echt zu blöd. Du faule Nuss. Du Versager!", wird sich dieser Mensch mit großer Wahrscheinlichkeit auch genau in diese Richtung entwickeln. Wie siehst du dich selbst? Wie siehst du deine zukünftige Entwicklung? So, wie du dich selbst siehst, entwickelst du dich weiter. Wenn du glaubst, dass du eine Null bist, wirst du eine Null. Glaubst du hingegen, du bist etwas Besonderes, wird aus dir schließlich etwas Besonderes. So wie du die Dinge siehst, entwickelt sich deine Welt – von bunt bis grau. Du entscheidest selbst darüber.

Probleme sind für dich gemacht

Immer wieder quaken Menschen, dass sie ihre Probleme loswerden wollen: „Ich will keine Probleme mehr. Ich habe die Nase gestrichen voll davon! Weg damit." Gehörst du auch dazu?

Wenn du das Wort "Pro-blem" in seine Silben zerlegst, welches Wort steckt dort drinnen? Richtig, „pro". Pro kommt aus dem Lateinischen und heißt übersetzt „für". D.h., ein Problem ist immer für dich gemacht und niemals gegen dich. Ansonsten müsste es wie heißen? Klar: "Contra-blem".

Gleichgültig, welchen Job du machst, du bist ein Problemlöser. Kunden wollen zwei Dinge von dir: gute Gefühle und Problemlösungen. Ob du als Ingenieur, Banker, Verkäufer, Manager, Lehrer oder Sportler aktiv bist – die Menschen, mit denen du Kontakt hast, wollen Lösungen für ihre Probleme. Löst du ihre Probleme, gehen sie mit guten Gefühlen nach Hause. Die Zuschauer, die sich deinen Sportwettkampf anschauen, wollen ausgezeichnet unterhalten werden. Ansonsten haben sie das Problem Langeweile. Die Kunden, die dich als Banker aufsuchen, wollen ihr Geld vermehrt haben.

Ansonsten haben sie das Problem, dass es an Wert verliert. Deinen Schülern gegenüber hast du die Aufgabe, zu lehren und ihnen Kenntnisse, Fähigkeiten und Fertigkeiten zu vermitteln, damit sie sich persönlich weiter entwickeln und erfolgreich in der Gesellschaft agieren können. Ansonsten haben sie ggf. das Problem, in der Gesellschaft zu scheitern und arbeitslos zu werden. Kunden wollen von dir als Verkäufer ein tolles Produkt, mit dem sie u.a. ihre Lebensqualität steigern. Ansonsten haben sie weiterhin das Problem einer geringeren Lebensqualität. Kunden kommen mit Problemen zu dir, bei deren Lösung du sie unterstützen darfst.

Leider haben viele Menschen Angst vor Problemen. Stelle dir vor, du hättest keine Probleme. Was würde dich erwarten? „Gehaltlose Langeweile" – das ist die liebenswerte Bezeichnung für arbeitslos. Die Menschen brauchen dich, damit du sie dabei unterstützt, ihre Probleme zu lösen. Was geschieht, wenn du deren Probleme gelöst hast? Du erhältst größere Probleme. Und wenn du die gelöst hast? Dann erhältst du noch größere Probleme.

Was geschieht jedoch, wenn du deren Problem nicht lösen kannst? Dann macht es ein anderer und der macht es sicher richtig gut. Und was passiert mit dir? Du bekommst ein kleineres Problem. Und wenn du das auch nicht löst? Dann kommt ein anderer und der macht es exzellent. Und du bekommst erneut ein noch kleineres Problem. Dieser Prozess setzt sich so lange fort, bis du kein Problem mehr erhältst, sondern den Tritt vor die Tür. Und schon hast du ein richtig fettes Problem, die gehaltlose Langeweile – sprich Arbeitslosigkeit.

Freue dich in Zukunft über Probleme, die du bekommst. In meinem Job werde ich regelmäßig gebucht, um meine Kunden dabei zu unterstützen, dass sie noch größere Probleme bekommen, als sie eh schon haben. Werden die nämlich gelöst, erhalten sie anschließend ein noch größeres Problem. Je größer die zu lösenden Probleme sind, desto größer sind am Ende die Erfolge und Erträge. Suche zukünftig fleißig nach Pro-blemen, die du lösen darfst und sei dankbar dafür.

2. Wandle deine Angst in Mut

Angst ist die größte Blockade in unserem Leben und der Hauptgrund, warum du ständig wieder im Quark steckst. Du hast Angst zu versagen, Angst vor Ablehnung, Angst zu verlieren, manchmal sogar Angst vor Erfolg und dem Gewinnen.

Betrachtest du die Tischtennisballübung, ist Angst ein wichtiger Grund, warum die meisten Menschen – einschließlich dir – am Ball vorbeischnippen. Du hast Angst, die Flasche umzuwerfen, Angst mit dem Finger den Flaschenhals zu treffen und dir dabei weh zu tun oder auch Angst dich zu blamieren, wenn andere zuschauen.

Bei der Übung passiert Folgendes: Kurz bevor deine Hand den Ball wegschnippen soll, zuckt dein Arm reflexartig nach oben – wie von Geisterhand. Du schnippst über den Ball hinweg und somit am Ziel vorbei. Das ist ein Angstreflex und erfolgt damit unbewusst. Du spürst es selbst gar nicht, was mit dir geschieht. Hilflos gehst du weiter und hast im ersten Moment keine Ahnung, warum du daneben geschnippt hast, da die Aufgabe so einfach erscheint.

Hier hast du einen Bezug zum wahren Leben: Wenn du in deinem Leben einen Fehler machst und dir eine Aufgabe misslingt, du jedoch nicht weißt, was dein Problem dahinter ist, hast du nur eine sehr geringe Chance, den Fehler zu beheben und dein Problem zu lösen. Zunächst einmal ist wichtig, dass dir klar ist, was dein Problem ist. Wenn du dein Problem kennst, kannst du es erfahrungsgemäß in den meisten Fällen auch lösen.

Der zentnerschwere Telefonhörer

Sicher kennst du eine der folgenden Situationen, in der du gefordert bist, den Telefonhörer in die Hand zu nehmen, um ein wichtiges Telefonat zu führen:

- Du hast dich um einen Praktikums- oder Arbeitsplatz beworben. Die Personalchefin des Unternehmens erwartet deinen Anruf.
- Ein Kunde wartet sehnsüchtig auf seine Ware. Die Lieferung verschiebt sich jedoch um eine weitere Woche.

- Ein Schüler hat zum wiederholten Male den Unterricht gestört. Jetzt steht das Gespräch mit der Mutter auf dem Plan.
- Du schießt ein wichtiges Tor, das euch den Sieg sichert. Der Journalist möchte ein Interview mit dir.

Bis 17 Uhr erreichst du die gewünschte Person heute telefonisch. Was passiert in der Regel? Bis zwei Minuten vor fünf rennst du um das Telefon herum wie um den heißen Brei. Du bekommst Sachen erledigt, die du ansonsten nur ganz selten erledigt bekommst: du räumst dein Zimmer bzw. das Büro auf, du stellst ein längst überfälliges Angebot fertig, du wäscht das Geschirr ab, bringst den Müll raus, führst den Hund Gassi, lernst für eine Prüfung. Das alles machst du nur, um den Anruf hinaus zu zögern und dich abzulenken. Doch bis 17 Uhr ist das Telefonat zu führen. Also wählst du wild entschlossen – vielmehr leicht zitternd im Zeitlupentempo – die Nummer. Es klingelt vier Mal – peng, du legst auf. Sagst dir: „Hey, sie ist nicht da. Was kann ich dafür? Ich hab's versucht. Wenn keiner da ist, ist das ihr Pech." Hast du keinen erreicht, erwartet dich das Gespräch jedoch zu einem späteren Zeitpunkt. Dieselbe Prozedur steht dir nochmal bevor.

Gehen wir stattdessen einmal davon aus, dass du deinen Gesprächspartner doch noch kurz vor fünf erreicht hast. Wie hast du dich nun den ganzen Tag gefühlt – energiegeladen oder doch eher von einer leichten Magenverstimmung und Übelkeit begleitet?

Ich spreche hier eine relativ kleine Alltagsangst an. Was meinst du: Wie entwickelt sich dein Tag, wenn du das Gespräch bereits am Morgen führst? Kann es sein, dass der Tag eine komplett andere Richtung einschlägt – nämlich auf die positive Seite? Es ist doch in der Regel so, dass wir häufig vor etwas Angst haben und im Nachhinein feststellen, dass es besser lief als erwartet und die Angst unbegründet war. Die Personalchefin, bei der du dich beworben hast, ist kein Drache, sondern eine liebe, nette Dame mit einer sympathischen Stimme. Der Kunde ist dir dankbar, dass du ihn frühzeitig informiert hast, dass die Ware später kommt. Die Mutter stimmt dir zu, dass du ihren Sohn wegen der dauernden Störungen zu Recht ermahnt hast. Der Journalist ist im Interview sehr nett und locker.

Wenn du jedoch die Tendenz hast, in Angstsituationen des Öfteren mit „Aufschieberitis" zu reagieren, dann hat das eine negative Wirkung auf deine Lebensqualität. Deine Lebensqualität verschlechtert sich extrem.

Gewinner lieben den Druck

Was glaubst du: Welche Rolle spielt Angst im Sport? Richtig, Angst hat eine große Bedeutung und begleitet jeden Sportler durch seine gesamte Karriere. Es zeigen sich dieselben Ängste wie in der Wirtschaft, in der Schule oder im Alltag. Sportler haben Angst zu verlieren, Angst zu versagen. Es gibt auch hier die Angst vor dem Gewinnen – die Angst, sich kurz vor dem Sieg in die Hosen zu machen.

Sportler: Der Gedächtnisweltmeister und achtfache Deutsche Meister im Gedächtnissport Dr. Gunther Karsten beschreibt die zerstörerische Wirkung von Angst sehr anschaulich: „Angst ist ein kritischer Faktor. Sie schwebt als Monster über dir. Angst löscht so viele Informationen. Wenn ich mir ein mentales Bild mache und Angst habe, mich daran später nicht zu erinnern, dann kann es geschehen, dass ich mich genau an das Bild erinnere, aber nicht an die Bilder davor und danach. Ein Blackout kann verheerende Auswirkungen haben, denn damit fehlen mir viele Punkte. Deshalb ist das Glückstraining – das positive Denktraining – so wichtig, vor allem für kritische Situationen, in denen ich zu Angst neige..."

Angst und Druck hängen eng miteinander zusammen. Entweder setzen dich andere mit ihren Erwartungen unter Druck oder du dich selbst. Ich habe z.B. jedes Mal großen Druck, wenn ich einen Vortrag halte. Die Teilnehmer erwarten, dass ich einen klasse Vortrag abliefere – am liebsten eine Show. Gesetzt den Fall, ich hielte einen schlechten, langweiligen Vortrag und sagte anschließend zu meinen Teilnehmern: „Sie hätten mich gestern erleben sollen. Da war ich so gut, dass die Zuhörer anschließend auf den Stühlen standen und begeistert applaudiert haben." Würde das den Zuschauer interessieren? Mit Sicherheit nicht. Er erwartet eine Topleistung von mir. Das bedeutet, ich stehe bei jedem Vortrag unter extremstem Druck, meine persönliche Bestleistung abzurufen – vor allem schon deshalb, weil das Thema „Persönliche Bestleistungen" Inhalt meiner Vorträge ist. Somit erwartet jeder von mir, dass ich das lebe, was ich vermittle. Und weißt du was? Das ist auch gut so.

Jeder von uns hat Druck. Stell dir einmal vor, du könntest ohne Druck große Erfolge erzielen. Dann könnte das, was du machst, fast jeder. Wodurch willst du dich noch von anderen unterscheiden und dich positiv abheben, wenn das, was du tust, alle können? Hast du das Ziel, sehr erfolgreich zu werden, erreichst du das nur, wenn du es schaffst, mit großem Druck umzugehen. Ansonsten verringern sich deine Erfolgschancen dramatisch. Je schwieriger es ist, zu gewinnen und Erfolge zu haben, desto weniger Menschen können es und desto höher ist der Druck. Deswegen wird es weitaus besser bezahlt. Wenn du hingegen hohen Druck vermeiden willst, ist das selbstverständlich in Ordnung. Bitte unterlasse dann jedoch in Zukunft das Quaken, dass dein Leben anders verläuft als gewünscht.

Gleichgültig in welchem Lebensbereich, gleichgültig in welchem Sport, die wirklich Guten – die Gewinner – lieben den Druck. Das zeichnet diese Menschen besonders aus.

Sportler: Steffi Nerius, u.a. Weltmeisterin im Sperrwurf 2009 in Berlin, sagt: „Den Umgang mit hohen Drucksituationen mußte auch ich erst lernen. Ich habe immer versucht, den Druck von außen in positive Energie umzusetzen. Wenn man nur noch auf die Erwartungen und Vorstellungen von Außenstehenden achtet, dann frisst einen der Druck auf." Der Nationaltrainer der Hockeydamen Michael Behrmann sagt: „Je öfter du hohen Drucksituationen ausgesetzt bist, desto gelassener wirst du. Es setzt eine gewisse Gewöhnung ein..."

Sportlerinterview Felix Loch

Rechte: Rolf Kosecki

Felix Loch ist der neue Stern am deutschen Rennrodlerhimmel und der legitime Nachfolger von Dreifach-Olympiasieger Georg Hackl (Hackl Schorsch). Mit drei Jahren schaute Felix Loch bei "Hackl-Schorsch" in der Werkstatt vorbei und schraubte mit am Schlitten. Mit Fünf saß er erstmals in Königssee selber darauf. „Er hat das Talent schon mit der Muttermilch aufgesogen", sagt Hackl über seinen Zögling.

2008 wurde Felix mit 18 Jahren der jüngste Weltmeister aller Zeiten im Einsitzer. 2010 gewann er in beeindruckender Weise auf der Olympiabahn in Whistler Gold und ist mit 20 Jahren der jüngste Rodel-Olympiasieger aller Zeiten im Einsitzer. Noch höher anzurechnen ist Felix Leistung, wenn du bedenkst, dass er im Wettkampf mit bis zu 150 km/h eine Eisbahn herunter schoss, auf der wenige Tage zuvor ein georgischer Athlet ums Leben kam. Felix stürzte im November 2008 auf der Olympiabahn schwer und hat selbst heute noch gelegentlich Schmerzen aufgrund dieses Sturzes. „Sein größtes Plus ist seine mentale Stärke. Das ist Wahnsinn, wie cool der Hund ist", erklärt Hackl Schorsch Felix Stärke, alle störenden Faktoren ausblenden zu können. Angst kennt Felix nicht.[36]

Matthias: Was ist deine Motivation für deinen Sport?

Felix: Meine Motivation ist einerseits der Erfolg und andererseits der Spaß am Sport überhaupt!

Matthias: Welches sind deine drei wichtigsten Erfolgseigenschaften, die dich so erfolgreich machen?

Felix: Ich mache mir meinen Druck selbst und lasse mir gleichzeitig keinen Druck von außen machen. Ich bin zum richtigen Zeitpunkt topfit und kann mich auf den Punkt konzentrieren.

Matthias: Wie bereitest du dich auf einen Wettkampf vor? Wieviel trainierst du?

Felix: Auf einen Wettkampf bereite ich mich nicht besonders vor! Ich sehe den Wettkampf als Training und deswegen, denke ich, funktioniert das auch so gut. Ansonsten trainiere ich im Schnitt in der Woche etwa 27 Stunden.

Matthias: Wie viele Male fährst du vor einem Wettkampf die Originalbahn real hinunter? Wie viele Male mental im Kopf?

Felix: Im Schnitt sind es sieben Trainingsfahrten. Mental sind es etwa drei Mal so viele, also ca. 21 Mal.

Matthias: Du bist im November 2008 auf der Bahn in Whistler gestürzt und hast dich an der Schulter verletzt. Dazu kam noch der Tod des Georgiers vor dem Wettkampf. Wie blendest du das aus und gibst dennoch Vollgas?

Felix: Ja, das weiß ich selber nicht so ganz genau, wie ich das so gut ausblenden kann, aber es funktioniert ganz gut ... Ich denke einfach an andere Dinge, die mir Spaß machen.

Matthias: Wie gehst du mit dem Thema Angst um?

Felix: Angst darf ich nicht haben. Wenn ich so eine Bahn wie in Whistler herunterfahre, muss ich aber Respekt haben.

---

36 Mehr Infos zu Felix unter www.felix-loch-koenigssee.de.

Verlasse deine Komfortzone

Angst besitzt sowohl eine positive als auch eine negative Seite. Einerseits schützt sie dich vor großen Gefahren, andererseits hindert sie dich regelmäßig daran, mehr aus deinem Leben zu machen.

Schaue dir dazu die Grafik „Deine Komfortzone" an. Du bist der Nabel der Welt und sitzt im Zentrum – umgeben von einer dicken Linie. Folglich befindest du dich in einem Kreis – dem „Kreis deiner Gewohnheiten". Heute sprechen wir von Bequemlichkeits- oder Komfortzone. In deiner Komfortzone fühlst du dich sicher, hier geht es dir relativ gut. Zwar nicht gut genug, um es wirklich zu genießen, andererseits jedoch auch nicht schlecht genug, um unbedingt raus zu wollen. So findest du hier u.a. Geborgenheit, Ruhe, Schutz, Selbstbewusstsein sowie dein Wissen und deine Erfahrungen. Hier drinnen gibt es auch Unzufriedenheit, Frust, Lustlosigkeit und Langeweile und ein wenig Spaß und Erfolg – leider, denn ohne das bisschen Spaß und Erfolg kämest du weitaus schneller ins Handeln. So arrangierst du dich auf einem mittleren Niveau und verschenkst wertvolle Lebensqualität.

Wichtig für dich ist: Willst du mehr Lebensqualität erzielen und deine Persönlichkeit weiter entwickeln, gelingt dir das nur außerhalb des Kreises. Wachstum findet ausschließlich außerhalb der Komfortzone statt. Deine Chancen und Möglichkeiten liegen draußen, niemals drinnen. Was ist dafür zu tun? Richtig, es gilt Tag für Tag diesen Kreis zu verlassen: raus aus der Komfortzone, rein in die Wachstumszone.

Warum du nicht gerade in Jubelgeschrei ausbrichst, wenn du die dicke Linie übertrittst, wird sofort klar, wenn du siehst, was dich in der Wachstumszone erwartet. Dort verbergen sich u.a. Angst, Unsicherheit, Risiko, Stress, Misserfolg, Niederlagen, Frustration. Sagst du jetzt: „Geil! Das will ich unbedingt haben! Her damit!"? Sicher nicht. Deshalb schreckt dich die dicke Linie ab. Du bleibst stattdessen im Kreis deiner Gewohnheiten sitzen und redest lieber davon, was du immer schon gerne getan und gehabt hättest und wer du gern gewesen wärst. Manche tun das ihr ganzes Leben lang. So liegen sie eines Tages reumütig auf dem Sterbebett und sagen Sätze wie: „Hätte ich das gewusst, hätte ich damals einiges anders gemacht – mich mehr um meine Familie gekümmert, meine Gesundheit stärker gepflegt, in meinem Beruf mehr erreicht, meine Hobbys stärker ausgelebt und meine eigene Persönlichkeit weiter entwickelt."

Was hast du zu verlieren, wenn du deine Komfortzone verlässt? Natürlich kann es schief gehen, doch gehören Niederlagen zum Leben dazu. Ich kenne niemanden, der auf dem Weg zu mehr Erfolg und Lebensqualität ohne kräftigen Sturz ausgekommen ist. Je erfolgreicher die Menschen sind, desto mehr Bruchlandungen haben sie hingelegt. Blaue Flecken und Bremsspuren am ganzen Körper gehören dazu.

Was geschieht, wenn du die dicke Linie immer und immer wieder überschreitest? Dein Kreis wird größer und damit wird alles, was sich im Kreis befindet, mehr. Du gewinnst mehr Erfahrung, mehr Sicherheit, mehr Selbstbewusstsein. Zusätzlich erwarten dich wilder Spaß und großer Erfolg. Das erhältst du alles, wenn du bereit bist, diesen Kreis zu verlassen. Und das Schöne ist, dass deine dicke Linie immer dünner wird. Es fällt dir mit jedem Mal leichter, aus dem Kreis auszutreten und Neues anzugehen.

Du glaubst doch nicht wirklich, du könntest das tun, was du schon immer getan hast, und bessere Ergebnisse erzielen als vorher. Wenn du das tust, was du schon immer getan hast, erreichst du auch bestenfalls nur das, was du schon immer erreicht hast. Und das mit großer Wahrscheinlichkeit schon nicht mehr, weil andere um dich herum verstanden haben, dass Entwicklung ein lebenslanger Prozess ist. Willst du Dinge erreichen und bekommen, die du bisher nicht hast, gilt es Dinge zu tun, die du bisher noch nicht getan hast. Das Überschreiten der dicken Linie bringt dich jedes Mal weiter nach vorne.

Sportlerinterview Rüdiger Nehberg

Rechte: TARGET-Nehberg

Im Alter von vier Jahren verschwand Rüdiger Nehberg ohne Vorankündigung und wurde erst zwei Tage später von der Polizei gefunden. Dieses Ereignis war ein erster Hinweis darauf, dass für Rüdiger kein Leben eines „Otto-Normalbürgers" vorgesehen war. So wurde der gelernte Bäcker zum Abenteurer und Menschenrechtler. Sein Weg führte weg von den Torten hin zu den Torturen. Als Erster befuhr Rüdiger den Blauen Nil, monatelang und alleine überquerte er den Atlantik auf einem massiven Baumstamm, ohne Nahrung und Ausrüstung marschierte er tausend Kilometer durch Deutschland. Das ist nur ein kleiner Auszug aus Rüdigers erlebnisreichem Leben. Er überlebte 22 bewaffnete Überfälle und hat in seinem 75-jährigem Leben so viel erlebt, dass es glatt für drei Leben reicht. Heute engagieren er und seine Frau Annette sich mit ihrer Menschenrechtsorganisation „TARGET" für den

Kampf gegen das Verbrechen der Weiblichen Genitalverstümmelung.[37] Rüdiger hat seine Komfortzone viele Male sehr weit verlassen.

Matthias: Wie gehst du mit dem Thema Angst um?

Rüdiger: Ich analysiere die Gefahren meines Vorhabens, überlege mir Gegenstrategien und trainiere mental und physisch den Ernstfall. Oft habe ich noch einen Plan B und C.

Matthias: Wie hakst du Rückschläge ab?

Rüdiger: Rückschläge haben mich nie depressiv, sondern immer kreativ gemacht. Sie haben mir gezeigt, dass meine missratene Aktion unzureichend war. Also musste ich sie beim nächsten Mal toppen.

Matthias: Welche Bedeutung hat mentales Training für dich? Welche inneren Bilder machst du dir, z.B. bei Verletzungen?

Rüdiger: Mentales Training ist genauso wichtig wie das körperliche Training. Es gelingt mir, deprimierende Situationen und Schmerzen auszublenden und notfalls auf rohem Fleisch weiterzulaufen. Beim Tretboot über den Atlantik hatte ich mich mit Autogenem Training („Kurs Südwest!") gefestigt. Eine Umkehr war aus meteorologischen Gründen nicht möglich. Der Rückweg war abgeschnitten. So kam ein Aufgeben niemals in Frage.

Matthias: Sicher haben andere Menschen – vielleicht auch sogenannte „Experten" – immer wieder zu dir gesagt: „Komm, Rüdiger. Das hat doch keinen Sinn." Wie hast du dich davon nicht beeinflussen lassen?

Rüdiger: Ich musste nur die Beweggründe der Skeptiker entschlüsseln. Das waren Angepasstheit an Gesellschaftsnormen, Mangel an Zivilcourage, Vertuschen der eigenen Unfähigkeit oder schlichtweg Angst.

Erfolge großer Persönlichkeiten haben mir gezeigt, dass alles Menschgemachte auf dieser Erde zunächst im Kopf einer einzigen Person entstanden ist. Ob es der Bau eines Hauses war, die Gründung einer Religion oder Partei, die Proklamation von Krieg oder Frieden – eine einzige Person war der entscheidende Erste, der es verstanden hat, mit der richtigen Strategie, den richtigen Partnern, Geduld und Glück seine Vision Realität werden zu lassen. Ich denke an Menschen wie Gandhi, Mandela, Gorbi, Luther King, Jeanne d'Arc, Jesus oder Mohammed. Manche von ihnen waren infolge

---

37 www.target-human-rights.com/.

ihrer Herkunft ebenso wenig prädestiniert wie ich. Sie waren Zimmermann, Jura-Student oder Kaufmann. Warum nicht ein Bäcker?

Rüdiger: Welche Ziele willst du noch erreichen?

Matthias: Mein größtes Ziel ist es, gemeinsam mit dem saudischen König und den vier Millionen Pilgern zur Hauptpilgerzeit die „Fatwa von der Sünde Weiblicher Genitalverstümmelung" in Mekka zu verkünden. Dann sehe ich weiter. Ich habe mehr Pläne als Restlebenszeit.

Besiege deine Ängste

Um deine Komfortzone zu verlassen, gilt es, zu lernen, mit deinen Ängsten richtig umzugehen und sie zu besiegen. Ansonsten blockieren sie deine Sinne, dein Denken und führen schnell dazu, dass du förmlich erstarrst. Wirst du von deinen Ängsten kontrolliert, ist keine Verbesserung deiner Verhaltensweisen möglich.

Mache dir deine Ängste bewusst, die dich blockieren und verhindern, dass du die an dich gestellten Aufgaben lösen kannst. Kennst du deine dich behindernden Ängste, ist bereits der erste Schritt getan. Im Folgenden erhältst du fünf Techniken an die Hand, mit denen du deine Ängste in Mut wandeln kannst. Suche die zu dir passenden Techniken aus. Teste eine Technik nach der anderen im Alltag. Sinnvoll ist in vielen Angstsituationen die Kombination verschiedener Techniken. So verlierst du noch schneller deine Ängste und steigerst dein Selbstbewusstsein. Selbstverständlich kannst du diese Techniken auch nutzen, um andere Menschen dabei zu unterstützen, ihre Ängste erfolgreich in Mut zu wandeln.

Handlungsauslösende Fragen:

- Welche Ängste behindern mich?
- Wie gehe ich aktuell mit meinen Ängsten um?
- In welchen Situationen habe ich bereits Ängste erfolgreich überwunden? Was kann ich daraus für mich mitnehmen, um meine aktuellen Ängste zu besiegen?
- Was tue ich in Zukunft, um meine Ängste zu überwinden?
- Wie fühle ich mich, wenn ich meine Ängste überwunden habe? Was ist anders bzw. besser als vorher?

Technik 1: Pack den Stier

Beispiel: Torero

Wovor hat der Torero am meisten Angst? Genau, es sind die Hörner des Stiers. Diese können ihm den Bauch aufschlitzen und ihn aufspießen. Wenn der Torero es jedoch schafft, den Stier zu packen, dann ist seine Angst vor dem Stier weitaus geringer - es bleibt Respekt.

Mark Twain hat dazu einmal gesagt: „Mache das, wovor du am meisten Angst hast, und du verlierst sie." Stelle dich deiner Angst und mache genau das, wovor du Angst hast – erinnere dich an das Telefongespräch.

„Ziehe" es durch und du hast es geschafft. Wie geht es dir danach? Phantastisch, großartig. Was erhältst du dafür? Selbstbewusstsein, Mut, Stärke, Zufriedenheit und noch einige Dinge mehr, die mit „Selbst" anfangen: Selbstsicherheit, Selbstbestätigung, Selbstwertgefühl. Das bekommst du alles ausgerechnet dann, wenn du etwas tust, wovor du Angst hattest. Du siehst: Angst ist nicht grundlegend schlecht, ganz im Gegenteil. Angst ist eine Chance. Die Überwindung deiner Ängste ist die beste Möglichkeit, dich schnellstmöglich weiter zu entwickeln.

Der Nordische Kombinierer (Skispringen + Skilanglauf) Björn Kircheisen gewann bei den Olympischen Spielen in Vancouver 2010 die Bronzemedaille im Team. Zum Umgang mit Angst sagt er: „Mit Angst darf man nicht starten – da hat man schon verloren. Respekt vor der Schanze oder der Strecke sollte man schon haben. Das fördert die Konzentration."

TIPP: Bestärke dich und die Menschen, mit denen du dich umgibst, sich den eigenen Ängsten zu stellen. Wenn z.B. eine Aufgabe in einer Prüfung unlösbar erscheint, dann löse zunächst eine Aufgabe, die dir leichter fällt. Das gibt Selbstvertrauen. Anschließend wage dich an die schwereren Aufgaben heran. In kleinen Schritten überwindest du deine Angst.

In der Schule mache anderen Menschen Mut, sich im Unterricht zu melden und sich konkrete Ziele zu setzen, z.B. fünf Wortbeiträge in Deutsch pro Woche.

Vorsicht: Warne gegebenenfalls vor Mutproben, da diese gefährlich sein können.

Technik 2: Relativiere

Beispiel: Balancieren auf dem Holzbrett

Stelle dir Folgendes vor: Vor dir liegt ein Holzbrett auf dem Fußboden. Es ist 27 cm breit und 7 m lang. Traust du dich, auf dem Brett von A nach B zu laufen, ganz ernsthaft? „Ja" oder „nein"? Beantworte erst diese Frage, bevor du weiterliest. Traust du dich,

- auf 1 m Höhe darüber zu laufen?
- auf 3 m Höhe darüber zu laufen?
- auf 5 m Höhe darüber zu laufen?
- das auf 7 m Höhe zu machen?

Was glaubst du, warum sind beim ersten Mal die meisten Menschen, darunter alle Teilnehmer meiner Vorträge, bereit es zu tun und beim letzten Mal so gut wie keiner mehr? Was meinst du? - Weil jeder die Situation für sich relativiert hat – also bewertet hat.

- Auf dem Boden stehend sagst du dir: „Na klar laufe ich darüber. Was soll da schon passieren?"
- Bei 1m Höhe beginnst du nachzudenken: „Ja, bei 1m Höhe könnte ich mir schon den Fuß verdrehen, wenn ich herunterfalle."
- Auf 3m Höhe geht das Denken richtig los: „Puh, wenn ich da herunterfalle, kann ich mir den Arm oder das Bein brechen. Das ist mir zu gefährlich."
- Auf 5 und 7m Höhe bist du nur noch bereit zu balancieren, wenn du in deinem Leben bereits positive Erfahrungen in der Höhe gemacht hast. Vielleicht kletterst du in deiner Freizeit. Auf jeden Fall kennst du dich mit größeren Höhen aus und hast dort bereits positive Erfahrungen gesammelt.

Das ist die sogenannte Relativierungstechnik. Die Aufgabe an sich ist in jeder Höhe die gleiche. Auf dem Boden über ein Brett von 27 cm Breite zu laufen, das schafft jeder ganz locker. Wenn es darum geht, auf 5m oder 7m Höhe zu laufen und das ungesichert, laufen die wenigsten überhaupt los. In diesem Fall hat sich nur deine Einstellung dazu gewandelt - dein Denken hat sich von Mal zu Mal relativiert. Auf diese Weise kannst du deine Angst auf Grund eigener Erfahrungen hoch und runter relativieren.

Auch mit dem Vorbild anderer Menschen lässt sich Angst relativieren, nach dem Motto: „Wenn der ... das geschafft hat, schaffe ich das auch." Du kennst Situationen wie die folgenden: „Wenn mein Bruder es geschafft hat, an dieser Schule seinen Abschluss zu machen, dann schaffe ich das auch." „Wenn mein Kollege es geschafft hat, 6 kg abzunehmen, dann packe ich das auch." „Wenn mein Nachbar nach einem Jahr Arbeitslosigkeit wieder einen guten

Job bekommen hat, dann schaffe ich das auch." „Wenn mein Teamkollege diesen Leistungssprung in so kurzer Zeit geschafft hat, dann schaffe ich das auch."

Die Relativierung mit bekannten Persönlichkeiten wirkt ebenfalls oft positiv: Denke an Prominente aus Wirtschaft, Sport, Medien, die ihre Ängste überwunden haben! Mache dir bewusst, dass auch andere Menschen mit Ängsten zu kämpfen haben. Fußballer, Schauspieler und Sänger kennen zittrige Knie und das mulmige Gefühl in der Magengegend häufig nur zu gut. Und: Auch Stars machen Fehler! „Der Schweini" (Bastian Schweinsteiger) hatte es als junger Spieler auch schwer. Selbst heute erlebt er noch Phasen, in denen es schlecht läuft, er scharf kritisiert wird und viele ihn und seine Spielweise in Frage stellen. Er trainiert deshalb noch härter und wird besser und besser. Das schaffst du auch. Das ist Relativierung im positiven Sinne!

Vergangene Erfolge bieten uns jederzeit die Möglichkeit, uns mit uns selbst zu relativieren: „Als ich damals neu auf die weiterführende Schule kam, fand ich sofort neue und gute Freunde. Dann finde ich auch jetzt im Studium schnell neue Freunde." „Im letzten Schuljahr waren die Schüler der achten Klasse anfangs noch undisziplinierter als die zehnte Klasse, die ich aktuell unterrichte. Drei Wochen später haben wir uns super verstanden. Das klappt dieses Jahr auch." „Damals dachte ich, kurz nachdem ich mir dieses große Ziel gesetzt hatte, das packst du niemals. Und am Ende habe ich es geschafft. Dann erreiche ich dieses Ziel auch, garantiert!" „Letzte Saison standen wir vier Spieltage vor Saisonschluss auch auf einem Abstiegsplatz. Da haben wir als Team zusammengehalten, hart gearbeitet, gekämpft und am Ende die Liga gehalten. Das schaffen wir dieses Jahr auch." In diesen Beispielen erfolgt eine Relativierung mit dir selbst, mit deinen eigenen positiven Erfahrungen. Diese nutzt du, um dir Selbstvertrauen und Selbstbewusstsein für deine zukünftigen Herausforderungen zu schaffen, vor denen du aktuell noch „Angst" hast.

Die Relativierung mit dir selbst ist noch erfolgsversprechender, als wenn du dich mit anderen vergleichst. Da du vergangene Erfolge als Basis nimmst, weißt du, dass du bereits ähnliche Situationen gemeistert hast. Eigene Erfahrungen sind noch um ein Vielfaches wertvoller als Erfahrungen anderer Personen, die du als „Modell" nutzt, um dich zu bestärken.

Sportler: Jennifer Oeser, Vizeweltmeisterin im Sieben-Kampf 2009 in Berlin, relativiert mit früheren Erfolgen: „Ich schotte mich bestmöglich ab, stelle mir vor, was ich zu machen habe. Ich stelle mir vor, wie ich es gemacht habe, wo es gut geklappt hat und sage mir: 'Du konntest es doch mal. Du bist doch schon mal drüber gesprungen.' Ich versuche, den Weg wiederzufinden, wie ich es damals für meine Bestleistung gemacht habe."

Technik 3: Ach, was soll's? Oder „LMAA"

Die „Ach, was soll's"-Technik hat auch den wunderbaren Namen „LMAA"-Technik – „Lächle Mehr Als Andere"). Ich weiß, du kennst für diese Abkürzung sicher eine weitere Aufforderung. Das ist die „Straßenfassung" dazu und spiegelt sogar noch deutlicher wieder, um was es hier geht. Diese dritte Technik ist eine der besten Techniken, die es gibt. Besonders wirksam ist sie, wenn es darum geht, Vorträge zu halten und Verkaufsgespräche zu führen.

Auch du kannst vor anderen Menschen reden

Regelmäßig kommen Teilnehmer aller Altersklassen nach Vorträgen zu mir und sagen: „Ich bewundere dich!" Ich frage: „Wofür?" „Du sprichst hier vor Hunderten von Menschen. Das könnte ich niemals. Auf der Bühne würde ich sterben." Ich zucke zusammen und antworte: „Auch du kannst vor so vielen Menschen sprechen. Das ist viel leichter als du denkst."

Wenn du mit deinen Freunden zusammensitzt und ihr unterhaltet euch über das Alltagsgeschehen, dein Hobby oder den letzten Kinofilm von Till Schweiger, der dir gut gefallen hat, dann sprühst du doch förmlich vor Energie und bist in deinem Element. Du erzählst mit Händen und Füßen über den Film „Zweiohrküken" und machst dir dabei keine Gedanken, was deine Freunde von dir denken. Ihr habt Spaß und alles ist gut.

Jetzt stelle dir vor, du bist „Animateur" in einem großen Kino und hast die Aufgabe, 400 Kinobesucher vor Filmbeginn auf diesen einzustimmen. Was passiert? Sofort kommen Gedanken wie: „Was werden die von mir denken? Was ist, wenn ich ein Blackout habe, mich verspreche, mich zum Narren mache und die mich auslachen?" Deine Reaktion ist ganz natürlich. Das geht vielen Menschen zunächst so. Entscheidend ist jedoch, wie du mit der aufkommenden Angst umgehst. Es wird in deinem Leben immer wieder Situationen geben, wo du vor anderen Menschen sprechen wirst. Deshalb ist es sinnvoll, dass du die passende Technik parat hast, um damit umzugehen.

Wenn du einen Vortrag zu halten oder ein Verkaufsgespräch zu führen hast und du gehst bereits mit einer negativen Grundhaltung an diese Aufgabe heran, wirst du höchstwahrscheinlich scheitern. Darauf gebe ich dir Brief und Siegel. Gerade Schüler erzählen mir häufig, dass sie große Angst davor haben, sich im Unterricht zu melden und vor der Klasse zu sprechen, Gedichte aufzusagen, Referate zu halten etc: „Wenn das falsch ist, was ich sage, blamiere ich mich. Dann sage ich lieber gar nichts!", heißt es.

Akzeptiere stets das Schlimmstmögliche und erwarte das Bestmögliche!

Wenn ich einen Vortrag halte, kommt es selbstverständlich vor, dass ich mich verspreche – z.B. Worte vertausche oder grammatikalische Fehler mache. Einige Zuschauer lachen als Reaktion darauf. Ich denke mir dann niemals: „Oh Gott, die lachen mich aus. Wie peinlich." Stattdessen sage ich mir: „Cool, die Stimmung ist richtig gut. Die Menschen haben Spaß. Was will ich mehr?"

Wenn ich merke, dass bei mir eine leichte Angst aufkeimt, stelle ich mir die folgende Frage: „Was ist das Schlimmstmögliche, was mir in dieser Situation passieren kann?"

Im schlimmsten Fall buhen mich die Zuschauer bei meinem Vortrag aus. Die Veranstalter werfen mich raus und ich verliere meinen Auftrag. Und dann? Selbstverständlich wäre ich enttäuscht, keine Frage. Ich gehe jedoch einen Schritt weiter, analysiere die Situation und frage mich: „Habe ich deshalb keine weiteren Aufträge mehr? Doch. Habe ich deshalb nichts mehr zu essen? Doch. Habe ich deshalb keine Freunde mehr? Doch."

Diese Fragen stelle ich mir, weil wir immer auch Verlustängste haben. Diese Fragen klingen im ersten Moment extrem – vielleicht erscheinen sie dir auch blödsinnig – sie sind jedoch wichtig, um dir klar zu machen, dass dir nur wenig passieren kann, wenn du scheitern solltest. Wenn du weißt, dass dir nur wenig passieren kann, bist du bereit, dass Schlimmstmögliche zu akzeptieren. Bist du bereit, dass Schlimmstmögliche zu akzeptieren, fällt deine Angst zusammen. Anschließend gehst du weiterhin davon aus, dass das

Bestmögliche eintritt, in meinem Fall: dass ich einen klasse Vortrag halte und die Zuschauer anschließend begeistert sein werden.

Du fällst hin. Dein erster Gedanke: „Hat mich jemand gesehen?"
Es ist Heiligabend 2009. Ich besuche meine Familie in meiner alten Heimat Tarp – in der Nähe von Flensburg. Am Nachmittag gehe ich eine Stunde Laufen. Es liegt Schnee, die Wege sind mehr schlecht als recht gestreut. Bei meiner damaligen Grundschule begegne ich einem Ehepaar, das gerade ihren Weihnachtsspaziergang macht. Ich grüße freundlich, während ich vorbeilaufe und wünsche ein frohes Fest. Ca. 20 m später passiert es. Ich rutsche weg und lande flach auf dem Bauch – alle Viere von mir gestreckt. Wie ein platter Käfer liege ich auf dem Weg. Ich bleibe einige Sekunden liegen, sammle mich, überprüfe, ob noch alles dran ist, und stehe wieder auf. Das Ehepaar ist bereits auf dem Weg, um mir zu helfen. Ich drehe mich zu ihnen und sage: „Alles in Ordnung. Vielen Dank. Ich wollte nur einmal die Bodenbeschaffenheit testen."

Was machen die meisten, wenn sie einmal ausrutschen und hinfallen? Das Knie tut weh, blutet vielleicht noch. Die erste Reaktion ist jedoch nicht: „Oh, mein Knie." Du kannst dich kaum bewegen, drehst jedoch deinen Kopf in alle Richtungen, um zu schauen: „Hat mich jemand gesehen? Oh, mein Gott, ist das peinlich." Viele Menschen nehmen alles zu wichtig und zu ernst. Viele Ängste haben mit der Angst zu tun, sich zu blamieren, dass es peinlich ist oder dass ein Misserfolg droht.

Stelle dir in Zukunft folgende Frage, wenn du vor etwas Angst hast:

- „Was ist das Schlimmstmögliche, was mir passieren kann?"

Wenn dein Scheitern schwere Folgen hat, wie ggf. schwere Verletzungen oder den Tod, ist es klar, dass du entscheidest, das angedachte Vorhaben zu unterlassen. Derartige Folgen sind jedoch die Ausnahme.

- „Was ist das Schlimmstmögliche, was mir passieren kann, wenn ich im Vortrag oder Kundengespräch einen Blackout habe?"

Schätze ein, wie realistisch es ist, dass die eventuellen Folgen tatsächlich eintreten und wenn ja, ob du diese akzeptieren kannst. Über 90 % deiner Sorgen und Ängste sind im Nachhinein unbegründet und überflüssig, weil sie gar nicht eintreten.

„LMAA - Lächle mehr als Andere." Ach, was soll's, wenn du dich blamierst? Ach, was soll's, wenn es falsch ist, was du sagst? Habe den Mut zum Misserfolg, den Mut zur Blamage. Es ist alles halb so schlimm. Gleichgültig, ob du einen Fehler machst oder nicht. Es reißt dir keiner den Kopf ab. Fehler sind erlaubt. Sie sind die beste Möglichkeit, dich weiterzuentwickeln. Sportler bestätigen mir regelmäßig in Interviews und im Rahmen unserer Zusammenarbeit, dass sie am meisten aus ihren Fehlern und Niederlagen lernen.

Sportler: Der Nationaltrainer der Hockeyherren Markus Weise – der zwei Mannschaften zum Olympiasieg geführt hat – geht sogar soweit, dass er auf die Frage: „Was muss ein Spieler mitbringen, um bei dir eingesetzt zu werden?" antwortet: „Ich erwarte ein Höchstmaß an körperlicher Fitness, absolute Einsatzbereitschaft, konsequentes Einbringen der persönlichen Stärken ins Team und eine günstig verlaufende Lernkurve – sprich, dass jeder Spieler sich kontinuierlich steigert und besser wird und in seiner Entwicklung neue Fehler macht, statt die alten zu wiederholen." Du siehst, Fehler sind selbst in der Weltspitze erlaubt – nein, sie sind sogar notwendig!

Bei intensiverer Auseinandersetzung mit dem Geschehen fällt deine Angst plötzlich vor dir zusammen. Wenn du das verstehst und umsetzt, wirst du zukünftig ruhiger, deine Atmung langsamer, du traust dir mehr zu und sprichst sicherer. Akzeptiere stets das Schlimmstmögliche und erwarte das Bestmögliche, und du überwindest viele deiner Ängste.

Technik 4: Mache dir ein Kopfkino

Wenn du vor etwas Angst hast, laufen bei dir häufig Filme im Kopf ab, in denen du dich siehst, wie deine Angst Realität wird und du scheiterst. Schüler sehen sich bereits, wie sie die Klassenarbeit mit der schlechten Note zurück bekommen, noch bevor sie die Arbeit überhaupt geschrieben haben. Verkäufer sehen bereits vor dem Verkaufsgespräch, wie der Kunde das Angebot ablehnt. Sportler machen sich schon vor dem Spiel Gedanken darüber, wie die Kabinenpredigt ihres Trainers nach dem Spiel ablaufen könnte oder was sie der Presse als Ausrede liefern, warum sie verloren haben. Es scheint, als bestünde die ganze Welt aus Hellsehern. Nachdem genau das eingetreten ist, was sie sich vorher bildhaft vorgestellt haben, sagen diese Menschen Sätze wie: „Siehst du, habe ich es dir doch gesagt. Es ist genauso eingetroffen, wie ich es mir vorgestellt habe." Sie fühlen sich bestätigt. Hier wirkt das Prinzip der selbsterfüllenden Prophezeiung.

In diesen Situationen machst du dir Bilder von Ergebnissen, die du in keiner Weise erleben willst. Du beschäftigst dich jedoch intensiv damit. Warum bist du da noch überrascht, dass genau das eintritt? Das ist die logische Konsequenz. Warum? Ganz einfach: Beachtung bringt Verstärkung. Je intensiver du deinen Blick auf etwas lenkst, indem du daran denkst, darüber sprichst und dir bildhaft in allen Farben vorstellst – gleichgültig, ob du es erleben, haben, sein willst oder nicht – desto eher tritt genau das ein.

Ein Bild sagt mehr als 1.000 Worte

Stelle dir das positive Ergebnis bereits als erreicht vor!

Sportler: Arnd Peiffer, Biathlon Weltmeister 2010 mit der Mixed Staffel, macht regelmäßig Kopfkino: „Ich habe die Erfahrung gemacht, dass es unheimlich hilft, ein Rennen im Kopf vorher durchzugehen. Ganz wichtig ist dabei, dass man sich vorstellt, wie alles glatt geht. Stellt man sich nämlich vor wie man einen bestimmten Schuss vorbeischießt, festigt sich dieser Gedanke und die Wahrscheinlichkeit ist sehr hoch, dass man genau den Fehler dann auch im realen Rennen schießt"

Beispiel: Visualisierung im Basketball

Der australische Psychologe Allen Richardson führte einmal eine Studie zum Thema Visualisierung im Basketball durch. Keiner der Testpersonen hatte vorher schon einmal Basketball gespielt. Zu Beginn des Experiments warfen alle eine vorher festgelegte Anzahl an Freiwürfen, um ihre aktuellen Fähigkeiten zu ermitteln. Richardson unterteilte die Spieler anschließend in drei Versuchsgruppen. Gruppe A hatte die Aufgabe, über drei Wochen jeden Tag 20 Minuten aktiv Freiwürfe auf einen Basketballkorb zu üben. Gruppe B hatte die Aufgabe, sich über drei Wochen jeden Tag für 20 Minuten ausschließlich vorzustellen, dass sie Freiwürfe üben und diese verwandeln würde. Gruppe C durfte während der zwei Wochen gar nicht trainieren – weder aktiv, noch mental. Das Experiment führte zu einem sehr interessanten und beeindruckenden Ergebnis. Wie zu erwarten war, fand bei Gruppe C keinerlei Verbesserung statt. Gruppe A, die aktiv Freiwürfe trainiert hatte, verbesserte sich gegenüber der Ausgangsleistung um 25 %. Und Gruppe C verbesserte sich um 23 %, nahezu die gleiche Verbesserung wie bei Gruppe A – obwohl sie kein einziges Mal das Basketballfeld betreten, sondern ausschließlich mental trainiert hatten.

Dieses Ergebnis zeigt sehr beeindruckend den Einfluss deiner Gedanken auf deine Leistung. Das Mentaltraining unterstützt dich dabei, ein Freiwurf-Programm zu entwickeln. Dein Körper reagiert darauf, als ob du aktiv trainiert und damit den echten Bewegungsablauf ausgeführt hättest. Das bestätigt die Tatsache, dass dein Gehirn nicht unterscheiden kann zwischen einer intensiv vorgestellten und aktiv gemachten Erfahrung.

Technik 5: Führe positive Selbstgespräche

Wenn du kommunizierst, machst du das nach außen mit Dritten, also mit anderen Menschen – Freunden, Kindern, Kollegen, Mitspielern. Außerdem kommunizierst du mit dir selbst, es findet eine interne Kommunikation in deinem Kopf statt – wie du dich siehst, wie du über dich denkst. Was du denkst, was du sagst, was du siehst und was du machst, bewertest du ständig. Du sprichst zu dir und fragst dich: „Wieso tue ich das? Was tue ich da? Wieso blamiere ich mich? Was bin ich nur für ein Idiot? Ich bin sowas von blöd. Man, bin ich dick und hässlich." Meistens denkst du in diesen Kategorien und sprichst so oder ähnlich mit dir selbst. Leider. Es fällt dir um ein Vielfaches leichter, dich in einem schlechten Licht zu betrachten, dich durch eine negative Kommunikation herabzusetzen, dich zu beschimpfen und als Versager zu sehen, anstatt dir zu sagen: „Ich bin gut. Ich erreiche meine Ziele. Ich schaffe es." Wie du über dich denkst und wie du dich fühlst, hängt eng miteinander zusammen.

Sprich mit dir! Positiv!

Führe in Zukunft positive Selbstgespräche, um deine Ängste zu überwinden und dich in einen positiven Zustand zu bringen. In der Fachsprache heißen sie „Autosuggestionen". „Suggestio" kommt aus dem Lateinischen und heißt „Beeinflussung". „Auto" heißt übersetzt „selbst". Diese Methode basiert auf dem gesprochenen Wort. Setze sie zusätzlich zur Visualisierung ein, um die Wirkung auf dein Unterbewusstsein zu stärken und deine Erfolgschancen zu steigern.

Bei der Autosuggestion geht es um die positive Beeinflussung deines Denkens, Fühlens und Handelns, um im Anschluss bessere Ergebnisse zu erzielen. Dein Wort ist der erste Schritt auf deinem Weg, etwas zu bewegen. Alles, was du dir sagst – gleichgültig, ob laut oder leise – besitzt eine große

Bedeutung. Wenn du flüsterst, hört es zwar kein anderer, doch dein Unterbewusstsein hört immer mit. Bei der Autosuggestion nutzt du diese Tatsache, um dein Unterbewusstsein positiv zu beeinflussen. So wie du früher eine Kassette besprochen hast und heute ein Diktiergerät besprichst, besprichst du bei der Autosuggestion dich selbst. Wie machst du das? Nimm dir wenigstens ein Mal am Tag zwei Minuten Zeit und stelle dich vor einen Spiegel – z.B. gleich morgens, wenn du im Bad stehst. Du wählst eine Autosuggestion, die du nun zu dir sprichst. Achte darauf, dass du jede Suggestion – gedacht oder gesprochen – positiv formulierst. Dein Gehirn übersetzt alle Worte in Bilder. Hier ein paar Beispiele für Suggestionen:

- „Ich schaffe es!"
- „Ich erreiche meine Ziele!"
- „Ich erreiche mein Wunschgewicht von 60 kg!"
- „Ich überzeuge den Kunden!"
- „Ich schreibe heute eine 2!"
- „Ich gewinne den Wettkampf!"

Wiederhole deine Autosuggestion mindestens zehn Mal am Stück. Umso höher die Wiederholungszahl ist, desto besser. Sprich sie laut vor dem Spiegel und schaue dich dabei an. Verbinde das Sprechen mit positiven Emotionen. Du erinnerst dich? Hohe Wiederholungszahl und große Emotionen verbessern das Lernen und wirken auf dein Unterbewusstsein.

Autosuggestionen funktionieren deshalb so gut, weil du alles, was du sprichst, auch denkst. Wenn du dazu noch laut sprichst, hörst du sie zusätzlich. Wenn du sie häufig wiederholst, hast du sie schnell verinnerlicht. Bringst du jetzt zusätzlich Emotionen, Gefühle und Begeisterung mit rein, gewinnen die Suggestionen rasch an Bedeutung.

Ich nutze meine Autosuggestionen für viele Anlässe: Wenn ich einen Vortrag habe und vorher noch auf die Toilette gehe, schaue ich in den Spiegel und spreche mein Ebenbild mit meiner Suggestion an. Wenn jemand neben mir steht, spreche ich so leise, dass der andere es nicht hört. Bist du vor dem Termin mit dem Auto unterwegs, kannst du vor dem Aussteigen den Autospiegel nutzen. Auf dem Weg zum Termin kommst du sicher an einer Glasscheibe vorbei, in der du dich spiegelst. Und selbst ohne dir in die Augen zu schauen haben Autosuggestionen eine mächtige Wirkung. Während eines Wettkampfes (Marathon, IRONMAN) spreche ich regelmäßig mit mir selbst und motiviere mich dadurch.

Meine Hauptautosuggestion, die ich gerade dann nutze, wenn es eng wird, lautet: „Ich schaffe es." Wenn ich mir ein Ziel setze, sage ich mir: „Ich schaffe das." Gibt es einen Rückschlag und ich liege am Boden, sage ich mir dennoch: „Ich schaffe das." Stehe ich kurz vor dem Erreichen eines Ziels und es geht etwas schief, sage ich mir: „Ich schaffe es trotzdem." „Ich schaffe es" ist eine der mächtigsten, kraftvollsten Suggestionen, die es gibt und alle erfolgreichen Menschen denken das immer und immer und immer wieder in ihrer internen Kommunikation.

TIPP: Motiviere dich und deine Schüler, Kinder, Freunde, Mitarbeiter, Sportler dazu, primär positiv über sich zu denken und sich regelmäßig Mut zuzusprechen nach dem Motto: „Ich schaffe es! Du schaffst das! Komm, das packst du!" Redest du so mit dir und anderen, steigt die Chance, gute Ergebnisse zu erzielen und an Lebensqualität zu gewinnen. Denkst du hingegen negativ über dich und andere, sinkt der Energiezustand und schlechte Leistungen und Misserfolge sind die Folge.

Stress ist nicht gleich Stress

Angst geht häufig einher mit Stress. Wenn du sagst: „Ich habe Stress", ist dieser Stress immer negativ und raubt dir wertvolle Energie? Stress ist nicht gleich Stress. Es gibt zwei Arten:

1. Distress: negativ, von Disharmonie kommend.
2. Eustress: positiv, von Euphorie kommend.

Viele Menschen sind der Meinung, jegliche Form von Stress wäre negativ. Als ich dieses Buch schrieb, habe ich mich mehrere Wochen intensiv damit beschäftigt und viele Tage 14 Stunden und mehr vor dem PC gesessen. Wenn andere davon hörten, wie lange ich täglich daran arbeitete, hörte ich immer wieder Aussagen wie „Du Armer. So einen Stress würde ich mir nicht antun." Klar war das Stress – jedoch mehrheitlich Eustress. Wäre es Distress gewesen, hätte ich die Phase niemals überstanden. Während dich Distress kaputt macht, ist Eustress ein wichtiger Wachstumsmotor deiner Persön-lichkeit, der dich besser macht. Stress gehört dazu, um persönliche Bestleistungen erzielen zu können. Im Folgenden erhältst du je ein Beispiel für Di- und Eustress.

Distress – Stirb langsam 5.0

Sicher kennst du diese Arbeitstage, an denen wirklich alles schief läuft. Du stehst bereits mit dem falschen Fuß auf und rutscht auf dem T-Shirt, welches abends der Erdanziehungskraft zum Opfer fiel, bis ins Bad. Beim Rasieren findet die Klinge den Weg ins Fleisch, obwohl das 5-Klingen-System dir eine sichere Rasur verspricht. Damit erreichst du, dass heute bereits die Haare wegrasiert sind, die übermorgen erst wachsen. Unter der Dusche bekommst du fast einen Herzinfarkt, weil deine Lieben dir nur noch Eis- statt Heißwasser gelassen haben. Auf dem Weg zur Küche schießt du den Kauknochen von Bello durchs halbe Haus. Vor dem Frühstück sagst du dir noch: „Bloß keinen Fleck aufs Hemd." Irgendwie findet die Frühstückskonfitüre doch einen Weg. Auf dem Weg zur Arbeit verpasst du die erste Bahn, die zweite ist bis unters Dach besetzt. Du kommst verschwitzt ins Büro und die ersten Begrüßungsworte lauten: „Heute haben wir mit dir gar nicht mehr gerechnet." Den Vormittag fliegst du von einem Termin und Telefonat zum nächsten. Dabei sprichst du deinen Chef aus Versehen mit „Schatz" an. Mittags bleibt nur ein wabbliges Fluffibrötchen. Der Nachmittag verläuft wie der Vormittag, nur werden dir noch zwei Stunden Nachsitzen gegönnt. Am Abend kommst du geschafft nach Hause. Die einzige Freude dieses Tages soll deine Familie werden. Die hat dir jedoch nur eine Videobotschaft hinterlassen, auf der sie dir winkend mitteilt, dass sie ins Kino gehen, „Stirb langsam 4.0" mit Bruce Willis gucken. Ein paar mehr dieser Tage und du drehst „Stirb langsam 5.0" mit dir in der Hauptrolle.

Eustress – Schmetterlinge im Bauch

Erinnere dich einmal an die Zeit zurück, als du das letzte Mal richtig verliebt warst. Ich weiß, das ist schon einige Jahrzehnte her. Das war Stress pur, oder? Samstagnachmittag soll das Date steigen, Picknick am See mit Rudern und allem Pipapo. Die ganze Woche bereitest du dich darauf vor: Du schreibst ein Drehbuch, in dem genau steht, was du wie, wann und wo sagen willst. Das erste Mal füllst du mit Begeisterung einen Picknickkorb. Selbst als

Mann überlegst du, was du anziehst und stehst zwei Stunden im Bad. Als Frau bringst du es heute glatt auf drei Stunden. Stunde um Stunde ruderst du deine Angebetete über den See. Ihr redet über Themen, bei denen ihr ansonsten bereits nach zwei Minuten in die Tiefschlafphase gefallen wäret. Den Sonnenstich nimmst du als Schmetterlinge im Bauch wahr. Spät abends fährst du sie nach Hause und bringst sie bis zur Tür. Nie würdest du im Alltag auf die Idee kommen, einer älteren Dame über die Straße zu helfen oder ihre Einkaufstüten bis vor die Tür zu tragen. Spürst du an dem Tag irgendeine Müdigkeit? Mitnichten. An dem Tag würdest du auch den Bodensee im Ruderboot durchqueren. Selbst nachts um halb vier schwebst du noch voller Energie tanzend unter der Discodecke und sagst lächelnd: „Hey, mit zweieinhalb Stunden Schlaf komme ich allemal aus."

Ein ähnliches Stressempfinden, hervorgerufen durch eine große Begeisterung, hattest du sicher, als du mit der Schule begonnen, einen neuen Job angetreten, dein Unternehmen gegründet, ein neues Projekt gestartet hast und neu in ein (Sport-)Team gekommen warst. Da hattest du noch das Feuer der Begeisterung. Die Anstrengung und wenig Schlaf hast du zu der Zeit kaum gespürt.

Mit den Jahren nimmt die Begeisterung ab, wenn du nichts tust, um sie am Brennen zu halten – aus Eu- wird Distress. In deiner Beziehung könnte es in etwa wie folgt aussehen: Der Picknickkorb wird durch McDonalds ersetzt. Die Zeit im Bad reduzierst du auf das Nötigste, wenige Minuten reichen. Er ist unrasiert und ungeduscht, denn Stinken ist männlich. Sie bleibt ungeschminkt, das tut's auch. Die Kleidung vom Vortag riecht noch ganz frisch – dank Textilspray. Die Redezeit reduziert sich auf ca. acht Minuten am Tag, wie es bei Paaren laut Statistik üblich ist. Und dann auch nur über liegengelassene Socken oder verbranntes Essen. Die Einkaufstüten und Bierkisten überlässt er ihr. Dafür übernimmt er die Verantwortung.

Klar werden die Emotionen weniger, auch in deiner Beziehung und im Job. Deshalb ist es heute umso wichtiger, das Feuer der Begeisterung auf eine andere Art und Weise am Brennen zu halten (siehe Kapitel „Lebe Begeisterung und habe Spaß"). Wichtig ist ebenfalls, dass du geeignete Werkzeuge nutzt, um den gefühlten Stress wirksam zu reduzieren, gerade dann, wenn es einmal an Begeisterung fehlt. Baue Stress wirksam ab!

Methode 1: Schärfe deine Säge

Beispiel: Der Holzfäller

Stelle dir vor, du bist in Kanada und hast die Gelegenheit, Baumfäller bei ihrer Arbeit zu beobachten. Die Aufgabe der Baumfäller ist, innerhalb von 24 Stunden so viele Bäume wie möglich mit einer Handsäge zu fällen. Ein Baumfäller, den du beobachtest, arbeitet 24 Stunden durch – wie ein Verrückter. Innerhalb der 24 Stunden schafft er eine Menge Bäume. Es fällt dir jedoch auf, dass der Waldarbeiter nach mehreren Stunden Mühe hat, mit der Handsäge die Baumstämme zu fällen. Nach einer Weile fragst du ihn: „Entschuldige, warum tauschst du denn das Sägeblatt nicht aus? Das ist doch schon ganz stumpf?" Der Waldarbeiter sägt unbeirrt weiter und antwortet dir nur mürrisch, ohne dich eines Blickes zu würdigen: „Du bist mir ein Komiker. Schau dich einmal um. Den ganzen Stapel Baumstämme will ich noch bis heute Abend in kleine Stücke gesägt haben. Und jetzt meinst du, ich hätte noch Zeit, das Sägeblatt zwischendurch zu wechseln?"

Du beobachtest darüber hinaus eine zweite Person, die es anders macht. Er legt alle 88 Minuten mindestens achtminütige Pausen ein. Was meinst du: „Wer hat nach 24 Stunden mehr Bäume gefällt?" Nach 24 Stunden hat die Person, die Pausen gemacht hat, tatsächlich mehr Holz gefällt. Auf deine Frage hin, wie er das geschafft habe, antwortet dir der Holzfäller: „Na ja, ich habe in meinen Pausen, in denen ich den traumhaften Ausblick genossen, mein leckeres Essen eingenommen und erfrischendes Wasser getrunken habe, nebenbei meine Säge geschärft."

Wann hast du das letzte Mal deine Säge geschärft bzw. dein Sägeblatt ausgetauscht?

Sportler: Auch der Nationaltrainer der Hockeydamen Michael Behrmann gönnt sich Auszeiten. „Auszeiten sollte man sich öfter gönnen, weil die Arbeit davon profitiert. Ich habe den Vorteil, auch viel zu Hause zu arbeiten, wenn ich nicht gerade mit der Nationalmannschaft unterwegs bin. Dort kann ich mit meiner Familie die Mahlzeiten einnehmen, mir auch mal einen halben Tag Auszeit nehmen und mit den Kindern rausgehen oder spielen. Oder mal Joggen gehen. Die wenigen Urlaube im Jahr sind sehr wertvoll, die genieße ich."

Methode 2: Stelle dir morgens bereits vor, was du abends Schönes tust!

Übung: Stressabbau

Eine unglaublich einfache und gleichzeitig sehr wirksame Übung, um dein Stressempfinden innerhalb von Sekunden zu reduzieren, ist die folgende: Nimm dir morgens eine Minute Zeit und stelle dir vor, was du abends noch an angenehmen Aktivitäten unternehmen wirst, auf die du dich jetzt bereits freuen kannst. Du gehst z.B. mit Freunden ins Kino, machst dir einen schönen Abend mit deinem Partner, gehst zum Sport an die frische Luft oder trainierst noch ein wenig auf dem Balance Board der Wii. Es ist wissenschaftlich nachgewiesen, dass der Stresshormonspiegel anschließend um durchschnittlich 50 % sinkt, obwohl du dir zunächst nur vorstellst, dass du diesen oder anderen Aktivitäten am Abend nachgehen wirst. Positive Gedanken erzeugen sofort positive Gefühle. Dein Gehirn kann nicht unterscheiden zwischen der intensiv vorgestellten und tatsächlich gemachten Erfahrung. Es empfindet diese Gedanken als real. Je mehr Sinne du einsetzt – sehen, hören, fühlen, schmecken, riechen – desto stärker sinkt das Adrenalin.

Methode 3: Nutze Musik für deinen Spitzenzustand!

Eine ausgezeichnete Methode, mit der du innerhalb von Sekunden in einen „Spitzenzustand" gelangst, ist der gezielte Einsatz von Musik.

Du kennst sicher das „Schmuseprogramm": Du bist mit deiner großen Liebe das erste Mal in der Disco, ihr seid auf der Tanzfläche und legt eine flotte Sohle aufs Parkett – neudeutsch: abtanzen. Der DJ wechselt die Musikrichtung. Es folgt eine Schmusenummer. Du lässt dich nicht zwei Mal bitten, nutzt die Gelegenheit und ihr kuschelt und knutscht gewaltig auf der Tanzfläche. Ab dem Tag ist das Lied bei dir als Programm gespeichert. Was geschieht, wenn du dein Lieblingslied im Radio hörst? Du singst mit, vor allem unter der Dusche, klatscht rhythmisch in die Hände oder klopfst auf deine Oberschenkel und bewegst dich im Takt – mal mehr, mal weniger professionell. Deine Lieblingslieder sorgen auch bei dir sofort für positive Emotionen – dein Energieniveau steigt.

Nutze diese Wirkung und höre vor einem wichtigen Termin motivierende Musik – am besten laut. Musik kannst du heute auf fast jedes Handy laden, dazu gibt es passende Kopfhörer. Gehe zukünftig gut gelaunt in einem Spitzenzustand in deine Termine. Das funktioniert vor wichtigen Arbeiten genauso wie bei deinen Sportwettkämpfen. Ich kenne viele Sportler, die direkt vor dem Wettkampf Musik nutzen, um sich in die richtige Stimmung zu bringen. Schaue dir einmal die Fernsehübertragungen von Boxkämpfen an. Wenn die Klitschkobrüder in die Arena marschieren, dann zu ihrer eigenen Musik, die bei jedem Kampf gespielt wird. Diese Musik wird einerseits genutzt, um die Zuschauer in gute Stimmung zu bringen. Darüber hinaus dient sie vor allem dazu, dass die Sportler ihren Spitzenzustand erreichen, bei dem sie ihre beste Leistung abrufen können.

Wenn du vor einem Termin dazu neigst, zu überdrehen, oder abends Probleme hast, „herunter zu kommen" und einzuschlafen, nutze die Kraft der entspannenden Musik. Das kann Klassik oder auch langsame Chartmusik sein, die du leise hörst. Schnell spürst du eine entspannende, angenehme Wirkung – dein Herzschlag sinkt, der Stress wird abgebaut, du wirst ruhiger und kannst abends besser einschlafen.

Sportler: Der Gedächtnisweltmeister Dr. Gunther Karsten entspannt zwischen den Disziplinen eines Gedächtnissportwettkampfs: „Ich genieße es, nach einer Disziplin abzuschalten. Ich jongliere, höre entspannende Musik, meditiere. Dadurch entspanne ich, gönne meinem Geist Ruhe."

Methode 4: Setze auf den „ emotionalen Airbag" – Humor ist der direkte Draht zum Herzen

Übung: Stresssituationen
Schreibe dir jetzt Situationen auf, in denen du regelmäßig Stress hast.
- Wo hast du überall Stress?
Mögliche Antworten sind: Prüfungen, Lernen, unruhige Klasse, Verkaufsgespräche, im Spiel, vor oder während Wettkämpfen, Konflikte, quengelnde Kinder, im Stau...

Hast du schon einmal im Stau gestanden? Wie fühlst du dich dabei? Energiegeladen, entspannt und glücklich? Wohl weniger. Wenn du im Stau stehst, kannst du dich tierisch darüber aufregen. Verpflichtet bist du dazu nicht. Das macht dein Leben nur kürzer und den Stau gefühlt um einige

Kilometer länger. Ärger nützt nämlich niemandem und schadet dir allein. Bei meinem Kollegen Dr. Eckart von Hirschhausen, dem Glücks-Papst, habe ich 2006 den „emotionalen Airbag" kennen gelernt – die rote Nase. Weltweit bekannt geworden ist sie durch Patch Adams, einem Mediziner, der als Clown verkleidet u.a. in Krankenhäusern Kindern Freude bereitet und auf diese Weise den Heilungsprozess der Kinder unterstützt. Diese rote Nase kann deine Lebensqualität verbessern und dein Leben zusätzlich verlängern. Packe eine Nase in dein Handschuhfach. Stehst du im Stau, setzt du die Nase einfach auf. Die ersten Male schaust du nach links und rechts und beobachtest, wie deine Staunachbarn reagieren. Ich versichere dir: Die reagieren nicht nur, die agieren auch kräftig. Du bekommst die tollsten Reaktionen: von Kopfnicken und Lächeln über Schumidaumen, Vogel zeigen bis zum Schweibenwischer ist alles dabei. Wenn du ein paar Staus später Profi bist, schaust du nur noch geradeaus und stellst dir die dummen Gesichter der anderen einfach nur vor. Du hast so viel Spaß bei dieser Aktion, dass der Stau wie im Flug vergeht. Am Ende ärgerst du dich höchstens noch darüber, dass du nur eine Stunde im Stau standest oder keiner in dein Auto geguckt hat.

Meine Seminarteilnehmer haben inzwischen weitere Situationen erfolgreich getestet, in denen sie den emotionalen Airbag einsetzen:

- Schüler tragen die Nase während Hausaufgaben und Schularbeiten.
- Lehrer tragen sie, bevor sie in den Unterricht gehen, teilweise sogar, wenn es ihnen zu unruhig in der Klasse ist.
- Eltern setzen die Nase auf, wenn die Kinder etwas angestellt haben, worüber sie sich bisher unglaublich aufgeregt hatten.
- Verkäufer tragen die Nase während Telefongesprächen mit schwierigen Kunden auf der Nasenspitze.
- Sportler nutzen sie vor Trainingseinheiten oder Wettkämpfen, um ihr Energieniveau positiv zu beeinflussen.

Vor Kurzem telefonierte ich mit einer Schuldirektorin, um mich zu erkundigen, wie meine Vorträge bei ihren Schülern, Lehrkräften und Eltern angekommen waren. Sie erzählte mir, dass die Veranstaltung klasse gewesen sei und viele Inhalte nun angewendet werden. Dabei sprach sie folgende Begebenheit an: „Ich bin ja jetzt schon über 30 Jahre mit meinem Mann verheiratet. Sie können sich denken, dass es da das ein oder andere Mal auch ein wenig Reiberei zu Hause gibt. Wenn mein Mann mit Ärger droht, ziehe ich seit dem Vortrag meine rote Nase aus der Hosentasche und setze sie auf. Mein Mann biegt daraufhin sofort ab. Und wissen Sie was: Seither ist unsere Beziehung viel harmonischer." Du siehst, die Nase rettet sogar Ehen.

Worauf will ich bei dieser Übung hinaus? Gewisse Umstände und Lebenssituationen kannst du nicht verbessern. Du kannst jedoch immer entscheiden, wie du mit diesen umgehst und auf diese reagierst!

Methode 5: Wenn du irgendwann darüber lachst, tue es jetzt!

Hast du noch keinen emotionalen Airbag – keine rote Nase – oder sie einfach mal vergessen, kannst du folgendermaßen reagieren:

Übung: Der vergessene Schlüssel

Drehe deinen Kopf nach hinten. Jetzt! Stelle dir vor, dort ist eine ärgerliche Situation wie die folgende: Du verlässt kurz deine Wohnung, um den Müll raus zu bringen. „Das mache ich im Bademantel", sagst du dir. Da du gleich wieder zurück bist, lässt du den Haustürschlüssel im Haus liegen und die Tür einen Spalt offen. Was passiert? Richtig. Du ahnst es bereits. Die Tür fällt ins Schloss, du hattest ein Fenster offen gelassen. Jetzt kannst du dich tierisch darüber ärgern, dass du den Schlüsseldienst bestellen darfst. Du kannst dich noch mehr aufregen, dass der deine Haustür wieder geöffnet hat, bevor du „Sesam öffne dich!" sagen kannst und du anschließend eine saftige Rechnung erhältst. Schaue dir diese Situation mit deinem finstersten „Ich ärgere mich"-Blick an. Ich meine die Aufgabe ernst. Spürst du, wie der Ärger in dir hochsteigt, wenn du dir diese Situation vorstellst? Die Situation ist irreal – nur erfunden – doch kommen Emotionen des Unmuts bei dir hoch.

Schaue wieder nach vorne. Inzwischen ist ein Vierteljahr vergangen. Nun sorgt die „Sesam öffne dich"-Geschichte bei jeder Party für beste Unterhaltung. Bei jeder Erzählung wird sie spannender und lustiger. Plötzlich hattest du gar nichts mehr an, als du den Müll rausgebracht hast - je nach Stammtischniveau. Drehe dich nochmals nach hinten, wo der Ärger liegt. Wenn du in Zukunft in einer ärgerlichen Situation bist und du weißt: „In spätestens drei Monaten lache ich darüber.", warum lachst du nicht jetzt sofort? Wie lange willst du warten? Tue es gleich. Keep smiling. ☺

Dr. Eckart sagt: „Ärger, den du nicht gehabt hast, hast du nicht gehabt." Wer ärgert dich? Richtig. Nur du dich selbst! Denn es heißt: „Mensch, ärgere dich nicht!" Also lass es! Humor erleichtert dir das Ganze ungemein. Humor ist der direkte Draht zum Herzen und verbessert deine Leistung. Nutze das und du erlebst, wie du mit Ärger und Stress ruhig und entspannt umgehst. Dabei hast du in Zukunft ein Lächeln im Gesicht.

Methode 6: Schnipp schnapp – Völlig entspannt nach 11 Sekunden!

Hast du Interesse, in Zukunft deinen gesamten Körper innerhalb von 11 Sekunden zu entspannen? Du sagst: „Geht nicht, Blödsinn! Das dauert mindestens fünf bis zehn Minuten." Doch, mit Visualisierung ist das möglich – wenn du dich darauf einlässt. Außerdem nimmst du dir doch sicher nicht fünf bis zehn Minuten Zeit, um zu entspannen. Oder? Setze diese Übung in Zukunft ein. Sie nennt sich „Schnipp Schnapp".

> **Übung: Schnipp Schnapp - Die Marionette**
>
> Lies erst einmal die Übung durch und stehe anschließend auf, um sie durchzuführen. Die ersten Male wirst du etwa 30 Sekunden für die Übung brauchen. Nach ein paar Tagen Übung klappt es in höchstens 11 Sekunden. Stehe bitte auf. Du kennst sicher Marionetten - Puppen, die von einem Marionettenspieler mit Hilfe von Fäden bewegt werden. Die Fäden sind außen an den einzelnen Gliedern befestigt. Stelle dir vor, du hast solche Fäden in deinem Körper. Tausende Fäden sind an der Innenseite deiner gesamten Haut befestigt und stehen unter Zug nach innen - Richtung Bauchnabel. Direkt am Bauchnabel laufen alle Fäden zusammen und sind auf einer Rolle aufgewickelt. Du spürst jetzt einen starken Zug an der gesamten Innenseite der Haut – spanne zusätzlich deine komplette Körpermuskulatur an. Spüre den Zug nach innen. Wenn der Zug am stärksten ist, sagst du „Schnipp schnapp." Stelle dir jetzt vor, wie die ganzen Fäden an der Rolle mit einem Schnipp abgeschnitten werden. Spüre nach, was mit deinem Körper geschieht.
> * Was hast du während der Übung gespürt? Wie fühlst du dich jetzt?
>
> Führe diese Übung durch, wenn du unter starker Spannung stehst, dich gestresst fühlst. Du entspannst innerhalb weniger Sekunden. Die Übung ist kurz und knackig - schnipp schnapp und die Entspannung ist da.

3. Konzentriere dich und gib dein Bestes!

Nimmst du die Tischtennisballübung in Angriff, spielt deine Konzentration eine große Rolle. Vom Startpunkt bis zum Ziel – dem Ball auf der Flasche – sind es mehrere Meter, die du gehst. Hier hast du genug Zeit, dir unterwegs tausend Gedanken durch den Kopf gehen zu lassen und das kann mindestens einer zu viel sein. Es kann sein, dass du die Aufgabe ggf. zu leicht nimmst und dadurch etwas überheblich agierst. Du sagst dir: „Ha, die Aufgabe ist so leicht. Das mache ich mit links." Halbherzig gehst du auf die Flasche zu und schnippst arrogant vorbei, weil du die Aufgabe unterschätzt hast. Du hast bei weitem nicht dein Bestes gegeben, sondern bist mit halber Kraft an die Aufgabe herangegangen. Dafür wirst du bestraft.

Ein anderes Extrem, wie du die Aufgabe gegebenenfalls angehst, ist eine verkrampfte Haltung. In diesem Fall bist du zu konzentriert. Du sagst dir: „Puh, wenn ich jetzt danebenschnippe, stehe ich da wie der letzte Depp.

Sieht mich jemand, lacht der mich doch aus, wenn ich versage." Entsprechend läuft dir bereits der Angstschweiß über das ganze Gesicht, bevor du überhaupt den ersten Schritt gegangen bist. Zitternd gehst du auf die Flasche zu. Zwar bist du hochkonzentriert, doch endet diese Konzentration in einer Verkrampfung. Als Ergebnis schnippst du am Ball vorbei.

Auch hier kannst du den wahren Bezug zum Leben ziehen. Wenn du eine Aufgabe in der Schule, im Job, im Sport oder im Alltag zu lösen hast, kannst du diese auf verschiedene Weise angehen: unkonzentriert mit halber Kraft, konzentriert mit dem Anspruch, dein Bestes zu geben oder überkonzentriert, was zu einer Verkrampfung führen kann. Willst du das Beste aus einer Situation machen, geht es darum, dass du die goldene Mitte findest, dein optimales Konzentrationsniveau.

Konzentration ist...

Hat jemand schon mal zu dir gesagt: „Konzentrier dich!" Sicher haben das bereits viele Menschen zu dir gesagt. Haben sie dir auch gesagt, wie das geht? Stelle ich diese Frage in meinen Vorträgen, antworten über 90 % auf diese Frage mit: „Nein, mir hat noch keiner gesagt, wie ich mich konzentrieren soll. Nur, dass ich mich viel stärker konzentrieren soll, höre ich häufig." Das ist spannend, oder? Konzentration ist ein Begriff des alltäglichen Sprachgebrauchs und dennoch weiß kaum jemand, wie das geht.

Ich betreue einen jungen Fußballer, zehn Jahre alt. Der ist ein großes Talent. Eine seiner Stärken ist, dass er sich supergut konzentrieren kann. Vor kurzem frage ich ihn: „Was ist für dich Konzentration?" Da schaut er mich an, während er den Fußball zwischen seinem linken und rechten Fuß hin und her passt und sagt: „Also Konzentration. Mmmh. Konzentration ist für mich …. Wenn ich mich konzentriere." Ich denke mir: „Wow, sag noch einmal jemand, Fußballer hätten nichts im Kopf."

Spaß beiseite. Ich frage lieber dich:

• Was ist für dich Konzentration? Wie definierst du Konzentration?

Beantworte erst diese Frage, bevor du weiterliest. Ich habe einmal im Duden nachgeschaut und folgende Definition gefunden, die ich hier frei wiedergebe: „Konzentration heißt, dass du hohe Aufmerksamkeit auf eine bestimmte Tätigkeit richtest und dabei äußere Störfaktoren möglichst ausschaltest!"

Sportler: Was bedeutet Konzentration für Spitzensportler wie Magdalena Neuner und Dominik Klein?

• Magdalena Neuner, u.a. Doppelolympiasiegerin von Vancouver: „Konzentration bedeutet für mich, alles Unwichtige auszublenden und mich auf das zu fokussieren, was für mich in dieser Phase des Wettkampfes oder meines Lebens entscheidend ist, um Erfolg zu haben."

• Dominik Klein, u.a. Handballweltmeister 2007, Champions League Sieger und Deutscher Meister mit dem THW Kiel sagt: „Konzentration heißt voll da zu sein. Wenn ich heiß bin, lässt sich Konzentration gut damit vereinen. Bei der Weltmeisterschaft im eigenen Land war ich bereits auf der Bank voll high, habe mitgefiebert, war heiß, obwohl ich nicht auf der Platte stand. Aber wenn du dann spielst, dann entlädt sich die Emotion und die Leidenschaft. Da bin ich hellwach, das ist für mich Konzentration."

Das heißt in deinem Fall, wenn du z.B. Hausaufgaben machst, ein Projekt bearbeitest oder im Sport eine Trainingsaufgabe ausführst, richtest du deinen Blick ausschließlich auf diese eine Aufgabe. Andere Personen, Gegenstände, Musik oder andere Störfaktoren blendest du in dieser Situation aus.

Sicher kannst du dich mit dieser Definition anfreunden und stimmst ihr zu. Es fehlt jedoch etwas Entscheidendes, was ich dir mit der nun folgenden Definition mitgeben möchte: „Konzentration ist, wenn du etwas tust und während du es tust, nicht darüber nachdenkst, wie du das tust." Lies diese Definition bitte nochmal. Einfach gesagt heißt dieser Satz: „Du bist voll bei der Sache und tust, tust, tust es einfach." Nachfolgend findest du einige Beispiele dazu.

Denken stört beim Denken

Beispiel: Der Elfmeter

Stelle dir vor, du spielst Fußball. Dein Mitspieler wurde im Strafraum gefoult, der Schiedsrichter entscheidet auf Elfmeter. Du bist auserwählt und darfst schießen. Der Ball liegt am Elfmeterpunkt, du läufst an. Kurz bevor du am Ball bist, denkst du im Detail darüber nach, wie du den Ball gleich schießen wirst. Du zerlegst den Bewegungsablauf des Schusses in seine Einzelteile. Was kommt bei deinem Schuss heraus? Na? Richtig! Nichts, nada, niente. Vielleicht versenkst du deinen Fuß im Rasen oder schießt den Ball gen Himmel. In den meisten Fällen schießt du kläglich am Tor vorbei und verfehlst damit dein Ziel.

Sicher ist es dir bereits ähnlich ergangen. Vielleicht nicht im Fußball, jedoch in einem anderen Sport oder in einer vergleichbaren Situation im Alltag. Warum ist das so? Normalerweise sagst du dir: „Je mehr Zeit ich habe und je mehr Gedanken ich mir über eine Situation mache, desto besser meistere ich die Aufgabe." So die Annahme. Leider kommt es häufig anders, denn je mehr Zeit du hast, desto mehr Zeit hast du auch, nachzudenken. Und ZU VIEL DENKEN STÖRT.

Du erhältst ein weiteres Beispiel, denn Denken stört übrigens auch beim Denken. Ich weiß, dieser Gedanke erscheint dir merkwürdig. Du hast deinen Schlüssel verlegt. Du kommst nicht drauf, wo er liegen könnte. Du sagst dir nach langem Suchen: „Es hat keinen Sinn. Ich finde ihn nicht." Du lässt los, gibst das Suchen auf und machst stattdessen etwas anderes. Kurz darauf geschieht es. Es macht „plopp" und dir geht ein Licht auf. Du weißt plötzlich, wo du den Schlüssel hingelegt hast: „Stimmt, der liegt auf der Heizung." Wenn es um das Erinnern von Namen geht, erlebst du solche Situationen auch gerne. Du bist mit deinem Schatz in der Stadt unterwegs. Es kommt euch ein Pärchen entgegen. Du willst freundlich grüßen, selbstverständlich mit Namen, wie es sich gehört. Du merkst schnell: „Shit, wie heißen die zwei jetzt noch gleich?" Es fällt dir nicht ein, deinem Schatz auch nicht. Ihr lächelt nur freundlich und sagt zum Paar: „Hallo. Schön, Sie zu sehen." Nach kurzem Smalltalk geht ihr weiter. Keine zwei Meter später schießen dir die Namen wie aus dem Nichts ins Gedächtnis: „Ach stimmt, das waren die Meyers." Kennst du diese Situationen? Klar. Zu viel Wollen ist jedoch leistungseinschränkend. Willst du zuviel, verkrampfen dein Körper und vor allem dein Gehirn.

Wenn du weißt, dass du auf die Lösung kommst, wenn du einfach loslässt und nicht mehr darüber nachdenkst, dann setze es zukünftig gezielt ein. Du beißt dich an einer Aufgabe fest und kommst nicht weiter? Lass die Aufgabe erst einmal liegen und mache etwas anderes. Nimm dir z.B. eine Auszeit: schnappe frische Luft, gehe ein wenig spazieren, widme dich kurz einer anderen Aufgabe. Das bringt dich weiter, als wenn du an der Aufgabe verharrst und letztlich verzweifelst. „Loslassen" heißt das Zauberwort.

Warum das Ganze funktioniert, hängt u.a. damit zusammen, dass sich dein Unterbewusstsein weiter mit einer Aufgabe beschäftigt, auch wenn du bewusst bereits über eine andere Aufgabe nachdenkst. Dein Gehirn ist immer in Bewegung und arbeitet, auch nachts. So kannst du ein Problem „parken" und zunächst etwas anderes machen. Widmest du dich später erneut dem Problem, hat sich dein Unterbewusstsein währenddessen um eine Lösung deines Problems bemüht. Du hast natürlich keine 100 %-ige Garantie darauf, dass dir plötzlich die Lösung vorliegt und alles klappt wie gewünscht, jedoch bist du mindestens einen entscheidenden Schritt weiter und auf einem guten Weg, das Problem zu lösen.

Eine glatte 10 für deine Konzentration

Durch Visualisierung bringst du dein Konzentrationsniveau innerhalb kürzester Zeit auf eine glatte 10.

Ich arbeitete einmal mit einem Handballer zusammen, der lange Zeit ein starker 7-m-Schütze war. Seine Torquote lag durchschnittlich bei knapp 80 %. Zwischenzeitlich hatte er an Niveau verloren, traf noch knapp 70 % seiner Würfe und wurde inzwischen vom Trainer auf Platz zwei der 7-m-

Schützen im Team „degradiert". Das wurmte ihn. Deshalb sprach er mich an, was er tun könnte, um zu der alten oder gar noch höherer Konzentration zurückzufinden.

Seither stellt er sich Folgendes vor, wenn er zum 7-m-Punkt schreitet: Seine Konzentration bewertet er auf einer Skala von Null bis Zehn. Null Konzentration steht für „Was soll ich machen?". In dieser Phase ist der Spieler komplett unkonzentriert und weiß gar nicht, was andere von ihm wollen. Zehn steht für „Der Ball ist im Tor!". Bei einem Konzentrationsniveau von Zehn ist der Spieler in einem Trancezustand. Alles um ihn herum ist ausgeblendet. Er sieht nur noch als Kopfkino, wie er den Ball im Tor versenkt. Zu dem Zeitpunkt, wo der Spieler als 7-m-Schütze feststeht, liegt sein Konzentrationsniveau bei etwa Fünf und steigt auf Sechs, sobald er den Ball in der Hand hält. Er stellt sich vor, dass je näher er zum 7-m-Punkt schreitet, seine Konzentration immer weiter ansteigt und er alles um sich herum mehr und mehr ausblendet. Sobald er an der 7-m-Linie steht, hat er die maximale Konzentration, eine glatte Zehn. Alles um ihn herum ist ausgeblendet.

Seitdem er diese Methode einsetzt, hat sich seine Torquote enorm gesteigert. Sie liegt heute leicht höher als zu seinen vorherigen besten Zeiten. Diese Methode ist so unglaublich einfach. Klar beherrscht er das 7-m-Schießen auch ohne diese Übung aus dem Eff-Eff. Dennoch trägt die Übung dazu bei, seine Konzentration – die für den Wurf eine hohe Bedeutung hat – zu steigern.

Die Übung kannst du natürlich in vielen anderen Sportarten einsetzen. Beim Tennis wächst mit jedem Schritt zur Aufschlaglinie deine Konzentration, beim Schwimmen bis zum Startblock. Auch im Alltag ist der Einsatz sinnvoll. Auf dem Weg zum Kundentermin oder zu einer Prüfung steigt mit jedem Schritt deine Konzentration. Sobald du vor dem Kunden stehst oder dir die Prüfungsaufgaben vorliegen, bist du absolut konzentriert.

Sportler: Steffi Nerius, u.a. Weltmeisterin im Sperrwurf 2009 in Berlin, zeichnete sich in ihrer Karriere dadurch aus, dass sie sich perfekt konzentrieren konnte: „Ich habe 1999 begonnen, mit einem Mentaltrainer zusammen zu arbeiten. 2000 konnte ich mit dem 4. Platz bei den Olympischen Spielen in Sydney meinen ersten internationalen Erfolg feiern. Ich bin mir sicher, dass viele Wettkämpfe im Kopf entschieden werden und die Psychologie eine wichtige Rolle spielt. Ich habe meine gesamte Konzentration auf den Wettkampf fokussiert und sämtliche äußeren Faktoren ausgeblendet. Die Taktik von meinem Trainer und mir in Berlin 2009 ist voll aufgegangen. Wir haben die gesamte Konzentration auf den ersten Wurf des Wettkampfs gesetzt und das hat perfekt geklappt..."

Wie lang sind 33 Minuten?

Wie lang sind deiner Meinung nach 33 Minuten? Du sagst: „Was ist das für eine blöde Frage? 33 Minuten sind 33 Minuten, 1.980 Sekunden, 55 % von einer Stunde. Das ist so und das wird auch in Zukunft so bleiben." Wenn du das rational und objektiv betrachtest, ist das korrekt. Nur emotional und subjektiv betrachtet sieht die Sache anders aus.

Sicher kennst du Situationen, z.B. aus der Schulzeit, wo du denkst: „Boah. Also langsam müssten die 45 Minuten doch mal vorbei sein." Du schaust auf die Uhr: „Was? Noch endlose 23 Minuten?" Ich hatte solche Erlebnisse bei einigen Schulfächern. Und du? Du hast diese und ähnliche Erfahrungen vielleicht kurz vor Feierabend, beim Warten auf den Bus oder beim Sport gemacht.

Beispiel: 33 Minuten Laufen

Stelle dir vor, du willst 33 Minuten Laufen gehen. Deine Motivation ist gering, doch du raffst dich dennoch auf. Jetzt läufst du los und spürst bereits nach wenigen Schritten, wie schwer sich deine Beine anfühlen. Dazu fängt es am ganzen Körper an zu kratzen. Und irgendwie ist der restliche Körper plötzlich auch ganz schwer. Die gesamten 33 Minuten beschäftigst du dich nur damit, was dein Körper so macht und wo es überall zwickt und zwackt. Wie waren die 33 Minuten Laufen für dich? Sicher schwer, anstrengend und vom Gefühl her sehr lang. Es waren jedoch nur 33 Minuten!

Es ist ein neuer Tag. Du planst erneut, 33 Minuten Laufen zu gehen. Deine Motivation ist auch heute gering, doch raffst du dich erneut auf. Du läufst los und denkst bereits nach wenigen Schritten über ein Thema nach, dass dich aktuell beschäftigt. Du bist auf der Suche nach Ideen für ein Projekt. Oder du hast stattdessen deinen ipod oder einen Freund zum Quatschen dabei. Wie lange dauern heute die 33 Minuten? Gefühlt vergeht die Zeit wie im Flug. Es waren jedoch auch heute 33 Minuten!

Welche Schlüsse ziehst du aus den beiden Situationen?

Diese beiden Situationen zeigen, wie unglaublich wichtig es ist, den Kopf vom Körper abzulenken. Mit Sportlern arbeite ich sehr intensiv an geeigneten Ablenkungstechniken für die verschiedensten Situationen. So haben z.B. Ausdauersportler oft schmerzhafte Situationen zu überstehen. Du kannst sicher nachvollziehen, dass es im Laufe eines Marathons oder IRONMAN die eine oder andere schmerzhafte Situation bzw. Phase gibt. Darauf gilt es vorbereitet zu sein und Werkzeuge parat zu haben, um diese Situationen erfolgreich zu meistern.

Beispiel: Marathon

Im Jahr 2008 lief ich das erste Mal seit sechs Jahren wieder einen Marathon. Bereits nach 15 Kilometern fühlte ich mich an dem Tag so fertig, wie ich es ansonsten erst ab Kilometer 30 kannte. Der „Mann mit dem Hammer" hatte es heute früher auf mich abgesehen. Ich steckte mir meine Kopfhörer vom ipod ins Ohr und hörte die restlichen 27 km motivierende Musik. Das rettete mich und meine Marathonzeit von 3:17 h. Auf diese Weise konnte ich mich ablenken und meine Schmerzen ausblenden, da ich mich auf die Musik konzentrierte und weniger auf meinen Körper.
Am wenigsten spürst du Schmerzen, wenn du abgelenkt bist. Das kennst du von Kindern.

Beispiel: Die Ablenkung

Der Kleine Racker fällt beim Laufen voll aufs Knie und schreit wie am Spieß. Du läufst hin und beginnst sofort ihn abzulenken. Du sagst: „Papa pustet und dann wird es sofort besser. Pass auf." Du fragst: „Möchtest du ein Eis?" Oder sagst: „Guck mal den süßen Hund da drüben. Wollen wir den streicheln gehen?" Schon geht es deinem Schatz besser und „Auaweh" ist wie weggeblasen.

Beispiel: Der Hammer

Oder du schlägst dir mit dem Hammer auf den Daumen. Und, tut's weh? Wenn du alleine bist, auf jeden Fall. Dann schreist und fluchst du. Was passiert jedoch, wenn du dir weh tust und es steht jemand neben dir? Häufig endet diese Situation in schallendem Lachen. Das Ergebnis: Der Schmerz lässt nach. Das Lachen ist eine Art Ablenkung. Zusätzlich werden Hormone freigesetzt, die dein Wohlbefinden steigern. Tipp: Wenn du dir beim nächsten Mal mit dem Hammer auf den Daumen schlägst und du bist allein, suche dir jemanden zum Lachen oder lache einfach allein.

Gib dein Bestes

Stelle dir vor, du sitzt in einem Flugzeug und befindest dich auf der Startbahn Nr. 1. Es ist die Startbahn für persönliche Bestleistungen.

Wenn du jetzt Pilot dieses Flugzeugs bist: Wie viel Gas gibst du, um die Maschine in den Himmel zu heben? Na klar, logisch. Während des Startvorgangs stellst du den Starthebel auf Vollgas, wohl wissend, dass der Hintern deines Vogels ansonsten auf dem Boden bleibt. Egal, wie schlecht die Umstände gerade sind, du gibst immer vollen Schub. Nie würdest du auf die Idee kommen und sagen: „Naja, die Spritpreise sind gerade so hoch und die Gehälter unsicher. Heute probiere ich es mal mit halbem Schub."

Schade nur, dass viele Menschen in ihrem Leben mit halbem Schub unterwegs sind. Das machen manche ihr Leben lang. Kann es sein, dass auch du regelmäßig mit halber Kraft unterwegs bist? Du beginnst die Dinge nur halbherzig und hörst bereits auf halbem Wege wieder auf, weil du denkst: „Das wird eh nix." Das wird auch nix, wenn du nur halben Einsatz bringst. Früher konntest du oftmals mit halbem Einsatz noch halben Erfolg erzielen. Die Zeiten sind längst vorbei. Halber Einsatz heißt heute nicht mehr „halber

Erfolg", halber Einsatz heißt „kein Erfolg". Und selbst wenn du Vollgas gibst, ist das längst noch keine Garantie, sondern lediglich die Voraussetzung.

Nur wenn du stets dein Bestes gibst und auf volle Leistung setzt - wie der Pilot im Flugzeug – kannst du zu großen Erfolgen abheben. Willst du eine Verbesserung erzielen, dann ist es wichtig, dass du 100 % gibst. Damit wir uns richtig verstehen: verwechsle „Sein Bestes geben" niemals mit „Perfektionismus". Das sind zwei verschiedene Paar Schuhe. Wenn du dein Bestes gibst, heißt das nicht gleichzeitig, dass du fehlerfrei bleibst. Auch Spitzensportler, die ihr Bestes geben, machen regelmäßig Fehler. Sie machen viele Fehler. Sie lernen jedoch daraus und machen beim nächsten Mal neue Fehler, um wiederum daraus zu lernen.

Wenn ich mich mit Gewinnern aus dem Sport unterhalte, frage ich sie gerne: „Mit welchem Ziel gehst du in einen Wettkampf?" Durchweg wiederholen sich folgende und ähnliche Aussagen:

- „Meine bestmögliche Leistung abzuliefern. Wenn an einem Tag es mit meiner bestmöglichen Leistung zu Platz 18 reicht, war es trotzdem ein perfektes Rennen." (Arnd Peiffer, Biathlon Weltmeister Mixed Staffel 2010)

- „Ich will mein Bestes geben und so schnell laufen wie möglich. Wenn keiner schneller unterwegs ist als ich, gewinne ich. Und wenn einer schneller unterwegs ist, hat er den Sieg verdient. Für viele Konkurrenten ist der Gegner das Maß der Dinge. Das hindert dich jedoch daran, dich auf deine eigenen Stärken zu konzentrieren, deine eigenen Leistungsreserven auszuschöpfen." (Thomas Dold, weltbester Treppenläufer)

- „Ich will mein Bestes geben und so viel wie möglich aus mir herausholen." (Eric Frenzel, Nordischer Kombinierer, Bronzemedaille im Team, Olympische Spiele 2010)

- Ich versuche immer mein Bestes zu geben. Ich gehe nie in ein Rennen mit dem Vorsatz „heute reicht ein fünfter Platz"! Ich fahre immer am Limit, um zu gewinnen. (Susanne Riesch, Deutsche Meisterin im Riesenslalom 2010)

Was fällt dir bei den Aussagen auf? Ganz klar: alle sprechen von „persönlichen Bestleistungen". Spitzensportler haben das primäre Ziel, ihr Bestes zu geben. Wenn sie ihre Bestleistung abrufen, haben sie eine gute Chance, um die Medaillen mitzukämpfen und zu gewinnen.

Wenn du eine Aufgabe absolut entschlossen angehst, kannst du die Widerstände, die sich dir entgegenstellen, locker beiseite schieben. Marschierst du hingegen nur mit 77 % deiner Energie, kann bereits jeder Widerstand zum Stolperstein werden, der dich aus der Bahn wirft. Das geschieht nicht, weil der Widerstand zu groß ist, sondern weil du zu wenig Energie investiert hast – nicht dein Bestes gegeben hast.

Wenn du in deinem Leben etwas anpackst und du gibst vom Startpunkt weg 100 %, sind deine Chancen gut, dass du dein Ziel erreichst und jeden Widerstand aus dem Weg räumst. Widerstände werden sich dir immer in den Weg stellen, das ist Fakt. Die brauchst du auch. Widerstände prüfen dich, ob du das, was du machst, auch wirklich willst und voll dahinterstehst.

Dein Pilot steht nun bereit, gibt Vollgas und will die Maschine in die Luft bringen. Während des Startvorgangs wird er mit Sicherheit nicht auf die glorreiche Idee kommen, den Passagieren nebenbei die Sicherheitshinweise zu erklären, wie sie sich im Notfall zu verhalten haben. Auch wird er nach Erreichen der Flughöhe wohl kaum zu seiner Stewardess sagen: „Ich habe auf Autopilot gestellt. Du kannst Feierabend machen. Ich kümmere mich um die Passagiere und bringe ihnen Getränke und einen kleinen Snack." Seine Aufgabe ist es, das Flugzeug zu fliegen. Dieser Aufgabe widmet er seine volle Konzentration. Außerdem gibt er sein Bestes, um dich sicher vom Startflughafen zum Zielflughafen zu bringen.

* Welche Schlüsse ziehst du aus diesem Beispiel?

Sportlerinterview Dr. Gunther Karsten

Rechte: Dr. Gunther Karsten

Lerne wie ein Weltmeister und gib dein Bestes! Im September 2007 wurde Dr. Gunther Karsten erster deutscher Gedächtnisweltmeister. Darüber hinaus ist er achtfacher Deutscher Gedächtnismeister und mehrfacher Gedächtnis-Weltrekordhalter. Gunther merkt sich z.B. innerhalb von 60 Minuten eine willkürliche Abfolge von fast 1.950 Dezimalziffern (543264533…). In einer Minute schafft er beeindruckende 102 Ziffern. Unglaublich!

Sein Können zeigt Gunther regelmässig in Funk und Fernsehen. In der Grips-Show mit Günther Jauch wurden z.B. Millionen Fernsehzuschauer verblüfft, als Verona Pooth nach nur einem Live-Gedächtnistraining mit Gunther eine fantastische Gedächtnisverbesserung von weit über 100 % erzielte! Außerdem ist Gunther Bestsellerautor (u.a. „Lernen wie ein Weltmeister"). [38]

Matthias: Warum betreibst du Gedächtnissport? Was ist deine Motivation dahinter?

---

38 Mehr Infos findest du unter www.memovision.de.

Gunther: Meine Motivation war herauszufinden, welche Möglichkeiten es noch für mein immer älter werdendes Gehirn gibt. Ich war sehr erstaunt, was mit diesen Techniken und durch regelmäßiges Training möglich ist. Sehr früh hat es Spaß gemacht, bei Wettkämpfen zu gewinnen. Das Messen mit anderen, was ich als Jugendlicher im Körpersport gemacht habe, jetzt im geistigen Bereich zu tun, bringt Spaß.

Matthias: Was ist aus deiner Sicht entscheidend mitverantwortlich dafür gewesen, dass du 2007 Gedächtnisweltmeister wurdest?

Gunther: Sehr wichtig war eine befreite Einstellung zu haben. Natürlich war es ein Ziel, Weltmeister zu werden. Das war es jedoch auch bereits die Jahre davor. Ich war auch mehrmals knapp davor. 2007 ließ ich los und sagte mir: 'Ich muss es nicht unbedingt werden.' Ich will einfach Spaß haben, meine Bestleistung bringen. Ob es reicht, zeigt sich.

Ich habe eine Art Glückstraining gemacht. Die innere, positive Einstellung zum Sport, zu jeder einzelnen Disziplin, ist direkt vor jeder Aufgabe sehr wichtig. Daran habe ich bereits im Training gearbeitet. Dieses Training hatte einen wesentlichen Anteil daran, zu gewinnen.

Matthias: Mit welchem Ziel gehst du in einen Wettkampf?

Gunther: Es geht mir heute primär darum, meine persönliche Bestleistung zu bringen – zu zeigen, was ich wirklich kann. Außerdem will ich meine eigenen Grenzen verschieben. Früher stand klar der Sieg im Vordergrund. Nun ist mir klar geworden, dass ich das nicht allein beeinflussen kann. Das kann mich nur runterziehen, wenn ich meine Bestleistung erbracht habe und gleichzeitig nicht gewonnen habe. Sekundäre Ziele sind das Siegen in Einzeldisziplinen und der Gesamtwertung und das Aufstellen neuer Weltrekorde.

Matthias: Was bedeutet für dich „Konzentration"?

Gunther: Konzentration ist immens wichtig in unserem Sport. Während einer Disziplin habe ich viele Aufgaben zu bewältigen und es laufen sehr viele Prozesse im Gehirn ab. Konzentration bedeutet, sich auf diese Prozesse zu fokussieren. Nicht konzentrieren heißt abschweifen. Das bringt einen aus dem mentalen Prozess heraus, der wichtig ist, um Bestleistungen zu erbringen. Konzentration ist wichtig, funktioniert jedoch nicht immer, vor allem bei sehr langen Disziplinen. Manchmal bin ich erstaunt, wie ich mich über eine Stunde vollkommen konzentrieren kann. Bei anderen Disziplinen schweifen meine Gedanken manchmal ab. Das sieht man sehr deutlich in den Ergebnissen.

4. Übernimm Verantwortung

Kommen wir zu Beginn dieses Kapitels erneut zur Tischtennisballübung. Bei der erfolgreichen Bewältigung spielt es eine große Rolle, inwieweit du Verantwortung für dein Handeln übernimmst. Viele Teilnehmer bei dieser Übung begeben sich früh in die Opferrolle und haben schnell einen Schuldigen gefunden, wenn sie daran scheitern, den Tischtennisball von der Flasche zu schnippen. Sie quaken: „Der Ball ist bestimmt festgeklebt." „Die Flasche stand schief und viel zu flach." „Der Ball war schlecht zu sehen." „Die anderen haben gelacht und waren laut. Dadurch wurde ich abgelenkt." „Die Übung ist mir zu blöd. Da habe ich mich nicht angestrengt." „Mein Finger hat nicht gemacht, was ich wollte." „Der Ball hat mich geblendet." „Hätte der Tischtennisball auf einer Plastikflasche gestanden, hätte ich getroffen."

Ausrede über Ausrede. Erst wenn du bereit bist, Verantwortung für dein Scheitern zu übernehmen, wirst du in der Lage sein, den Tischtennisball regelmäßig von der Flasche zu schnippen. Das gilt genauso für dein Leben.

Hör auf zu quaken

Wir sind Jammerweltmeister. Überall und zu jeder Tages- und Nachtzeit wird gequakt: zu Hause, in der Schule, im Büro, auf dem Sportplatz, im Supermarkt, im Restaurant, im Fernsehen, im Radio, in der Zeitung und selbst in deinem Kopf oder direkt aus deinem Mund.

Nur wenige Menschen sind bereit, wirklich Verantwortung für ihr Leben und für ihr Handeln zu übernehmen. Warum auch, es erwartet keiner wirklich von dir. Quaken gehört heute zum guten Ton. Es wird kaum bemerkt und wenn, ist es für jeden anderen das Normalste der Welt – denn es machen fast alle.

Sei ehrlich: Dein Gequake nervt dich doch auch!? Warum quakst du dann ständig? Um Aufmerksamkeit von anderen zu erhalten? Dein Leid zu teilen nach dem Motto: „Geteiltes Leid ist halbes Leid!" Wenn du quakst – was wir alle von Zeit zu Zeit machen – bin ich fest davon überzeugt, dass du genug davon hast und den Wunsch hegst, deine Lebensqualität zu verbessern. Du bist es leid, im Mittelmaß zu leben. Du bist es leid, schlechte Beziehungen zu führen. Du bist es leid, dich ständig krank zu fühlen. Du bist es leid, wenig Erfolge zu feiern. Du bist es leid, ständig unglücklich über dein Leben zu sein. Wenn du die Dinge leid bist, behalte es zukünftig für dich! Kein anderer braucht und will das hören. Also behalte es für dich. Erzähle anderen lieber, was du tust, damit es dir zukünftig besser geht und du erfolgreicher wirst. Und weißt du was? Plötzlich geht es dir besser und du feierst mehr Erfolge!

- Wärst du gerne in verschiedenen Bereichen deines Lebens erfolgreicher als bisher? In der Schule, im Beruf, im Sport?
- Hättest du gerne bessere Beziehungen zu deinem Partner, deiner Familie und Freunden?
- Wärst du gerne gesünder und leistungsfähiger?
- Hättest du gerne mehr Lebensfreude und Lebensqualität?
- Hättest du gerne mehr Geld zur Verfügung?

Wie viele der Fragen hast du mit „Ja" beantwortet? Wenn du ehrlich bist, alle.

Alle sind schuld! Außer mir!

Ich weiß, du bist ein Opfer. Du bist Opfer der Situation und Umstände – oder sind es die Gene?

Beispiel: Talkshows

Nachmittags ab 13 Uhr auf den Privatsendern: Wow, sind da viele Opfer – Menschen, die andere für ihre Probleme verantwortlich machen. Glauben die das wirklich selbst, was sie in der Talkshow erzählen? Ich finde es erstaunlich, wie viele Menschen anderen die Schuld für ihre Unfähigkeit und Untätigkeit in die Schuhe schieben, ohne dabei ein schlechtes Gewissen zu haben. Wer ist alles schuld? Die Regierung, der Chef, die Nachbarn, der Partner... Alle anderen sind schuld, nur du nicht.

Frage einmal deine Kinder, wer für die schlechten Noten verantwortlich ist. Was erhältst du als Antwort? „Die Lehrkraft! Die hat komische Fragen gestellt. Außerdem kann sie nicht erklären." Ab und zu fällt die Schuld auf den Mitschüler: „Hätte der Max gelernt, hätte ich eine bessere Note geschrieben, Mama. Ehrlich!" Klar kennst du die Entschuldigung für schlechte Noten nur zu gut, da du sie als Schüler selbst benutzt hast. Lasse derartige Ausreden weder bei deinen Kindern noch bei dir gelten. Einige Lehrkräfte machen langweiligen Unterricht und erklären schlecht. Das ist jedoch kein entscheidender Grund dafür, eine schlechte Note zu schreiben. Hinzu kommt, dass dir der Unterricht vielleicht nicht gefällt, während deine Mitschüler total begeistert sind. Für deine Note bist du selbst verantwortlich, kein anderer. Immer wieder hast du mit Menschen zu tun, mit denen dir eine Zusammenarbeit schwer fällt. Dennoch bist du für die daraus resultierenden Ergebnisse verantwortlich. Genauso ist auch jeder für seine Note verantwortlich. Mache das dir und deinen Kindern klar.

Beispiel: Entschuldigungsschreiben

Meine Lebensgefährtin ist Gymnasiallehrerin. Was sie jeden Tag in der Schule erlebt, verschlägt mir regelmäßig die Sprache. Allein die Ausreden – ähm, ich meine natürlich Entschuldigungen - die Eltern ihren Kindern mitgeben, um sie vom Sportunterricht zu befreien, sind die Krönung: „Mein Kind hat sich an einem Blumentopf den Rücken verhoben." „Meine Tochter ist mit dem Fuß gegen ihren Turnbeutel gelaufen und hat sich den Zeh geprellt." „Meine Tochter kann aus biologischen Hinderungsgründen nicht am Schwimmunterricht teilnehmen." Sie erhielt tatsächlich diese Entschuldigungen. Ich frage mich, wie Leistungsschwimmerinnen mit den biologischen Hinderungsgründen umgehen. Können die deshalb mehrere Tage im Monat nicht trainieren? Was für ein Blödsinn. Die Eltern schreiben ihren Kindern Entschuldigungen für jede Kleinigkeit. Interessanterweise können genau diese Kinder plötzlich auf dem Schulhof Fußball spielen – Wunderheilung?

Du machst einen großen Fehler, wenn du deine Kinder in dieser Form unterstützt. Wie sollen Kinder und Jugendliche lernen, Eigenverantwortung zu übernehmen und später ihr Leben als Erwachsene eigenständig zu führen, wenn du ihre Ausreden unterstützt – am besten noch mit deiner Unterschrift?

Wer ist schuld, wenn du im Wettkampf schlecht abgeschnitten hast? Der Platz war schlecht präpariert. Der Wind hat dir die Tour vermiest. Die Zuschauer waren zu laut, beim nächsten Wettkampf waren sie zu leise. Der Trainer hat dich schlecht vorbereitet. Die Mitspieler haben die Bälle unpräzise zugepasst. Das Bett im Hotel war unbequem. Viele andere Sportler schaffen es, mit den Rahmenbedingungen fertig zu werden. Sie erzielen trotz Lärm, irgendwelcher Wetterkapriolen und teilweise sogar ohne Trainer Topleistungen.

Wer ist schuld, wenn du zu dick bist? Na, wer wohl? McDonalds, Burger King, der Pizzadienst, die Prinzenrolle und die Nüsse in Toffifee. Ist schon klar: Du wirst gezwungen, bei McDonalds zu essen. Du musst dort hingehen und sagen: „Bitte Menü XXL, supersize me!" Es ist allein deine Verantwortung, wenn du regelmäßig Fastfood isst und davon dick wirst. Du bist dick, weil du zu viel und häufig das Falsche isst und zu wenig oder keinen Sport treibst. Punkt! Ach nein, bei dir sind es die Gene, ich vergaß. Dann gehörst du zu einem Prozent der Bevölkerung – 1 von 100 –, bei dem Fettleibigkeit durch Probleme der Schilddrüse verursacht oder auf eine genetische Ursache zurückgeführt wird.

Wir machen gerne andere für unsere Fehler verantwortlich. Letztendlich bist aber immer du für deine Leistung und dein Leben verantwortlich und kein anderer.

Du übergibst anderen die Macht über dein Leben

Wenn du Trainer fragst: „Was erwartest du von deinen Sportlern?", dann antwortet dir jeder Trainer: „Ich brauche Sportler, die Verantwortung übernehmen – besonders in kritischen, spielentscheidenden Situationen." Wenn ich Unternehmenschefs treffe, erzählen die mir genau dasselbe: „Ich verlange von meinen Mitarbeitern, dass sie Verantwortung übernehmen." Doch wie sieht das Ganze in der Praxis aus - natürlich nicht bei dir, jedoch bei den anderen Menschen draußen in der freien Wildbahn? Dort wird die Verantwortung auf andere geschoben. Wer ist alles schuld? Der Chef ist schuld, die Mitarbeiter, die Schüler, die Kinder, die Sportler, die viele Arbeit, das Wetter. Was noch? Die Regierung, die Medien, der (T)Euro, die Finanzkrise, der kleine Bengel von nebenan. Und wenn dir die Argumente ausgehen, sind es die eigenen Erbanlagen: „Kreuzt du zwei Zwergponys, kommt dabei noch lange kein Rennpferd raus."

Alles und alle sind schuld. „Woher kommt das?" Mit großer Sicherheit aus unserer Kindheit. Die meisten Menschen bleiben ihr ganzes Leben lang Kinder, übergeben die Verantwortung für ihr Handeln und Scheitern anderen. Kinder erwarten, dass ihre Eltern die Probleme für sie lösen. Bei Kindern ist das noch ok. Viele Menschen bleiben jedoch ihr ganzes Leben lang Kinder, die meinen, die anderen wären für die Lösung ihrer Probleme verantwortlich. Wenn du jedoch die Verantwortung für dein Handeln und deine Ergebnisse anderen übergibst, gibst du diesen Menschen damit die Macht über dein Leben! Ich zeige dir das anhand eines persönlichen Erlebnisses.

Beispiel: Kinder und Verantwortung?!

Es ist bereits drei Jahre her. Ich besuche einen Freund und seine Familie. Er hat zwei süße Mädchen, die eine ist damals zwei, die andere vier Jahre alt. Vormittags sitzen wir draußen auf der Terrasse, die Sonne scheint. Plötzlich steht die Vierjährige vor ihrem Papa und sagt: „Papa, Pippi!" Er sagt: „Du, Schatz. Das kannst du doch schon selber. Zeig Matze mal, wie gut du das selbst hinbekommst." Sie darauf: „Schon erledigt." Und zeigt auf ihre Hose. Ab jetzt darf Papa entscheiden, ob er ins Handeln kommt oder sagt: „Mit Fleck und Gestank kann ich gut leben, Kind, wenn du andere Präferenzen hast, kümmere dich selbst drum." Nach dem Mittagessen gehen wir in einem Park spazieren. Die Kinder tollen umher, spielen Fangen. Plötzlich macht es „klatsch". Die Zweijährige liegt auf der Nase – ihr Kinn blutet. Eine Sirene hallt durch den gesamten Park, sie schreit wie am Spieß. Wie zwei Notärzte eilen Mama und Papa sofort zu ihr, ihre Kleine verarzten. Von Kindern sind wir solche Verhaltensweisen gewohnt. Das gehört zum Kindsein dazu. Oder kennst du andere Kinder? Sagen die: „Oh, ich blute. Mama, Papa, bitte ein Dreiecktuch und einen Wundverband selbstklebend, aber zackig." Hast du so ein Einzelstück, kette es an und rahme es dir ein - es ist eine Einzelerscheinung.

Bei meiner Arbeit erlebe ich immer wieder Erwachsene, die ihr Leben heute noch so führen wie damals als Kind. Ein Problem taucht auf: „Uää!" Sie schauen sich um und finden schnell jemanden, der schuld ist und sich drum kümmern soll: „Quark, der war's! Der soll's auch wieder gerade rücken." Sie erwarten, dass der Chef die Probleme löst oder die Regierung. Sie übernehmen niemals selbst die Verantwortung. Sie meinen oft, sie hätten sie übernommen, sie tun es jedoch nicht wirklich. Sobald du die Verantwortung an andere übergibst, gibst du auch die Macht über dein Leben an diese Menschen. Du bleibst dein gesamtes Leben lang eine Marionette, an deren Fäden gezogen wird – abhängig von anderen Menschen. Schneide die Fäden über dir endlich ab.

Sportler: Für Nationaltrainer Markus Weise ist die Eigenverantwortung seiner Hockeyspieler Grundvoraussetzung für den Erfolg: „Wir haben keine Profiliga, arbeiten fast ausschließlich mit Studenten. Maximal bist du während deiner Hockeyzeit Halbprofi, so dass du dein Studium gut finanzieren kannst, mehr ist in Deutschland nicht drin. Jeder Spieler trägt ein extrem hohes Maß an Eigenverantwortung. Vor allem im Bereich des Heimtrainings. ... Klar haben wir auch eine Vielzahl an Talenten, denen es an Eigenverantwortung fehlt. Die schaffen es nicht langfristig in den Kader, sondern fallen raus. Diejenigen, die selbstverantwortlich handeln, landen in der Mannschaft."

Übrigens kommen Hockeynationalspieler inklusive der Ligaspiele am Wochenende auf 20-25 Stunden reine Trainings- und Spielzeit pro Woche – alles neben dem Studium bzw. Job. Das alles bekommst du nur mit hoher Eigenverantwortung unter einen Hut.

Ohne ... fehlt uns die spielerische Klasse

Auch im Sport sind Ausreden eine schöne Möglichkeit, von sich selbst abzulenken und die Schuld bei anderen zu suchen.

Beispiel: Die fehlende Spielerin

Ich betreute einmal eine Frauen-Bundesliga-Mannschaft, bei der im ersten Drittel der Saison eine wichtige Spielerin verletzungsbedingt bis zum Ende der Saison ausfiel. Selbst ohne diese Spielerin hatte die Mannschaft ein riesiges Potenzial in ihren Reihen, das es ihr erlaubt hätte, den Ausfall zu kompensieren. Die Mannschaft hätte locker um die ersten vier Plätze mitspielen können. Direkt nach der Verletzung gingen jedoch die Ausreden los: „Ohne ... können wir das angestrebte Saisonziel nicht mehr erreichen. Wir haben keinen adäquaten Ersatz. Wer soll jetzt die Tore machen?" Wenn ein Spiel gegen eine Mannschaft unentschieden ausging oder verloren wurde, das sie locker hätten gewinnen können, hieß es: „Ohne ... fehlt uns einfach die spielerische Klasse. Das Ergebnis geht so in Ordnung."

Es war wirklich schade mit anzusehen, wie die Ausreden dafür sorgten, dass Punkt für Punkt verschenkt wurde. Es ist schön einfach, wenn die Schuldige gefunden ist. Jede andere im Team kann sich zurücklehnen und den schwarzen Peter abgeben, wenn es einmal schlecht läuft. Diese Situation war die Chance für die Mannschaft gewesen, auf den Platz zu gehen und zu sagen: „So, jetzt zeigen wir es allen – dem Trainerstab, dem Management, den Fans, den Sponsoren und vor allem uns selbst – dass wir ohne sie mindestens genauso gut sind, wenn nicht sogar besser." Die Chance war da, auch das Potenzial, es wurde leider verschenkt.

Oft verlässt du dich zu sehr auf andere und machst diese für deine Situation verantwortlich, wenn es schief geht. Gerade im Sport erlebe ich es ständig, dass sich viele in den entscheidenden Situationen aus dem Staub machen und die Verantwortung abgeben – sich schnellstmöglich vom Ball trennen nach dem Motto: „Bloß nicht ich. Das soll lieber unser Kapitän regeln."

Dein Leben sieht so aus, wie du es haben wolltest!

Gleichgültig, wie der Istzustand in deinem Leben aktuell aussieht – finanziell, geschäftlich, beruflich, sportlich, gesundheitlich, beziehungstechnisch. Die nackte Wahrheit für dein Leben lautet: Dein Leben sieht heute genau so aus, wie du es haben wolltest. Durch deine Gedanken und dein Handeln hast du dafür gesorgt, was du heute bist, tust und hast.

Im Laufe deines Lebens verdienst du 10.000, 20.000, 50.000, 100.000, 150.000 Euro pro Jahr – oder auch mehr. Bitte mache dir Folgendes klar: Die Menge Geld, die du verdienst, ist die Menge, die du beschlossen hast, zu verdienen. Du hast dich so entschieden. Als ich das früher zum ersten Mal hörte, habe ich genauso reagiert wie du jetzt: „Das ist doch Schwachsinn. Ich habe mir doch nicht ausgesucht, was ich verdiene. Wenn ich könnte, würde ich mehr verdienen." Natürlich passiert das auf der unbewussten Ebene, nicht bewusst. Natürlich sagst du nicht Dinge wie: „Ich will Schüler, die mir den letzten Nerv rauben." „Ich will krank sein." „Ich will schlechte Leistungen bringen." Das sagst du alles nicht. Auf einer unbewussten Ebene bist du jedoch dafür verantwortlich. Auf einer unbewussten Ebene ziehst du die Dinge an. Du hast es für dich entschieden. Das entscheidest du durch die Dinge, die du täglich tust, und durch die Dinge, die du nicht tust.

Sieh der Realität ins Auge. Dein Leben sieht heute genau so aus, wie du es (unbewusst) haben wolltest. Du führst eine Beziehung mit einem Partner, der dich von vorne bis hinten belügt oder dich auf Händen trägt. Du hast Freunde, die dir das Geld aus der Tasche ziehen und Blödsinn machen. Oder du hast Freunde, die sich selbst nachts um 3 Uhr ins Auto setzen, wenn du auf der Autobahn liegen geblieben bist. Du sitzt täglich dreieinhalb Stunden vor der Glotze oder der Spielekonsole, anstatt dich weiterzubilden und Seminare zu besuchen. Du liest täglich Klatsch und Tratsch anstatt Fachliteratur und Biographien. Du hast dir in den letzten Jahren durch Fastfood und Zucker den Pommesfriedhof im Bauchraum angefuttert oder dir mit ausgewogener Ernährung und Sport einen Waschbrettbauch antrainiert. Du gibst täglich dein Geld mit vollen Händen aus oder sparst für deine Rente.

Durch diese Dinge hast du entschieden, welche Gedanken in deinen Kopf gelangen und was diese Gedanken aus dir machen. Alle deine Entscheidungen haben dazu geführt, dass du heute genau dort bist, wo du aktuell stehst. Du bist zu 100 % dafür verantwortlich, was du heute bist, tust und hast. Warum? Deine Gedanken bestimmen deine Entscheidungen. Deine Entscheidungen bestimmen deine Handlungen. Deine Handlungen bestimmen deine Ergebnisse.

- Welche Erkenntnisse ziehst du aus diesen Aussagen?

Du bist verantwortlich – Sei Gestalter anstatt Opfer

Das Gegenteil von Ausrede ist also: „Verantwortung". Übernimm Verantwortung für dein Leben. Was das bedeutet, erkennst du, wenn du dir das Wort ein wenig näher anschaust. Die Lösung steckt direkt im Wort selbst. „Ver-Antwort-ung" übernehmen heißt nichts anderes als: „Ich habe eine Antwort auf das, was mir passiert. Ich bin nicht Opfer einer Situation und nutze eine Ausrede, sondern bin Gestalter der Situation und übernehme Verantwortung." Es gibt immer nur diese zwei Entscheidungsmöglichkeiten. Was glaubst du, ist die häufigere? Klar. Die Opfervariante. Diese Welt ist voller Opfer. Schau dich einmal um. Die ganze Welt ist voller Opfer.

Ich arbeite immer wieder mit Unternehmen zusammen, die ihren Sitz in strukturschwachen Regionen haben. Die wirtschaftliche Lage ist dort schlechter als im Bundesdurchschnitt. Von den Mitarbeitern kommen anfangs dieselben Ausreden: „Ja, ich würde ja gerne. Nur schaue dir mal die Marktlage an. Die Kunden haben einfach nicht das Geld."

Ich stelle dann folgende Frage:

- „Gibt es wenigstens ein Unternehmen, das dieselben Bedingungen hat wie ihr und daraus etwas macht?"

Wenn sich die Mitarbeiter einmal umhören, finden sie immer mindestens ein Unternehmen, das dieselben Bedingungen hat – oder sogar noch schlechtere Bedingungen – und etwas daraus macht.

- „Wieso schafft es das andere Unternehmen und ihr nicht?"

Wenn du Schüler hast, die dir den letzten Nerv rauben:

- „Gibt es wenigstens einen Lehrer, der dieselben Schüler wie du unterrichtet und mit ihnen gut zurechtkommt? Wieso schafft er es und du nicht?"

Ich weiß: es liegt am Fach, das er unterrichtet oder an der Uhrzeit, wann dieser Lehrer in der Klasse Unterricht hat oder, oder, oder. Lass die Ausreden! Übernimm Verantwortung.

Wenn du mit deiner gesundheitlichen Situation unzufrieden bist, z.B. 20 kg Übergewicht hast, frage dich:

- „Gibt es Menschen, die mindestens genauso dick waren und es geschafft haben abzunehmen?"

Sicher gibt es nicht nur einen, sondern tausende. Klar kannst du sagen: „Die hatten bessere Gene. Die hatten mehr Geld…." Du findest immer eine Ausrede, warum es bei den anderen geht und bei dir scheitert. Inwieweit ist dir damit geholfen? Welchen Gefallen tust du dir selbst damit, wenn du immer den einfachsten Weg gehst, um das Opfer zu sein?

Alles in deinem Leben wird besser, wenn du besser wirst. Werde zum Gestalter deines Lebens.

Lass das Quaken, plane deinen Weg aus dem Quark!

- Macht dich dein Quaken wirklich glücklich und erfolgreich?

Solange du weiter quakst, was alles in deinem Leben falsch läuft, verbessert sich rein gar nichts. Stattdessen verschlimmert dein Quaken das Problem zusätzlich und verlängert es. Du wirst dein Problem niemals lösen können, solange du darüber quakst. Wenn du gerne lächelst, überlege einmal für dich, ob du schon einmal jemanden kennengelernt hast, der beim Quaken lächelt? Sicher kennst du niemanden.

Was bringt dich stattdessen weiter und den Dingen näher, die du erreichen willst? Richtig, ein Plan zur Lösung deiner Probleme. Besitzt du einen Plan, fühlst du dich sofort energiegeladener, glücklicher und selbstbewusster. Ab diesem Zeitpunkt geht es in deinem Leben voran, denn du siehst einen Weg, wie du es schaffen kannst. Du hast die Wahl:

- Willst du weiter quaken und im Quark stecken bleiben?
- Oder entwirfst du einen Plan, um dorthin zu gelangen, was du erreichen willst?

Ein Zentralsatz der Persönlichkeitspsychologie lautet: „Nichts verbessert sich, außer ich verbessere mich!"

Diese Erkenntnis ist grundentscheidend, damit sich zukünftig vieles in deinem Leben verbessert:

DU BIST VERANTWORTLICH!

Jeder Mensch hat Probleme. Du erinnerst dich, dass Pro-bleme etwas Positives sind, denn sie sind für dich gemacht. Ich weiß, dass du das im ersten Moment nur schwer wahrhaben willst – was ich nachvollziehen kann. Wenn du Kurzarbeit leistest oder entlassen wirst, aus dem Verein fliegst, in der Schule sitzen bleibst, deine Schüler, Mitarbeiter oder Sportler Stress machen, deine Beziehung den Bach hinuntergeht, deine Gesundheit verrückt spielt – dann verstehe ich natürlich, dass du nicht sagst: „Eh, cool. Jetzt habe ich ein Problem und das ist gut so." Dinge passieren, auch Gewinner erleben unerfreuliche Situationen. Für verschiedene Entwicklungen und Bedingungen trifft dich keine Schuld. Du kannst dir die Bedingungen nicht immer aussuchen und beeinflussen, in denen du dich gerade befindest. Du kannst dir die Bedingungen, unter denen du arbeitest, nicht immer aussuchen. Eins kannst du dir jedoch immer aussuchen: wie du darauf reagierst und wie du mit diesen Bedingungen umgehst. Dafür trägst du die volle Verantwortung. Entweder quakst du weiter wie bisher oder du nimmst dein Leben in die Hand und startest mit einem Plan deinen Weg aus dem Quark.

Übernimm zukünftig die volle Verantwortung für dein Leben. Wenn du das für dich kapierst und dir sagst: „ICH BIN VERANTWORTLICH", dann ist das der Wendepunkt in deinem Leben. Dann hörst du endlich auf damit, nach Ausreden zu suchen, anderen die Schuld für deine Probleme in die Schuhe zu schieben, andere zu kritisieren und dich zu beschweren. Fasse den Entschluss, etwas anders zu machen.

Übung: Verantwortung

Gehe zum nächsten Spiegel, schaue dir tief in die Augen - das erhöht die Wirkung der Übung - und sage es dir jetzt selbst laut ins Gesicht. Sage zu dir:

„ICH BIN VERANTWORTLICH! Ich übernehme die volle Verantwortung für mein Leben"

Selbstverständlich dürfen dich andere unterstützen, wenn du ein Problem hast. Nur bist du letztendlich dafür selbst verantwortlich – du allein. Laotse sagte damals: „Verantwortlich bist du nicht nur für das, was du tust, sondern auch für das, was du nicht tust."

Sportler: Auch im Frauenfußball ist Erfolg nur mit einer hohen Eigenverantwortung möglich. Britta Carlson, u.a. Botschafterin für die Frauenfußball-Weltmeisterschaft in Deutschland 2011 und Co-Trainerin bei den Fußball-Frauen des VFL Wolfsburg, sagt: „Die Selbstverantwortung hat zugenommen. Früher wurde zwei Mal die Woche trainiert. Heute wird bereits allein sechs bis sieben Mal mit der Mannschaft trainiert. Trotzdem haben die Spielerinnen darüber hinaus individuell an sich zu arbeiten. Im Frauenfußball ist noch viel möglich, um besser zu werden. Das ist besonders eine Mentalitätsfrage. Einige Spielerinnen muss ich bremsen, dass sie nicht zu viel machen und sich auch mal regenerieren. Andere muss ich anstacheln, an sich zu arbeiten. Wenn es dann bei so einer Spielerin nicht irgendwann „Klick" macht, bleibt sie stehen. Die wird es früher oder später spüren, denn Talent allein reicht in der Fußball-Bundesliga der Frauen nicht aus, um es bis an die Spitze zu schaffen."

Halte vertraglich fest, dass du Verantwortung übernimmst

Wenn du wirklich Verantwortung für dein Leben übernehmen willst, setze einen Vertrag auf. Schreibe dort folgendes auf:

„Ab heute übernehme ich, [Name], die volle Verantwortung für mein Leben."

Schreibe auch auf, was du tust, wenn du dich wieder einmal dabei erwischst, anderen Menschen oder den Umständen die Schuld für deine Situation zu geben. Du kannst z.B. einen dreistelligen Geldbetrag für einen guten Zweck spenden, für eine Hilfsorganisation, für das Sparschwein deiner Kinder. Die

Konsequenz sollte schmerzen. Schreibe das Datum des heutigen Tages darunter und unterschreibe diesen Vertrag.

Wenn du anfangs ein komisches Gefühl dabei hast, das zu unterschreiben, ist das normal. Du übernimmst ab heute immerhin die Verantwortung für dein Leben – privat wie beruflich. Wenn du nicht bereit bist, für deine Träume, dein Handeln und dein Nicht-Handeln Verantwortung zu übernehmen, dann wirst du niemals glücklich sein können. Dass ist letztlich das Ziel, um das es geht. Dass du glücklich bist und das Beste aus deinem Leben machst.

Deine einzig schlechte Entscheidung – Keine Entscheidung!

Beispiel: Die Schiedsrichterentscheidung

Du sitzt Mittwochabend vor dem Fernseher. Bayern München spielt im Hinspiel des Champions League Viertelfinales zu Hause gegen den AC Florenz. Es ist die 89 Minute, nur noch wenige Minuten zu spielen. Es steht 1:1, Bayern drängt, will unbedingt das zweite Tor. Und tatsächlich, Miro Klose bekommt seinen Kopf an den Ball und köpft ins Tor. Der Schiedsrichter entscheidet – Toooor, Tooor. Damit gewinnt Bayern München das Spiel 2:1. Du denkst dir: „Eh, ist der Schiri blind? Hat der Tomaten auf den Augen? Klose stand meterweit im Abseits, das war niemals ein Tor." Jeder hat's gesehen. Nur der Schiedsrichter und der Linienrichter nicht. Es war eine klare Fehlentscheidung. Doch die Entscheidung steht, ist unwiderruflich! Getroffen ist getroffen.

So und schlimmer wie in diesem Beispiel habe ich selbst früher vor dem Bildschirm gesessen und gehörte zu den gut 80 Millionen selbsternannten Fußballexperten, die wir allein in Deutschland sind und die Schiedsrichter gerne auf den Mond befördern.

2008 bei einem Vortrag vom ehemaligen Weltklasse-Fußball-Schiedsrichter Urs Meier lernte ich zum ersten Mal die Sicht des Schiedsrichters kennen und war gleichzeitig erschrocken und beeindruckt. Seitdem ist mir bewusst, was es bedeutet, Schiedsrichter zu sein und welcher enorme Druck und welche hohe Verantwortung mit dieser Tätigkeit verbunden sind. Seither genießen Schiedsrichter bei mir den größten Respekt.

Was glaubst du, wie viele Entscheidungen ein Schiedsrichter pro Fußballspiel trifft? Gib einfach mal einen Tipp ab, wenigstens die Größenordnung.
100? 500? 1.000? Lies erst weiter, nachdem du einen Tipp abgegeben hast.

Es sind ca. 120-150 sichtbare Entscheidungen, die durch seinen Pfiff oder
eine Geste signalisiert werden – wie das Geben des Tors zum 2:1 des FC Bayern München gegen den AC Florenz. Ebenso viele Entscheidungen laufen
jedoch unsichtbar ab, wenn sich zum Beispiel zwei Spieler gegenseitig festhalten, um ein Weiterspielen zu unterbinden. So kommen Schiedsrichter
auf eine Zahl von ca. 250 – 300 Entscheidungen und dies in ca. 52,4 Minuten (WM-Schnitt 2002) durchschnittlicher Spielzeit. Das sind fünf bis sechs
Entscheidungen pro Minute!!

Ein Schiedsrichter kann in diesem Moment nicht wie du bei deinen alltäglichen Entscheidungen gemütlich mit Ruhepuls vom Schreibtisch aus entscheiden. Er hat auch keineswegs Tage, Stunden oder Minuten Zeit, über
eine Entscheidung nachzudenken. Ein Schiedsrichter entscheidet in Sekundenbruchteilen über eine Situation, teilweise bei einer Herzfrequenz von 170
Schlägen pro Minute und mehr. Er kann die Spielszene nur direkt in dem
Moment bewerten und darüber entscheiden, wenn sie live passiert – in
Echtzeit. Er hat keine Chance, seine Entscheidung abzuwägen. Zu Hause
hast du sieben Kameraperspektiven und unzählige Wiederholungen, dazu
noch in Zeitlupe, die dir zeigen, inwieweit die Entscheidung des Schiedsrichters richtig war oder falsch.

Der Schiedsrichter kann sich vor keiner Entscheidung drücken – Augen zu,
wegdrehen, Kopf in den Rasen stecken oder gar einen Spieler fragen: „Du,
sag mal. Hast du einen Tipp für mich?". Er hat die Verantwortung, schnell
und entschlossen zu handeln – pfeifen und sofort entscheiden. Er hat zu
interpretieren: Tor oder kein Tor, Foul oder kein Foul, Elfmeter oder
Schwalbe? Halbe Tore oder halbe gelbe Karten gibt's nicht. Im Alltag kannst
du halbe Entscheidungen treffen nach dem Motto: „Gehe ich eine Stunde
Laufen oder mache ich keinen Sport? Naja, für eine Stunde Laufen habe ich
keine Zeit, aber 40 Minuten sind drin."

Außerdem hat der Schiedsrichter nur eine begrenzte Menge an Informationen zur Verfügung. Er kann die Situation nur aus seiner Perspektive entscheiden, also nur aufgrund dessen, was er selber sieht und was ihm seine

Linienrichter mitteilen. Er hat nur ein eingeschränktes Sichtfeld und hat dennoch das gesamte Spielfeld mit allen Spielern im Auge zu behalten, da sich auch Szenen ohne Ball abspielen – Stichwort Versteckte Fouls. Im Alltag kannst du dir heute allein über das Internet eine unglaubliche Fülle an Informationen über einen Sachverhalt einholen, die dir die anschließende Entscheidung erleichtern.

Der Schiedsrichter weiß genau, dass eine Fehlentscheidung das Spiel entscheiden, seine Leistung zunichte machen und ihn am Folgetag als Buhmann in sämtlichen Medien darstehen lassen kann. Im schlimmsten Fall kostet ihn die Fehlentscheidung seine Karriere. Der Schiedsrichter steht das gesamte Spiel hindurch unter extremsten Druck und ständiger Beobachtung – durch Spieler, Trainer, Medien, Fans im Stadion und Fernsehzuschauer. Gleichgültig, welche Entscheidung er trifft, er hat immer Gegner, denen seine Entscheidung missfällt und die sie anzweifeln.

Und, würdest du auch gerne einmal ein Fußballspiel wie das Finale der Champions League 2010 zwischen Bayern München und Inter Mailand pfeifen? 74.000 Zuschauer allein im Bernabeu Fußballstadion in Madrid und über 100 Millionen Fernsehzuschauer waren am 22. Mai 2010 live dabei. Alle hatten Augen für den Schiedsrichter. Entscheide dich, jetzt!

Soll ich oder soll ich nicht?

„Soll ich oder soll ich nicht?" Entscheidungen umfassen immer mindestens zwei Alternativen: für oder gegen etwas. Du zermürbst dir den Kopf, weil du eine Entscheidung zu treffen hast, du schiebst sie endlos auf, bis du am Ende keine Entscheidung triffst und doch alles beim Alten lässt. Warum? Weil du Angst hast, Entscheidungen zu treffen. Gleichzeitig bist du unzufrieden mit dir, es nagt an deinem Selbstvertrauen, dass du keine Entscheidung getroffen hast.

Andererseits hast du durchschnittlich bis zu 10.000 spontane Entscheidungen täglich zu treffen – kleine und große, alltägliche und bedeutende, die dein weiteres Leben oder das Leben anderer massiv beeinflussen können. Das beginnt schon beim Aufwachen: „Soll ich liegenbleiben oder aufstehen? Soll ich arbeiten gehen oder nicht? Dusche ich oder wasche ich mich kurz? Schmiere ich Marmelade oder Wurst aufs Brötchen?" Das setzt sich über den ganzen Tag fort: „Bitte ich den Chef um eine Gehaltserhöhung? Entlasse ich Mitarbeiter? Trenne ich mich von meinem Partner?" Und endet letztlich beim Schlafengehen: „Lese ich noch oder mache ich gleich das Licht aus?" Du siehst: Viele kleine Entscheidungen triffst du unbewusst, speziell große Entscheidungen bewusst. Alle haben Auswirkungen auf dein zukünftiges Leben.

Die Alternative wäre ein Leben, in dem andere die Entscheidungen für dich treffen. Du erinnerst dich an deine Kindheit? Mama und Papa sagten dir, wo es lang geht. Vielleicht haben sie dich sogar in Watte gepackt und dich nie etwas selbst entscheiden lassen.

- Wie gefiel dir das damals, dass Mama und Papa alle Entscheidungen trafen? Willst du das dein Leben lang, dass andere für dich entscheiden?

Wenn du dein Recht auf freie Entscheidungen abgibst, dann entscheiden andere für dich. Dein Leben wird zum Zuschauersport. Du siehst – auf der Ersatzbank sitzend – einem Spiel zu, das von anderen gespielt wird, jedoch über dein Leben und deine Ergebnisse entscheidet. Du darfst dann damit leben, dass einige Entscheidungen nicht in deinem Sinne getroffen werden. Dein Leben braucht kein Zuschauersport zu sein. Du kannst dich selbst einwechseln. Dann bist du der Kapitän und kannst das Spiel selbst steuern. Trotzdem darfst du dir Tipps holen oder einen Vorschlag von anderen – deinen „Mitspielern" – annehmen. Ein glückliches Leben kannst du nur führen, wenn du die volle Verantwortung für dein Leben übernimmst.

Entscheidungen können richtig oder falsch sein. Es sind jedoch niemals die falschen Entscheidungen, die für dein Leben entscheidend sind und wirklich negative Auswirkungen auf dein Leben haben. Jeder Mensch macht Fehler.

Es gibt tatsächlich nur eine wirklich schlechte Entscheidung, die du in deinem Leben treffen kannst – keine Entscheidung!

Auch keine Entscheidung ist eine Entscheidung und hat Konsequenzen. Die fehlende Entscheidung ist am schlimmsten. Erinnere dich einmal an Situationen, die dich in deiner Entwicklung gebremst haben. In diesen hast du in der Regel keine Entscheidungen getroffen. Dein Handeln und Nichthandeln haben ihren Preis, den du zu zahlen hast.

> „Es ist besser, unvollkommene Entscheidungen zu treffen,
> als ständig nach vollkommenen Entscheidungen zu suchen,
> die es niemals geben wird."
> Charles de Gaulle

Alles, was du heute bist, ist letzten Endes darauf zurück zu führen, wofür oder wogegen du dich entschieden hast. Du hast dich entschieden für deinen Schulabschluss, deine Ausbildung bzw. dein Studium, deinen Beruf, deinen Partner, deinen Sport, deinen Wohnort, dein Haus/deine Wohnung, deine Hobbys.

Die Entscheidungen, die du triffst, bestimmen den Verlauf und die Qualität deines Lebens. Deine zukünftige Lebensqualität ist demzufolge abhängig von den Entscheidungen, die du heute triffst.

Du hast die Möglichkeit, etwas Großes aus deinem Leben zu machen, wenn du dich dafür entscheidest. Oder du mutierst zu jenem sprichwörtlichen Kaninchen, das vor der Schlange erstarrt. In verschiedenen Situationen bist du handlungsunfähig und nicht mehr in der Lage, Entscheidungen zu treffen. Du bist arbeitslos, triffst jedoch keine Entscheidungen, an einen neuen Job zu gelangen. Du bist unzufrieden mit deiner Arbeit, triffst jedoch keine Entscheidung, um diesen Zustand zu verbessern. Du bist unglücklich in deiner Beziehung, triffst jedoch keine Entscheidung, diesen negativen Zustand in einen positiven zu verwandeln. Und was ist der Grund dafür, dass du keine Entscheidungen triffst? Ganz einfach: du hast Angst davor, es könnte eine Fehlentscheidung sein, die eine Menge Nachteile mit sich bringt.

Wenn du Angst vor Entscheidungen hast, ist es wichtig, dass du beide Alternativen bewertest – die Entscheidung für und gegen eine Sache:

- Was könnte sich in meinem Leben verbessern, wenn ich mich dafür entscheide?
- Was könnte sich verschlechtern, wenn ich mich dafür entscheide?
- Wie könnte mein Leben aussehen, wenn sich herausstellt, dass ich mich falsch entschieden habe?
- Wie könnte ich damit leben?

Beispiel: Die Kreuzung

Ist es wirklich von Nachteil, eine Fehlentscheidung zu treffen? Stell dir vor, du stehst an einer Kreuzung und kannst links oder rechts abbiegen. Du hast nun drei Möglichkeiten, wie du dich entscheiden kannst:
1. Du biegst links ab!
2. Du biegst rechts ab!

3. Du gehst weder links noch rechts!

Wählst du Möglichkeit drei, weil du Angst hast, den falschen Weg zu gehen, bleibst du für immer an der Kreuzung stehen, außer du kehrst um. Du wirst dein Ziel im Leben niemals erreichen. Stillstand, Frust und Depression sind die Folge.

Eine falsche Entscheidung zu treffen, ist immer besser, als keine Entscheidung zu treffen.

Entscheidest du dich, links abzubiegen, und stellst am Ende fest, dass es der falsche Weg war, bist du natürlich im ersten Moment enttäuscht und bereust deine Entscheidung. Du hast jedoch eine Erfahrung gemacht – gut, es war eine negative Erfahrung. Sie war vielleicht schmerzhaft. Du hast jedoch die Chance, jetzt oder zu einem späteren Zeitpunkt wieder an diese Kreuzung zurückzukehren. Nun weißt du sofort, dass rechts der richtige Weg zu deinem Glück ist. Hättest du keine Entscheidung getroffen, hättest du niemals den Weg zum Glück gefunden. So hat es jetzt nur etwas länger gedauert.

Eine Fehlentscheidung bringt im ersten Moment häufig Nachteile mit sich. Durch deine so gewonnene Erfahrung profitierst du jedoch auf Dauer davon. Entscheidungen zu treffen ist auf jeden Fall immer die richtige Entscheidung. Entwickle eine entscheidungsfreudige Grundeinstellung. Je mehr Erfahrungen du im Leben sammelst, desto erfolgreicher wirst du sein.

Es gibt keine Fehlentscheidungen, sondern nur Entscheidungen, aus denen positive oder negative Ergebnisse resultieren. Mit jedem Ergebnis gewinnst du an Erfahrung und entwickelst dich weiter. Dein Können und deine Fähigkeiten sind das Ergebnis deiner Erfahrungen – sowohl positiver als auch negativer Erfahrungen. Je mehr Entscheidungen du triffst, desto leichter fällt es in dir in Zukunft, bessere Entscheidungen zu treffen.

Jede Entscheidung bringt Erfahrung. Jede Erfahrung ermöglicht zukünftig bessere Entscheidungen. Bessere Entscheidungen bringen mehr Erfolg. Mehr Erfolg bedeutet mehr Glück.

Um deinen Entscheidungsmuskel zu trainieren, empfehle ich dir das Buch von Urs Meier „Du bist die Entscheidung!". Urs sagt: „So wie du lesen und schreiben gelernt hast, so kannst du auch lernen, Entscheidungen schnell und entschlossen zu treffen." Sein Buch ist eine kurzweilige Trainingshilfe mit einer Fülle inspirierender Gedanken und spannender Geschichten.

Urs Meier beschreibt in fünf Kapiteln mit jeweils zehn Anregungen, worauf es beim Entscheiden ankommt:[39]

1. auf dein Gefühl („Gefühl und Intuition sind wesentlich für die schnelle Einschätzung von Situationen.")

2. auf deinen Verstand („Das eigene Leben kannst und solltest du über das Setzen der richtigen Ziele gestalten.")

3. auf deine Erfahrungen („Fehler zu machen, ist keine Schande, sondern eine absolut notwendige und nützliche Erfahrung.")

4. auf deinen Mut („In vielen Fällen ist dein größter Hemmschuh die Angst.")

5. auf dein „Ich" („Tue, was du für richtig hältst, wenn es auf Basis einer ehrlichen, ungeschminkten Analyse deiner selbst und deiner Situation geschieht.")

Interview Urs Meier – Entscheidung

Rechte: Urs Meier

---

39 Meier, Urs. Du bist die Entscheidung. Schnell und entschlossen handeln. Scherz/S. Fischer. Frankfurt, 2008.

Ob als erfolgreicher Geschäftsmann, im Stadion vor über 60.000 Zuschauern, vor Millionen selbsternannter Experten an den Bildschirmen, als Berater der FIFA, der UEFA oder als Kommentator des ZDF – Urs Meier weiß, was es heißt, tagtäglich mit enormem Druck umzugehen. Zu den Besten der Welt gehörend bewies er in fast 900 Profispielen als Unparteiischer, wie man komplexe Situationen analysiert und in Sekundenbruchteilen eine Entscheidung fällt. Gemeinsam mit Johannes B. Kerner und Jürgen Klopp moderierte er die WM 2006 und die EM 2008 im ZDF und erhielt 2006 dafür den Deutschen Fernsehpreis. Heute ist Urs Meier gefragter Vortragsredner u.a. zum Thema Entscheidungsfindung.[40]

Matthias: Was war deine Motivation, Schiedsrichter zu werden?

Urs: Die Hauptmotivation, vielmehr mein Traum war, einmal im Giuseppe-Meazza-Stadion in Mailand auflaufen zu dürfen. Bei meinem ersten Schiedsrichterlehrgang 1977 hatte ich einen Fragebogen erhalten, in dem es hieß: „Was ist dein Ziel?" Da habe ich hingeschrieben: „An der Weltmeisterschaft 1998 als Schiedsrichter tätig sein." Ich habe beides erreicht.

Matthias: Wie gehst du persönlich mit Fehlern um?

Urs: Ich habe in meiner Karriere viele Fehler gemacht, auch spielentscheidende. Wenn du eine Situation entschieden hast und die Entscheidung war im Nachhinein falsch, dann ist es wichtig, dass du anschließend ehrlich zugibst, dass du falsch gelegen hast.

Es gab einen Moment am Anfang meiner Karriere, wo ich schwach wurde. In der Schweiz pfiff ich ein Pokalspiel und gab auf Druck der Zuschauer fälschlicherweise einen Elfmeter. Das hat mich lange belastet. Das war ein entscheidender Moment in meiner Karriere, in dem ich mir gesagt habe: „Das will ich nie mehr erleben." Doch hat mir dieses Erlebnis den richtigen Weg für meine Karriere gewiesen.

Ich habe in meiner weiteren Karriere immer die Ehrlichkeit gehabt. Deshalb konnte ich mit Fehlern gut umgehen und sie schnell abhaken. Ich habe mich gefragt: „Warum hast du diesen Fehler gemacht? Was hättest du besser machen können? Hättest du besser stehen können? War deine Optik nicht gut

---

40 Mehr Infos zu Urs unter www.ursmeier.ch.

oder deine Kondition? Was war dafür verantwortlich?" Mir war immer wichtig, dass ich einen Fehler so kein zweites Mal mache.

Matthias: Wie hast du gelernt, konsequent Entscheidungen zu treffen und dazu zu stehen – innerhalb von Sekundenbruchteilen?

Urs: Als Schiedsrichter habe ich es vor allem auf dem Platz gelernt, konsequent Entscheidungen zu treffen. Entscheiden kannst du lernen – indem du es einfach tust. Learning by doing ist ganz wichtig. Je mehr ich es gemacht habe, desto einfacher wurde es. Das Zusammenspiel von Wissen, Erfahrung, Gefühl und Mut sind wichtig. Und vor allem nicht immer über alles nachzudenken. Man muss nicht immer zuerst den Kopf einschalten, um eine Entscheidung zu treffen. Ein spanischer UEFA-Beobachter sagte zu mir: „Dein Vorteil, warum du so gut pfeifst, ist, dass du nicht überlegst." Das stimmt tatsächlich. Ich habe nie überlegt, was meine Entscheidung mit sich bringt nach dem Motto: „Ist der Spieler für das nächste Spiel gesperrt, wenn ich ihn verwarne?" Ich habe entschieden, dass es ein grobes Foul war und dass er somit eine gelbe Karte verdient. Wenn du dir sagst: „Soll ich wirklich?", ist es bereits zu spät. Du musst in dem Moment sofort entscheiden.

Matthias: Sollen Entscheidungen nach dem Verstand oder aus dem Bauch heraus – also dem Gefühl nach – getroffen werden?

Urs: Bei den meisten Entscheidungen sind Bauchentscheidungen besser. Wenn du den Kopf einschaltest, lange bewertest, kommst du irgendwann auf die Entscheidung zurück, die du aus dem Bauch heraus auch getroffen hättest.

Matthias: Wie wichtig sind Erfahrungen, um gute Entscheidungen treffen zu können?

Urs: Erfahrungen sind etwas, was den Rucksack füllt. Wenn du auf die ganz hohen Berge willst, brauchst du einen gut gefüllten Rücksack. Das sind die Erfahrungen, die dir helfen.

Love it, improve it or leave it

"Love it, change it or leave it!" Du hast diesen Satz vielleicht schon einmal gehört. Da du das Wort „Veränderung" zu Beginn dieses Buches aus deinem Wortschatz weitestgehend verbannt hast, gilt dasselbe auch für das englische Wort „change". Deshalb habe ich diesen Satz abgewandelt:

Love it, improve it oder leave it!

> **Übung: Der Spiegeltest**
> Vergleiche beim Sprechen der beiden Worte "change" und "improvement" einmal deine Gesichtszüge. Du stellst schnell fest, dass du bei „Improvement" ein Lächeln im Gesicht hast. Gehe kurz zum Spiegel und teste es aus.

Du hast drei Möglichkeiten, wie du auf Situationen reagieren kannst: Ist soweit alles in Ordnung, dann liebe sie. Gibt es etwas zu verbessern, dann verbessere sie. Ist die Situation dagegen aussichtslos und lässt sich nichts verbessern, dann verlasse die Situation und starte etwas Neues. Setze dann deine wertvolle Energie besser woanders ein.

Love it: Liebe die Dinge so wie sie sind. Bist du im Großen und Ganzen – also mehrheitlich – mit deiner aktuellen Situation in einem bestimmten Bereich glücklich, dann genieße sie. Es gibt nichts Perfektes in deinem Leben. Du bist nicht perfekt, dein Partner nicht, deine Kinder nicht, andere Menschen auch nicht, deine Gesundheit nicht, dein Beruf nicht, die Firma nicht. Es gibt immer zwei Seiten einer Medaille – eine gute und eine schlechte. Bist du auf der Suche nach etwas Perfektem, wirst du enttäuscht. Kleinigkeiten findest du immer, an denen du etwas aussetzen kannst.

Dein Partner hat seine Stärken und seine Schwächen – wie du übrigens auch. So hat dein Partner dir gegenüber Toleranz zu zeigen und dasselbe gilt für dich, damit die Beziehung funktioniert. „Love it" bedeutet jedoch nicht, deinen Partner trotz seiner Schwächen zu lieben. Wenn du jemanden trotz seiner Schwächen liebst, treten seine Schwächen immer stärker in den Vordergrund und überdecken die Stärken. Deshalb liebe einen Menschen auch wegen seiner Schwächen.

Liebe das, was du tust, was du bist und was du hast – mit allen Schwächen, denn nichts ist perfekt. Perfektion weckt Aggression.

- Welche Erkenntnis ziehst du aus diesem Ansatz?
- Kannst du deine aktuelle Situation lieben wie sie ist? (mehrheitlich)

Improve it: Kannst du deine Lebenssituation nicht so lieben, wie sie ist, dann handle. Verbessere die Dinge, die falsch laufen. Arbeite an den Aspekten deiner Beziehungen, deiner Arbeit, deiner Gesundheit, deiner Persönlichkeit, die du verbessern kannst.

Achtung: Hast du schon einmal daran gearbeitet, deinen Partner oder eine andere Person zu verbessern bzw. umzuerziehen? Wenn ja, wie erfolgreich war das Ganze? Es kann klappen – u.a. abhängig vom Alter der Person – oft macht es jedoch mehr kaputt. Mache dir gerade in einer Beziehung Gedanken darüber, inwieweit sich bei dir ein Wahrnehmungswechsel vollzogen hat. Am Anfang achtest du bei deinem Partner – gilt auch für andere Personen – darauf, was dir an ihm gefällt. Dein Partner scheint perfekt zu sein. Über eventuelle Schwächen schaust du hinweg. Umso länger du jedoch mit deinem Partner zusammen bist, desto mehr schaust du auf das, was dir an ihm missfällt. Das kann sogar so weit gehen, dass du die Schwächen deines Partners mit einer Person vergleichst, die genau in dem Bereich ihre Stärken hat. Damit ist das Desaster vorprogrammiert.

Beispiel: Deine Wahrnehmung

Dasselbe passiert dir im Beruf. Überspitzt ausgedrückt: Im Raum Wolfsburg träumen die Menschen, die nicht bei VW arbeiten, davon, bei VW arbeiten zu dürfen. Nur nicht die Menschen, die selbst bei VW arbeiten. Guckst du von außen auf ein Unternehmen, dann findest du viele positive Faktoren, die das Unternehmen auszeichnen. Bist du selbst im Unternehmen tätig, findest du plötzlich viele Aspekte, über die du dich ärgerst. Die Vorteile und Annehmlichkeiten werden schnell zur Selbstverständlichkeit und kaum noch geschätzt. Dafür schaust du vermehrt auf die Unannehmlichkeiten und Nachteile, mögen sie noch so klein sein. In deiner Wahrnehmung gewinnen diese verstärkt an Bedeutung. Dieses Phänomen ist überall zu beobachten, nicht nur bei VW.

Dieser Wahrnehmungswechsel zieht sich durch alle Bereiche: Schule, Beruf, Sport, Gesundheit, Beziehungen. Verzichte lieber darauf, deinen Partner verbessern zu wollen. Stattdessen empfehle ich dir einen zweiten „Improve"-Ansatz: Überlege lieber, an deiner Persönlichkeit zu arbeiten und diese zu verbessern. Die Voraussetzung dafür ist, dass du selbst erkennst, dass du vielmehr das Problem bist. Das führt meistens zu einem größeren „Improve"-Erfolg.

- Welche Erkenntnis ziehst du aus diesem Ansatz?
- Was kannst du tun, um deine jetzige Situation zu verbessern?
- Was ist dein erster Schritt, um eine Verbesserung einzuleiten?

Leave it: Kannst du deine jetzige Lebenssituation weder genießen noch verbessern, verlasse die Situation und fange etwas Neues an. Verstehe mich richtig. Wenn du jetzt direkt zu deinem Partner rennst und sagst: „Schatz, pack deine Koffer. Deine Zeit ist abgelaufen." oder zu deinem Chef sagst: „Der Herzog hat gesagt, ich soll handeln. Sie können mich mal gern haben – ich kündige", dann haben wir uns missverstanden. Erst kommen die Schritte eins und zwei, die du mehrfach mit verschiedenen Strategien durchläufst. Erst wenn die scheitern, kommt Schritt drei. Ist das klar?

Wenn du dich für „leave it" entscheidest, kann es sein, dass es genau die richtige Entscheidung war und ab dem Tag dein Leben eine positivere Richtung einschlägt. Es kann jedoch auch sein, dass du zu dem Schluss kommst, dass es nach einer gewissen Zeit dasselbe Problem gibt wie vorher. Erlebst du häufig dieselben Situationen, dass z.B. dein Partner, deine Freunde und/oder dein Chef dich in die Wüste schicken, mache dir Gedanken, wer wirklich das Problem ist. Frage dich:

- „Warum ist das so?" „Was habe ich dafür getan, dass die Situation sich so entwickelt hat?"
- Welche Erkenntnis ziehst du aus diesem Ansatz?
- Kannst du deine jetzige Lebenssituation weder genießen noch verbessern? Welche Erkenntnisse ziehst du daraus und welche Entscheidung triffst du jetzt?
- Was machst du in Zukunft stattdessen?

Übernimm die Verantwortung für dein Leben. Love it, improve it or leave it!

5. Lebe Begeisterung und habe Spaß

Von Lena lernen heißt Siegen lernen!

Es ist Montag, der 8. März 2010. An diesem Morgen rufe ich bei einer Gesamtschule in Hannover an und bekomme den Direktor an die Strippe. Als ich ihn frage, inwieweit meine Schulvorträge für seine Schule interessant sein könnten, antwortet er mir ganz trocken: „Lena Meyer-Landrut ist eine Runde weiter." Ich denke mir: „Super. Wer zum Teufel ist Lena Meyer-

Landrut? Und was für Vorträge bietet die Frau für Schulen an?" Der Direktor erkennt meine Irritation und fragt etwas erstaunt: „Kennen Sie Lena Meyer-Landrut nicht?" Ich: „Eh, nein." Er stellt direkt die nächste Frage: „Aber Sie kennen schon „Unser Star für Oslo"?" Hier kann ich mit meiner Allgemeinbildung punkten und entgegne: „Ja, die Sendung kenne ich." Er darauf: „Sehen Sie, Lena hat sich für das Finale qualifiziert. Und sie ist Schülerin unserer Schule." Jetzt geht mir ein Kronleuchter an.

Wenige Tage später, es ist Freitag, der 12. März. Lena gewinnt und wird hausüberlegen mit fast 70 % der Anruferstimmen "Unser Star für Oslo" und darf beim Eurovision Song Contest für Deutschland an den Start gehen. Und damit nicht genug. Am 29. Mai gewinnt Lena tatsächlich und holt den Titel bei der Europameisterschaft im Singen nach Deutschland, 28 Jahre nach „Ein bisschen Frieden" von Nicole.

Was macht diese Frau so besonders, die bis zum 2. Februar noch kein Mensch kannte – bis auf ihre Familie, Freunde und Mitschüler?

Normal sind andere. Lena ist anders.

Köln, erste Entscheidungsshow, erster Auftritt. Bei der Auswahl des Songs entscheidet sich Lena für „My Same" von Adele. Ein Lied, das den Fernsehzuschauern, die per Telefonabstimmung über Scheitern oder Weiterkommen richten, weitgehend unbekannt ist und bis zu Lenas Auftritt nicht in den deutschen Musikcharts auftaucht. „Nimm lieber etwas Bekannteres", empfehlen ihr Showexperten, doch Lena schüttelt den Kopf. Wenn sie mit Adele scheitere, sei es eben Pech. Lena geht ohne echte Bühnenerfahrung raus ins Scheinwerferlicht und haut Jury und Publikum mit ihrem Song von den Stühlen. Marius Müller-Westernhagen sagt sofort: „Du hast Star-Appeal. Die Menschen werden dich lieben." So ist es. Bereits ab der ersten Sendung gilt sie als klare Favoritin. Sie begeistert die wechselnden Juroren um Raab mit ihren unkonventionellen Auftritten und ihrer Leichtigkeit. Sie ist die verrückte Nudel der Show, fällt immer wieder durch ihre schlagfertigen Bemerkungen und ihre selbstbewusste Art auf. Lena bleibt in Erinnerung mit ihrem eigenständigen Charakter, ihrer so ungewöhnlichen Stimme und ihrer Bühnenpräsenz. Es ist ihr anzumerken, dass sie die Musik um der Musik willen macht und nicht, um berühmt zu werden, viel Geld zu verdienen und ins Fernsehen zu kommen.

Perfekt sind andere. Lena hat Schwächen und steht dazu!

Lena steckt mit ihrer Begeisterung alle an, ihr Stern leuchtet von Show zu Show, von Song zu Song, heller und heller. Und das, obwohl andere besser singen. Lena sagt selbst: „Ich behaupte nicht, dass ich eine Mörderstimme habe, sicherlich haben tausend Millionen Leute eine bessere." Lena hat niemals vorher professionellen Gesangsunterricht genossen und trifft auch bei weitem nicht alle Töne. Doch lebt sie die Songs so glaubhaft wie kein anderer. Juror und Förderer Stefan Raab sagt: „Jeder würde dir sagen, dass Atemtechnik ganz anders geht." Darauf antwortet Lena in ihrer frechen und schlagfertigen Art: „Ich hab gar keine." Genau das ist ihr Geheimnis: „Keine Technik." Wo andere perfekt intonieren, verlässt sich Lena auf ihre Intuition. Ihr Motto lautet: „Einfach raus und singen." „Just do it!" sagt der Sportartikelhersteller Nike dazu. Ihre Auftritte beschreibt die BILD-Zeitung wie folgt: „Lena bewegt sich auf der Bühne wie jemand, der in zu engen Schlittschuhen zum ersten Mal auf dem Eis steht; dabei hält sie in der linken Hand das Mikrofon, während sie mit der rechten rumschlackert, als müsse Nagellack trocknen. Das ist so niedlich!" Das zeigt sich auch in Oslo bei ihrem Auftritt. Während andere mit einer perfekten Choreographie, Pyrotechnik und freizügigen Kostümen zu punkten versuchen, punktet Lena mit ihrer Person und Natürlichkeit – einfach Lena. Mit dem zweithöchsten Abstand der Grand Prix Geschichte gewinnt sie den Wettbewerb und erreicht europaweite Berühmtheit.

Der Erfolg gibt ihr Recht!

Und Lenas Erfolg ist unglaublich: Der Titel "Satellite" verkaufte sich innerhalb von drei Tagen nach der Finalshow von „Unser Star für Oslo" als Musikdownload so schnell wie kein anderer Song jemals in Deutschland. Lena belegte bei beiden MP3-Download-Shops „itunes" und „musicload" die Plätze 1 bis 3 der am häufigsten heruntergeladenen Songs. Als erster Musiker überhaupt schaffte sie es, mit drei Liedern gleichzeitig in den deutschen Musikcharts auf Platz 1, 3 und 4 vertreten zu sein. Ihr Video zu „Satellite" wird innerhalb von fünf Tagen sage und schreibe 1,4 Millionen Mal bei Youtube angeklickt und liegt nach Oslo bei fast 11 Millionen Klicks. Bei Facebook hat sie innerhalb von vier Wochen über 50.000 Fans, aktuell über 240.000. Während du bei der Eingabe des Namens „Stefan Raab" bei Google ca. 980.000 Suchergebnisse erhältst, sind es bei „Lena Meyer-Landrut" aktuell über 12 Millionen. Lena beschert den Fernsehsendern Rekordquoten – fast 15 Millionen verfolgen Lenas Auftritt in Oslo, während unsere Fußballer und Klitschko-Brüder das Nachsehen haben. Nach ihrem Sieg erhält Lena bei ihrer Rückkehr in Hannover einen „Staatsempfang" allererster Güte.

Lena hat Spaß und gibt ihr Bestes – ohne Druck!

Die brausepulverfrische Lena will Spaß haben und einfach ihr Bestes geben. Ihre Begeisterung ist sofort spürbar und überträgt sich auf ihre Zuhörer. Mit ihrem Auftritt in Oslo infiziert sie ganz Europa. Mitschüler sagen über sie: „Sie ist eine Stimmungskanone mit einer positiven Vollmeise."

Spaß! Spaß ist der größte Motivator schlechthin. Nicht nur für Lena, sondern für alle, die es in einer Sache weit bringen. Alles, was Spaß macht, machen sie gerne. Sie sind begeistert bei der Sache, erzielen persönliche Bestleistungen, ohne dass sie das Gefühl haben, sich groß anstrengen zu müssen.

Druck begegnet Lena wie folgt: „Ich versuche, mich von äußeren Erwartungen nicht beeindrucken zu lassen, sondern meine Sache so gut zu machen, dass ich, dass die Welt, dass die deutschen Zuschauer mit mir zufrieden sein können. Wenn alle sagen 'das hat sie toll gemacht', bin ich wahnsinnig stolz", sagt sie im Stern.

Welche Erkenntnisse ziehst du aus dieser Erfolgsgeschichte?

Finde dein Spielfeld

Mit Begeisterung und Spaß bist du erst bei der Sache dabei, wenn du dein Spielfeld gefunden hast. Finde dazu deine Talente und Stärken wie auch deine Schwächen und Lernfelder heraus.

- Was zeichnet dich aus?
- Welche besonderen Talente besitzt du?
- Was sind deine größten Stärken?

Geht es dir ähnlich wie vielen Menschen, die jetzt vor diesem Buch sitzen und sagen: „Ja, ähm. Das kann ich so auf Anhieb nicht beantworten."? Den wenigsten fallen sofort ihre Talente und Stärken ein. Wann fragt dich überhaupt mal jemand danach? Solche Fragen werden höchstens in Bewerbungsgesprächen gestellt. Ansonsten interessiert sich keiner wirklich dafür, nicht einmal du selbst. Viele glauben sogar, sie hätten gar keine Talente. „Ich kann eigentlich nichts besonders gut.", höre ich häufig. Das ist falsch. Jeder Mensch hat drei bis fünf besondere Talente, die ihn auszeichnen. Das ist wissenschaftlich nachgewiesen. Jeder kann etwas besser als andere, auch du.

Ein Talent sticht bei einigen stärker hervor, bei anderen weniger. Einem Steve Jobs, dem Apple Gründer, siehst du sofort an, dass er ein äußerst kreativer und visionärer Zeitgenosse mit dem Gespür für Innovationen ist, der seine Mitarbeiter unglaublich gut begeistern kann. Sobald der Mann zu reden beginnt, kleben im alle an den Lippen und anschießend sagen alle: "Yes, we can!"

Vielleicht zeichnet dich deine Kreativität aus, oder du bist besonders gelassen, kannst gut organisieren, andere Menschen begeistern, exzellent im Team arbeiten, Texte entwerfen, Mode designen, vor anderen Menschen reden, andere Menschen fordern und fördern, eine bestimmte Sportart viel besser ausüben als andere. Talente sind sehr vielfältig. Häufig sind deine Talente für dich persönlich selbstverständlich – du unterschätzt sie, nutzt sie kaum oder bemerkst sie erst gar nicht. Dann schlummern sie im Verborgenen.

Mache dir Gedanken über deine Talente. Nimm dir wirklich Zeit, dich mit ihnen zu beschäftigen.

- Was machst du besonders gerne und gut?
- Was kannst du besser als andere?
- Was lernst du schnell?
- Was schätzen andere an dir?

Stelle dir selbst diese Fragen als auch Verwandten, Freunden und Kollegen. Lasse dir von diesen Menschen sagen, was ihnen an dir auffällt und dich auszeichnet. Nutze die Chance, mehr über dich zu erfahren.

Jeder kann alles, wenn er nur will?

Blödsinn, Schmarrn! Diese Meinung ist heute noch weit verbreitet – in Schule, Beruf und Sport. Nur leider ist sie falsch! Viele Menschen sind der Meinung, dass sie sich besonders in den Bereichen verbessern können und müssen, in denen ihre größten Schwächen liegen. Dieses Vorgehen kostet jedoch unglaublich viel Kraft und Zeit. Als Ergebnis erhältst du leider nur Mittelmaß. Hätte es Philipp Lahm auch als Hochspringer ganz nach oben geschafft? Oder wäre aus Matthias Steiner auch ein grazilier Star auf dem Eis geworden? Sicher nicht!

Die Wissenschaft beschäftigt sich seit Jahrhunderten bevorzugt mit mit Fehlern und Misserfolgen anstatt mit Erfolgen. Die Medizin beschäftigt sich mit Krankheiten, um mehr über Gesundheit zu lernen. Die Psychologie erforscht Traurigkeit und Depressionen, um mehr über Freude zu erfahren. Therapeuten schauen sich gescheiterte Ehen an, um mehr über die ewige Liebe herauszubekommen. Etwas suspekt das Ganze. Und in der Schule, in der Wirtschaft und im Sport wirst du überall dazu ermutigt, deine Schwächen zu entdecken, zu analysieren und auszumerzen, um daraus eine Stärke zu entwickeln. Klar ist es wichtig, sich mit Fehlern und Misserfolgen zu beschäftigen. Wichtiger ist es jedoch, ein Experte in der Entdeckung, Anwendung und Entwicklung deiner Stärken und die deiner Schützlinge zu werden.

Beispiel: Die Nachhilfe

Dein Sohn kommt schon wieder mit einer 5 in Mathematik nach Hause. Das wird langsam zur Gewohnheit. Was ist jetzt zu Hause los – vor allem dann, wenn seine Schwester Einser und Zweier in Mathe mit nach Hause bringt? Könnte es sein, dass es heiße Diskussionen gibt: „Das kann nicht sein. Du bist ein Junge. Jungs können Mathe. Das geht gar nicht, dass deine Schwester besser ist als du. In Zukunft erhältst du Nachhilfe. Sieh zu, dass daraus mindestens eine 2 wird." Nebenbei sei noch erwähnt, dass dein Sohn in Fremdsprachen großes Talent hat und in Englisch, Französisch bzw. Latein Einser und Zweier nach Hause bringt. Diese Fächer machen ihm Spaß und er kann sich gut vorstellen, später beruflich in dem Bereich zu arbeiten. Bei Mathe hingegen sträuben sich ihm die Nackenhaare. Das ist dir jedoch egal. Dein Sohn erhält zukünftig zwei Mal die Woche Nachhilfe in Mathematik. Diese tragen auch Früchte, er schafft es auf eine 4 und sogar auf eine 3-, nachdem du die Nachhilfestunden nochmal verdoppelst. Womit du jedoch nicht gerechnet hast, ist, dass plötzlich seine Noten in den Fremdsprachen jeweils um eins schlechter geworden sind. Was ist passiert?

Anstatt das Fremdsprachenpotenzial weiter zu fördern, richtest du dein und sein Augenmerk auf seine Schwächen. Dein Sohn hat gegebenenfalls das Gefühl, ein Versager zu sein, weil er in Mathe einige Schwächen hat. Er investiert Unmengen von Energie und Zeit, um in Mathe seine Leistungen zu verbessern. Darunter leiden die Fremdsprachen. Zum einen, weil die Zeit fehlt, sich verstärkt den Sprachen zu widmen und zum anderen – was noch viel wichtiger ist – weil der Spaß an der Schule abnimmt und sich das auch auf andere Fächer überträgt.

Beschäftigst du dich den ganzen Tag nur mit Dingen, die dir keinen Spaß machen, leiden deine gesamte Leistungsfähigkeit und damit auch die Ergebnisse darunter. Das erlebst du in allen Bereichen.

Sportler: Der Gedächtnisweltmeister Dr. Gunther Karsten kennt diesen Umstand aus eigener Erfahrung und geht damit wie folgt um. Er sagt: „Die Übung, die ich gar nicht mag, ist „Namen und Gesichter" lernen. Da bin ich im Vergleich zu den Besten nur Durchschnitt. Das könnte ich sehr intensiv trainieren, es macht mir jedoch überhaupt keinen Spaß. Der Spaß ist sehr wichtig. Den darf ich mir nicht zerstören lassen, indem ich mich zu sehr auf meine Schwäche konzentriere. Es gilt ein gutes Mittelmaß zu finden. Meine Schwäche bei Namen und Gesichtern auszumerzen würde viel Kraft auf Kosten des Spaßes bedeuten. Ich konzentriere mich mehr auf meine besten Disziplinen und gucke, dass ich bei diesen noch stärker hervorstechen kann und wertvolle Punkte gewinne. Da sind die Motivation und Wahrscheinlichkeit groß, dass ich dort gewinnen kann. Wenn ich bereits im Training merke, dass ich mich auf Weltrekordniveau bewege, bringt das einfach Freude. Wenn ich mich bei meiner Schwäche um 20 % verbessere, weiß ich immer noch, dass ich mich auf Mittelmaßniveau bewege."

In den Bereichen, in denen deine Stärken liegen, fällt dir die Tätigkeit leicht, dir steht viel Energie zur Verfügung und du erzielst sehr gute Ergebnisse. Du kannst natürlich auch intensiv an deinen Schwächen herumdoktern. Nur ist das klug?

Machst du täglich das, was du am besten kannst?

* Wie viele Tätigkeiten am Tag führst du aus, bei denen du deine Stärken einsetzen kannst?

Marcus Buckingham und Donald O. Clifton von „The Gallup Organization", eines der weltweit größten Beratungsunternehmen im Bereich Mitarbeiterentwicklung, fanden heraus, dass die meisten Weiterbildungsprogramme in Unternehmen von einem auf Schwächen orientierten Ansatz ausgehen. Unternehmen versuchen, die Schwächen ihrer Mitarbeiter auszugleichen, anstatt bei den Stärken anzusetzen. Das ist äußerst unproduktiv und widerspricht einer Reihe wissenschaftlicher Ergebnisse. So kommt die

Gallup Studie zu dem Ergebnis, dass Unternehmen heute noch folgende falsche Grundannahmen haben:[41]

* Jeder Mensch kann die nötige Kompetenz auf fast allen Gebieten erwerben! Motto: „Wenn ich will, kann ich in allem gut werden!"

* Der größte Raum zur Leistungssteigerung jedes Menschen liegt in seinen größten Schwächen! Motto: „Wenn ich will, kann ich alle meine Schwächen in Stärken verwandeln."

Buckingham und Clifton fragten inzwischen über 200.000 Menschen: „Haben Sie die Möglichkeit, täglich das zu tun, was Sie am besten können?"

Wie viel Prozent der Mitarbeiter haben hier mit „Ja" geantwortet? Welcher Prozentsatz glaubt, dass seine Stärken ins Spiel gebracht werden? Schätze erst einmal, bevor du weiterliest.

Vier von fünf glauben es nicht, das heißt, nur einer von fünf Mitarbeitern ist der Meinung, dass er genau das tun kann, was er am besten kann. Diese Zahlen sind alarmierend. Der wirtschaftliche Schaden bewegt sich im Milliardenbereich. Wenn in vielen Unternehmen nur 20 % der Mitarbeiter ihre Stärken gewinnbringend einsetzen können, ist hier ein enormes Potenzial vorhanden.

Die Studien zeigen darüber hinaus, dass Unternehmen, deren Mitarbeiter täglich das tun dürfen, was sie am besten können, am erfolgreichsten sind. Daraus resultieren u.a. Steigerungen der Mitarbeiterloyalität, der Produktivität und der Kundentreue.

In Unternehmen zeigt sich vermehrt am Beispiel von Beförderungen, was passieren kann, wenn Mitarbeiter plötzlich von ihren Stärken weggerissen werden und etwas machen sollen, was ihnen weniger liegt. Wird zum Beispiel ein Top-Verkäufer, der die besten Verkaufszahlen in seinem Team hat, mit anderen Aufgaben betraut, kann es schnell zu einem Leistungseinbruch kommen. So erlebe ich in vielen Unternehmen, dass ein Verkäufer, der stark am Kunden ist, anschließend daran scheitert, als Führungskraft ein Team zu führen und zu fördern. Es wird von ihm erwartet, dass die Mitarbeiter seines Teams anschließend genauso gut verkaufen, wie er es damals gemacht hatte.

---

41 Buckingham, Marcus; Clifton, Donald O.: Entdecken Sie Ihre Stärken jetzt. Campus Verlag 2002. S. 16.

Ein Top-Verkäufer ist nicht zwingend eine Top-Führungskraft. Beide Aufgaben verlangen verschiedene Kompetenzen und Fähigkeiten.

Wichtig: Es geht hier nicht darum, dass du zukünftig nur noch das machst, was am besten kannst und am liebsten machst. Das geht gar nicht. Es geht grundsätzlich darum, mehrheitlich das zu tun, was deinen Talenten und Stärken entspricht. Achte darauf, dass du deutlich mehr als 50 % deiner Zeit mit Aufgaben verbringst, bei denen du deine Stärken einsetzen kannst.

Begeistert, Dienst nach Vorschrift oder innerlich gekündigt?

Erledigst du täglich Aufgaben, die deinen Talenten und Stärken nur wenig entsprechen, ist deine Begeisterung sehr niedrig und du kannst selten deine persönliche Bestleistung bringen. Du hast in diesem Fall gar keine Lust dazu. Gallup Deutschland untersucht seit 2001 jährlich die „Stärke der emotionalen Bindung von Mitarbeitern", auch „Engagement Index" genannt. Dabei unterscheidet sie drei Typen von Mitarbeitern, die du in jedem Unternehmen antriffst.

- Ohne emotionale Bindung (aktiv unengagiert): du hast deinen Job satt, hast innerlich gekündigt, bist frustriert, hast resigniert. Du arbeitest die dir zugeteilten Aufgaben oberflächlich oder gar nicht ab. Dein Motto: „Was interessiert mich die Firma? Hauptsache, ich krieg' mein Geld."

- Geringe emotionale Bindung (wenig engagiert): du machst Dienst nach Vorschrift. Du lehnst dich gerne zurück und wartest darauf, bis du neue Aufgaben zugeteilt bekommst. Diese führst du zufriedenstellend aus. Du bist „Abarbeiter" und eher der „Chiller-Typ". Dein Motto: „Ich falle weder negativ noch positiv auf. Dann geht's mir gut in diesem Laden."

- Hohe emotionale Bindung (hoch engagiert): du bist der Macher im Unternehmen, nutzt deine Talente und Stärken, bist flexibel und kundenfreundlich, gibst regelmäßig dein Bestes. Du suchst und übernimmst eigenverantwortlich neue Aufgaben, denkst mit und bringst das Unternehmen mit voran wie ein „Mitunternehmer". Dein Motto: „Wer nicht auffällt, fällt weg. Ich gebe mein Bestes, mehr als von mir erwartet wird."

Die Gallup Studie kommt in ihrem Report vom 30. März 2010 zu folgendem Ergebnis: Die Situation in Deutschland ist besorgniserregend. So verspüren aktuell 89 % der Arbeitnehmer hierzulande keine echte Verpflichtung gegenüber ihrer Arbeit. Die Wahrscheinlichkeit, dass du dazu gehörst, ist sehr groß: 66 % aller Beschäftigten – also knapp 7 von 10 – machen lediglich Dienst nach Vorschrift, fast jeder vierte (23 %) hat bereits innerlich gekündigt.[42] Der Anteil der Beschäftigten, die nur eine geringe oder keine emotionale Bindung zu ihrem Job haben, nimmt seit 2001 kontinuierlich zu. Der gesamtwirtschaftliche Schaden, der daraus entsteht, ist riesig und wird auf über 250 Mrd. Euro jährlich geschätzt. Lediglich 11 % der Befragten – 1 von 10 – haben eine hohe emotionale Bindung zu ihrem Arbeitgeber. Bist du der eine? Wenn ja, wirst du innerlich angetrieben, Tag für Tag dein Bestes zu geben und alles für den Erfolg des Unternehmens zu tun, in dem du arbeitest. Gehörst du zu den unzufriedenen Mitarbeitern – immerhin knapp 9 von 10 – nutzt du nur einen Bruchteil deines Potenzials. Du bist wenig produktiv, wenig loyal und fehlst häufig wegen Krankheit oder Unwohlsein. Damit schadest du sowohl dem Unternehmen als vielmehr noch dir selbst. Du fühlst dich über- oder unterfordert und gehst mit wenig Freude deiner „sinnlosen" Arbeit nach. Die Folgen: Depressionen, Burn-out, Migräne und und und.

Motivierte Mitarbeiter sind nun einmal die wichtigste Ressource jedes Unternehmens. Begeisterte Mitarbeiter sorgen für begeisterte Kunden, die für hohe Umsätze sorgen. Lutz Thimm von der anerkannten Unternehmensberatung Kienbaum + Partner hat den Wert eines Mitarbeiters berechnet, der seine Talente und Stärken im Unternehmen einsetzen kann: Die Produktivität steigt um bis zu 40 %, der erwirtschaftete Gewinn um bis zu 49 % und der Umsatz um bis zu 67 % – im Vergleich zu „durchschnittlich" motivierten Mitarbeitern.

* Welche Erkenntnisse ziehst du aus diesen Ergebnissen?
* Zu welchem Typ Mitarbeiter gehörst du? (Hoch engagiert, wenig engagiert, aktiv unengagiert)
* Zu welchem Typ Mitarbeiter willst du zukünftig gehören?
* Was tust du, um dieser Typ Mitarbeiter zu werden?

---

42 http://webe.emv3.com/gallup/PMEEI2010/Pressemitteilung_EEI%202009.pdf, 30.03.2010.

Finde dein Spielfeld

Entscheidend ist, dass du deine Spielwiese findest – das richtige Spielfeld, auf dem du deine Talente ausspielst und sie zur Stärke weiter entwickelst. Ohne Talent ist Exzellenz auf einem Gebiet unmöglich.

Beispiel: Die Berufswahl

Stelle dir vor, du hast dein Abitur mit einem Notenschnitt von 1,3 gemacht. Für welches Studium bist du prädestiniert? Klar, Medizin. Du hörst auf die Tipps deiner Familie und Freunde und studierst Medizin. Im Studium läuft noch alles wie gewünscht. Du fliegst förmlich durch das Studium. Du liebst Zahlen, Daten, Fakten, arbeitest strukturiert und sehr genau, bist fleißig, kannst große Informationsmengen schnell auswendig lernen. Du besitzt jedoch auch diese Eigenschaften: Du bist stark introvertiert, der Kontakt zu vielen und immer wieder fremden Personen liegt dir gar nicht. Dabei fühlst du dich unwohl. Und genau das kann dir im anstehenden Beruf zum Verhängnis werden.

Als Arzt hast du im Fünf-Minuten-Takt mit anderen Menschen zu tun, auf die du dich einzustellen hast. Bist du stark introvertiert, wirst du regelmäßig ein ungutes Gefühl in der Magengegend spüren, wenn ein neuer Patient hereinkommt. Selbstverständlich kannst du dir als stark introvertierter Mensch gewisse Fähigkeiten zusätzlich aneignen, auch wenn du z.B. als Verkäufer aktiv bist und dein Geschäft die tägliche Kaltakquise ist. Du wirst jedoch niemals außergewöhnlich gut darin werden.

Ich erlebe häufig Menschen, die bei dem, was sie tun, das Thema verfehlt haben: So „muss" die Tochter die Arztpraxis des Papas übernehmen, anstatt in die Forschung zu gehen. Die „geborene" Buchhalterin wird Designerin, der „geborene" Schreiner versucht sich als Taxifahrer und der prädestinierte Ingenieur macht einen auf Lehrer.

Sportler: „Die Stärken sind natürlich wichtig und wir arbeiten daran, die immer wieder herauszuheben. In Videos lassen wir uns gerne dazu verleiten, verstärkt nach Schwächen zu schauen. Grundsätzlich ist unser Ziel, über das Zeigen guter Spielszenen im Video die Motivation zu fördern. In gewissen Situationen kommen wir jedoch nur weiter, wenn wir auch Schwächen und Fehler ansprechen. Je mehr es Richtung Turnier und Spiel geht, desto mehr setzen wir darauf, die eigenen Stärken hervorzuheben und teilweise die Schwächen zu vernachlässigen, um das Team möglichst stark zu reden."
(Michael Behrmann, Hockey-Nationaltrainer der Damen)

Stärke deine Stärken, manage deine Schwächen

Vielfach sind Lehrer und Professoren davon überzeugt, dass ihre Fächer die wichtigsten wären. Das lassen sie ihre Schützlinge gerne spüren. Es ist lobenswert und wichtig, wenn du als Lehrkraft von deinem Fach begeistert bist. Das erhöht die Wahrscheinlichkeit ungemein, dass sich deine Begeisterung auf andere überträgt. Für dich als Lehrkraft gilt es jedoch zu bedenken und anzuerkennen, dass es Menschen gibt, die ihre Talente in anderen Bereichen haben und deine Begeisterung niemals teilen werden. Sie tun sich schwerer mit deinem Fach und werden nie das Können erreichen, das du oder ihre Mitschüler bzw. Kommilitonen an den Tag legen. Akzeptiere das. Fördere sie so gut wie du kannst und mache ihnen klar, dass es gilt, ein so hohes Niveau zu erreichen, dass es zu keiner unbezwingbaren Hürde wird – sprich: sie ansonsten sitzen bleiben, das Studium des Wunschstudiengangs unmöglich wird oder sie aus dem Studium ausgeschlossen werden.

„Weltklasse/Superstar oder Doppelnull/Oberniete"

Beispiel: Doppelnull oder Überflieger

Mit dem folgenden Beispiel möchte ich dir den Unterschied klar machen, was es bedeutet, deinen Fokus auf die Stärken oder Schwächen eines Menschen zu richten. Schau dir einmal die vorige Grafik genauer an. Ihre Skala geht von „-10 = absolute Oberniete, Oberloser, Doppelnull" über die neutrale 0 bis zu „+10 = Überflieger, Weltklasse, neuer Superstar". Stelle dir vor, ich bin in deinem Unternehmen angestellt und führe dort Mitarbeiterschulungen durch. In diesem Bereich bin ich eine +7. Du willst im Unternehmen Mitarbeiter einsparen und denkst dir: „Der Herzog kann quatschen. Wenn wir den auf eine Rhetorikschulung schicken, wird es noch schlimmer. Der hat jedoch noch Kapazitäten. Den setzen wir zusätzlich in der EDV-Abteilung ein." Ich finde zwar ziemlich schnell den Anschaltknopf eines PCs, kann googeln und kenne mich gut bei Word, Excel und Powerpoint aus. Das sind jedoch Basics. Gehen deine Anforderungen darüber hinaus, stoße ich sehr schnell an meine Grenzen. Im Bereich der EDV schätze ich mich als -5 ein.

Dennoch bleibst du hartnäckig und schickst mich auf eine EDV-Schulung. Wenn ich etwas mache, dann mache ich das richtig. Da kannst du dich auf mich verlassen. Also strenge ich mich richtig an, habe mich entwickelt und komme nach der Schulung zu dir: „Chef, vorher war ich in EDV eine -5. Jetzt bin ich eine Null." Was glaubst du, werde ich ab heute in der EDV-Abteilung reißen? Exakt: immer noch ziemlich wenig. Eher werde ich meine Kollegen beschäftigen, indem sie meine Fehler wieder ausbügeln dürfen und ich andauernd nachfrage. Selbst mit einer weiteren Schulung werde ich bei weitem nicht das Niveau erreichen, das die Spezialisten besitzen.

Es wäre doch weitaus sinnvoller, mich zu einer Rhetorik- und Präsentationsschulung zu schicken, um dort meine Fähigkeiten von +7 auf +8 oder gar eine +9 anzuheben. So habe ich anschließend die Möglichkeiten, in den Mitarbeiterschulungen in deinem Unternehmen meine Stärken gezielt einzusetzen, um die anderen Mitarbeiter zu unterstützen, sich selbst weiter zu entwickeln und wiederum ihre Stärken besser einzusetzen.

Merke: Schaue bei Menschen bevorzugt auf ihre Stärken.

* Welche Erkenntnisse ziehst du aus diesem Beispiel?

Beispiel: Konzentration auf Stärken und Schwächen

Trifft Doppelolympiasiegerin Magdalena Neuner in jedem Biathlonwettkampf beim Schießen alle Scheiben? Keineswegs. Mit 76 % durchschnittlicher Trefferquote seit ihrem Weltcupdebüt belegt Lena einen Platz im Mittelfeld. Seit Beginn ihrer Laufbahn im Weltcup schoss Lena lediglich in drei Rennen fehlerfrei – bei

119 Starts.[43] Das heißt, dass sie im Schnitt im jedem vierzigsten Rennen fehlerfrei bleibt. In allen anderen Rennen schießt sie mindestens einmal daneben. Dennoch ist Lena die weltbeste Biathletin. Warum? Weil sie sich auf ihre Stärke Laufen konzentriert und darauf achtet, dass das Schießen keine unbezwingbare Hürde wird. Würde sie zu viele Fehler schießen, könnte sie diese trotz ihrer überragenden Laufleistung nicht mehr ausgleichen und würde Platzierungen im Mittelfeld erreichen. Deshalb arbeitet Lena auch im Training daran, ihre Schießleistungen zu optimieren. Lena wird niemals die beste Schützin im Weltcup, das braucht sie auch nicht zu sein. Würde sie noch mehr Zeit und Energie in das Schießtraining investieren, würde ihre Laufstärke darunter leiden.

Lena sagt über die Arbeit an ihren Stärken und Schwächen: „Wenn ich nur an meinen Schwächen arbeite, wird es irgendwann langweilig und schwierig, mich im Training zu motivieren. Ich brauche natürlich auch das Erfolgserlebnis im Training. Da wäre es der falsche Weg, wenn ich mich nur auf meine Schwächen konzentriere und die Stärken, die ich habe, außen vorlasse. Es muss eine Balance da sein. Wenn ich meine Stärken vernachlässige, wird unter Umständen daraus relativ schnell eine Schwäche."

Schaue beim Gegenüber mehr auf seine Stärken

Als „Führungskraft" in Schule, Wirtschaft und Sport hast du folgende Aufgabe: Die Arbeit an Schwächen ist wichtig. Weitaus wichtiger ist jedoch, die eigenen Stärken und die deiner Schützlinge gezielt zu fördern. Erkenne die Tatsache an, dass jeder Mensch verschieden ist. Erkenne seine Stärken, fördere sie und setze in letzter Konsequenz deine Mitarbeiter und Sportler ihren Stärken entsprechend ein.

Im Sport findest du immer wieder Experten. So gibt es z.B. im Fußball den Experten für den Sturm, den für das Mittelfeld, den für die Abwehr und den für das Tor. Kein Spieler erfüllt die Kriterien, um auf jeder Position spielen zu können. Zwar setzen einige Trainer ihre Spieler auf verschiedenen Positionen ein, wirkliche Spitzenleistungen und Weltklasseniveau erreicht der Spieler jedoch nur auf einer Position. Schaust du dir die absoluten Weltklassespieler an, haben sie genau eine Spielposition, auf der sie es bis ganz nach oben geschafft haben.

---

43 http://de.wikipedia.org/wiki/Magdalena_Neuner. 01.04.2010.

Oft denkst du dir: „Die Kollegin kann ich nicht fragen. Die hasst die Aufgabe bestimmt genauso wie ich." Letztlich traust du dich doch: „Du, ich habe Probleme mit meiner Steuerklärung. Ich habe davon überhaupt keine Ahnung. Und du?" Sie schaut dich mit leuchtenden Augen an: „Echt, ich liebe Steuererklärungen." Und du siehst ihr an, dass sie das ernst meint. Worauf will ich hinaus? Wo du mit deinen Schwächen kämpfst, haben andere ihre Stärken und sogar Spaß bei der Tätigkeit, die du über alles hasst. Finde diese Menschen und übertrage ihnen bestimmte Aufgaben. Davon profitiert ihr beide – eine Win-Win-Situation entsteht.

Übung: Die Stärken der anderen

Wenn du mit deinen Freunden unterwegs bist: Über was redet ihr meistens? Wie häufig redet ihr über die Schwächen anderer? Lasst es sein. Mache einmal folgendes Experiment: Ab morgen schaust du die nächsten vier Wochen primär auf die Stärken deiner Mitmenschen – Schüler, Kinder, Freunde, Partner, Mitarbeiter, Sportler.... Erwische sie dabei, wenn sie etwas richtig machen. Du meinst: „Das kann dauern." Habe Geduld. Du bekommst das hin. Da bin ich mir absolut sicher. Fokussiere dich auf die Stärken und stelle sie in den Vordergrund. „Das machst du wirklich klasse. Das ist deine Stärke." In wenigen Tagen wirst du plötzlich eine ganz andere Entwicklung bei deinem Gegenüber wahrnehmen – in die positive Richtung. Wenn du das vier Wochen durchhältst, hast du darüber hinaus die Chance, dass daraus eine neue Gewohnheit wird (mehr in SpitzenStrategie 6 „Aus dem Auge, ..." unter „Gewohnheiten").

Du wirst dich wundern, was plötzlich passiert. Das Programm in deinem Kopf kennt aktuell nur: „Achte auf die Schwächen. Die müssen weg." In der Schule erlebst du es täglich. Du schreibst 100 Worte in Deutsch, von denen 7 falsch sind. Was steht unter der Arbeit? Du hast 7 Fehler gemacht. Selbstverständlich ist es wichtig, aus Fehlern zu lernen und sie zu beseitigen. Nur ist es doch etwas ganz anderes, wenn unter der Arbeit steht: „Du hast 93 Worte richtig geschrieben."

Stärke = Talent + Wissen + Können + Wollen

- Was ist überhaupt eine Stärke?

Laut Definition von Buckingham und Clifton ist Stärke eine „beständige, beinahe perfekte Leistung in einer Tätigkeit".[44] „Beständig" in der Form, dass du sie immer wieder demonstrieren kannst und dabei nur wenig Energie einsetzt. Du wiederholst diese Tätigkeit und bist dabei glücklich und erfolgreich – gehst darin auf. Deine erbrachte Leistung ist dabei beinahe perfekt. Sie klappt in den meisten Fällen, wenn du dein Bestes gibst. Exzellente Könner haben immer Ecken und Kanten und machen auch Fehler. Tennisspieler Roger Feder hat z.B. die mentale Stärke, in den entscheidenden Situationen die Big Points zu machen. Er macht nicht alle Big Points, jedoch die Mehrzahl, die häufig das Spiel zu seinen Gunsten entscheidet. Kein anderer ist so exzellent darin wie er.

- Wie bildest du zukünftig ein Talent zu einer Stärke aus?

Ein Talent wird laut Jörg Löhr[45] erst dann zu einer persönlichen Stärke, wenn es mit Wissen und Können angereichert wird und – wenn du es wirklich willst.

Stärke = Talent + Wissen + Können + Wollen

Talent: Ohne Talent erreichst du keine Spitzenleistungen. Talent ist die Basis, auf dem alles Weitere aufbaut.

Wissen: Um Spitzenleistungen zu erzielen, bereichere dein Talent mit spezifischem Wissen. Wir leben heute in einer Zeit des lebenslangen Lernens. Bilde dich täglich mindestens 33 Minuten in deinem dir wichtigen Bereich weiter, um so viel wie möglich darüber zu wissen und um auf dem Stand der Zeit zu bleiben. Lies Bücher, höre Hörbücher, besuche Vorträge und Seminare. Lerne Wichtiges von weniger Wichtigem zu unterscheiden. Ansonsten verlierst du bei der heutigen Informationsfülle den Überblick. Bedenke: „Fachidiot schlägt Kunde tot." Neben dem Fachwissen ist das Erfahrungs-

---

44 Buckingham, Marcus; Clifton, Donald O.: Entdecken Sie Ihre Stärken jetzt. Campus Verlag 2002. S. 28.
45 Löhr, J.; Pramann, U.: Lebe deine Stärken. Wie du schaffst, was du willst. Econ 2004. S. 43ff.

wissen entscheidend. Dieses Wissen steht in keinem Buch. Du eignest es dir an, indem du selbst Erfahrungen sammelst und dir darüber hinaus andere Menschen – Eltern, Lehrer, Trainer, Experten – ihre Erfahrungen berichten. Werde auf deinem Spielfeld selbst zu einem Experten. Benjamin Franklin wusste bereits damals: „Eine Investition in Wissen bringt immer noch die besten Zinsen".

Können: Zu Beginn des Buches hast du gelesen, dass du am meisten lernst, wenn du die Dinge selbst tust. Neben der Theorie brauchst du die Praxis, um aus deinem Talent eine Stärke zu machen. Kannst du bereits Autofahren, wenn du alle Theoriestunden hinter dir hast? Du kannst das Talent zum Autofahren besitzen und alle Verkehrsregeln und Feinheiten über dein Auto kennen. Das Fahren lernst du am besten durch Praxistraining. Menschen, die etwas nahezu perfekt beherrschen, bezeichnen wir als „Könner". Die Handballer des THW-Kiel, die weltbeste Vereinsmannschaft, sind exzellente Sportler mit einem außergewöhnlichen Talent und enormen Wissen über Handball. Ruhen sich die Spieler auf ihrem Können aus, chillen den ganzen Tag und schauen anderen entspannt beim Training zu? NEIN. Sie trainieren Tag für Tag, Woche für Woche, Monat für Monat, Jahr für Jahr konsequent Würfe und Spielzüge, um diese zu perfektionieren. Nimm dir Könner als Vorbild und lerne von den Besten – in der Praxis, indem du dir die Tätigkeit, die du lernen willst, vormachen lässt. Du profitierst von den Erfahrungen der Könner, die du zur Entwicklung deiner eigenen Stärke nutzen kannst.

Wollen: Jetzt kommt ein Punkt dazu, ohne den alles nichts ist:

- Willst du überhaupt aus deinem Talent eine Stärke machen?
- Und wenn ja? Wie wichtig ist dir das Ganze?
- Welchen Preis bist du bereit zu bezahlen, um ein Könner zu werden?

Das Wollen entspricht deiner Motivation, deiner Leistungsbereitschaft, die dich antreibt, ins Handeln zu kommen. Nur wenn du dafür brennst und es wirklich willst, wird aus deinem Talent eine Stärke. Dein Wollen steuert darüber hinaus deine Ausdauer und Disziplin, die regelmäßig unterschätzt werden, wenn es darum geht, aus Talent eine Stärke zu entwickeln (mehr in SpitzenStrategie 7 „Zeige Ausdauer …").

Frage dich:

* Was bringt mich und meine Talente weiter?
* Was motiviert mich besonders?
* Welche Bücher, Hörbücher und Seminare können mich voranbringen?

Liebe das, was du tust – Sei begeistert

Die Besten zeichnet eine unglaubliche Begeisterung für das aus, was sie machen. Das folgende Zitat vom Heiligen Augustinus spiegelt es sehr schön wieder: „Du kannst in anderen nur entzünden, was in dir selber brennt."

Beispiel: Die Rückkehr von Michael Schumacher

Es ist Weihnachten 2009. Michael Schumacher verkündet seine Rückkehr in den Formel-1-Zirkus – eine Weltsensation. Darauf angesprochen, was ihn bewogen habe, wieder zurückzukehren, antwortet er: „Ich habe immer noch Spaß daran." Als er gefragt wird, was seine Frau und seine Söhne dazu sagen, antwortet er: „Corinna steht voll dahinter. Sie hat sofort das Funkeln und Feuer in meinen Augen gesehen."

Genau das ist es, was den unglaublichen Erfolg eines Michael Schumachers ausmacht: Das Feuer für den Sport. Die innere Begeisterung! Das Geld spielt hier die Nebenrolle. Der Mann hat inzwischen bereits über 700 Mio. Euro in seiner Karriere verdient. Ich habe einmal nachgerechnet und bin zum Schluss gekommen: Damit ist er aus dem Gröbsten raus und sollte die nächsten Jahre zurechtkommen. Nein, Spaß beiseite. Wegen des Geldes macht er es bereits seit Jahren nicht mehr. Geld ist nur eine kurzfristige Motivation.

Die innere Begeisterung ist der Hauptgrund, warum ich es liebe, mit Sportlern zu arbeiten. Spitzensportler sind mit großer Leidenschaft dabei, wollen viel bewegen, über ihre Grenzen gehen, Titel gewinnen – einfach ihr Bestes geben. Das steckt an.

Sportlerinterview Britta Carlson

Rechte: Nils Göttschen

Eine schwere Verletztung machte die geplante Fußballkarriere von Britta Carlson zunächst unmöglich. Doch ihre Begeisterung für den Fußball ließ sie zurückkehren und führte sie bis ganz nach oben. Ihre Begeisterung ist einer der Gründe, warum sie als WM-Botschafterin für die Frauen-Fußball-Weltmeisterschaft 2011 in Deutschland aktiv ist. Wenn eine Person die Begeisterung auf die Fans übertragen kann, dann Britta. Britta ist ehemalige Bundesliga- und Nationalspielerin und heute Co-Trainerin der Fußballfrauen des VfL Wolfsburgs! Während ihrer beeindruckenden Karriere wurde Britta Deutsche Meisterin, UEFA-CUP-Siegerin, DFB-Pokalsiegerin und Europameisterin.[46]

Matthias: Welches sind deine drei wichtigsten Erfolgseigenschaften, die dich so erfolgreich gemacht haben?

---

46 Mehr Infos zu Britta unter www.britta-carlson.de.

Britta: Leidenschaft in dem, was ich tue. Ich habe viel Ehrgeiz und ich gebe niemals auf. Es gab viele Situationen in meiner Karriere, u.a. Verletzungen, nach denen es hieß: „Du darfst nie wieder Fußball spielen." Ich bin dennoch mehrfach wieder zurückgekommen.

Matthias: Wie gelingt es, verschiedene Charaktere zu einem Team zusammenzuschweißen, das ein gemeinsames Ziel ansteuert?

Britta: Im Frauenfußball ist der Idealismus noch sehr hoch. Das macht es ein wenig einfacher als in anderen Sportarten, in denen viel Geld bezahlt wird. Ein wenig Geld wird im Frauenfußball verdient, aber in erster Linie spielen wir Fußball, weil es Spaß macht. Und Erfolg macht noch mehr Spaß. Jede Einzelne wünscht sich Spaß und Erfolg. So fällt es leichter, an einem Strang zu ziehen.

Matthias: Was macht ein gutes Team aus?

Britta: ... Ein gutes Team macht aus, dass alle mit Leidenschaft und Spaß dabei sind. Dass sich alle gegenseitig anspornen, anstacheln, mit Ehrgeiz dabei sind. Dass zusätzlich zum gemeinsamen Ziel, das am besten schriftlich vor der Saison gemeinsam formuliert wird, alle ihr eigenes Ziel haben. ...

Matthias: Was ist wichtiger? Die Arbeit an den Stärken oder Schwächen? Warum?

Britta: Die Arbeit an den Stärken und Schwächen halte ich für nahezu gleichbedeutend. Die Stärken sind weiter ausbaufähig. Genauso gilt es, Schwächen abzubauen, wobei Schwächen auch immer Schwächen bleiben werden. Wenn du deine Stärken vernachlässigst, werden sie schwächer. Es ist wichtig, ein gesundes Maß bei der Arbeit an seinen Stärken und Schwächen zu finden.

Matthias: Wie hakst du Rückschläge ab?

Britta: Mit 16 bekam ich die Nachricht, nie wieder Fußball spielen zu können. Das traf mich sehr hart und das konnte ich auch nicht so einfach abhaken. Fußball war mein Leben, meine Leidenschaft und ich hatte bereits die ersten Länderspiele gemacht. Ich habe zwei Jahre später auf der Straße wieder durch Zufall angefangen zu spielen. Als ich sah, dass es wieder ging, bin ich schnell wieder auf den Platz zurückgekehrt.

Nach einer Knie-OP habe ich mir gesagt: „Ich gebe nicht auf." Ich habe hart trainiert und war nach einem Knorpelschaden, der normalerweise erst nach einem halben Jahr wieder ausgeheilt ist, bereits nach drei Monaten wieder am Start. Ich wusste, dass es meine letzte Chance ist, und habe hart an mir gearbeitet.

Matthias: Was erwartest du von deinen Spielerinnen?

Britta: Ich erwarte, dass sie meistens mit Spaß bei der Sache sind. Das geht nicht immer, das akzeptiere ich auch. Entscheidend ist, dass sie eine hohe Leidenschaft mitbringen. Idealismus gehört ebenfalls dazu – also Fußball nicht wegen des Geldes, sondern wegen des Sports an sich mit vollen Herzen zu spielen. Ich erwarte, dass sie alles geben, um sich und das Team zu verbessern. Diese Spielerinnen wollen sich ständig weiter entwickeln...

Wo ist dein Feuer?

Wo sich mir regelmäßig die Nackenhaare aufstellen, ist, wenn ich in Unternehmen tätig bin und dort die Mitarbeiter und besonders die Führungskräfte erlebe. Die frage ich oft schockiert: Wo ist dein Feuer?

Wenn du wirklich begeistert bist, dann brennt in deinen Augen das Olympische Feuer. Dann willst du etwas in deinem Leben bewegen – in deinen verschiedenen Lebensbereichen. Anfang 2010 fanden die Olympischen Winterspiele in Vancouver statt. Wenn du die Bilder im Fernsehen gesehen hast, hast du mit Sicherheit die Begeisterung der Sportler und Zuschauer wahrgenommen. Vielleicht ist sogar ein Teil der Begeisterung auf dich übergesprungen. Olympische Spiele sind ein großes Fest mit Menschen, die sich für die Sache begeistern. Die Sportler fahren dorthin, weil sie unbedingt dieses Ereignis miterleben wollen. Die bekommen kein Geld dafür, dass sie dort antreten. Selbst für die Sportler, die keine realistische Chance haben, eine der begehrten Medaillen zu gewinnen, ist es das Größte, überhaupt dabei sein zu dürfen. Davon erzählen sie noch ihren Enkelkindern.

Schaue ich mich im Alltag um, stelle ich fest: Bei den meisten Menschen brennt gerade einmal ein Teelicht. Wie willst du als Elternteil, Lehrer, Mitarbeiter, Führungskraft, Trainer bei anderen etwas entzünden, wenn in dir selbst nur ein laues Lichtlein flackert? Jetzt sagst du vielleicht: „Ich bin introvertiert. Da lasse ich es ruhiger angehen und zeige meine Emotionen weniger." Es ist egal, ob du introvertiert oder extrovertiert bist. Auch einem introvertierten Menschen, der etwas bewegen will, merkst du die Begeisterung sofort an.

Willst du durch persönliche Bestleistungen deine Erfolge steigern, ist Begeisterung eine wichtige Voraussetzung dafür. Ohne Begeisterung keine Bestleistungen und damit keine Erfolge. Viele denken: „Erst einmal kommen die Erfolge, dann kommt sicher irgendwann die Begeisterung. Da mir die Erfolge noch fehlen, brauche ich auch noch nicht begeistert zu sein." Das funktioniert nicht. Besonders dann, wenn du als Führungskraft Schützlinge hast, die du fördern und fordern willst, brauchst du Begeisterung. Wie willst du Menschen ohne eigene Begeisterung dazu bewegen, Ziele und Visionen zu verwirklichen?

Sportler: Bist du begeistert und brennst für eine Sache, verlieren Unannehmlichkeiten und Strapazen an Bedeutung. So wie bei Handballweltmeister Dominik Klein vom THW Kiel. Auf die Frage, was ihm im Training schwerfalle, antwortet er: „Ich will mich immer weiter entwickeln und auch von den anderen stetig lernen. Das macht mir Spaß, dafür fahre ich gerne in die Halle. Mit 17 Jahren bin ich zu Wallau Massenheim gewechselt und dann täglich 90 Kilometer (einfache Fahrt) gefahren. Ich hatte nie das Gefühl: ‚Oh, jetzt fährst du schon wieder dahin.' Und jedes Mal auf dem Rückweg nach Hause habe ich mir gesagt: ‚Hey, heute hast du wieder was dazugelernt. Perfekt.' Die Motivation war immer da. Und das Training gehört dazu, ich brauch das. So merke ich, dass ich eine Entwicklung spüre, dass ich wachse und weiterkomme. Solange ich das spüre, habe ich keinerlei Probleme mit irgendwelchen Aufgaben und Übungen im Kraft- oder Handballbereich."

Spitzenverkäufer sind begeistert!

Bestsellerautor Dr. Hans-Christian Altmann zitiert in seinem Buch „Jeder kann Sieger werden" eine Studie zum Scheitern von Verkäufern, die zu folgendem Ergebnis kommt:[47]

* 50 % aller Verkäufer scheitern an zu geringer Begeisterungsfähigkeit, Überzeugungskraft und einem zu geringen Selbstvertrauen in ihre Person.

* 40 % scheitern aus Mangel an Fleiß, Selbstorganisation und fehlender Kreativität.

* 10 % scheitern aus Mangel an Fach-, Markt- und Produktwissen.

Dr. Altmann sagt weiter dazu: "Grundlage von Spitzenverkäufern ist die Begeisterung und Leidenschaft. Ohne diese können selbst hervorragende Produkte und Dienstleitungen nicht erfolgreich verkauft werden."

In dieser Studie wird sofort deutlich, wie wichtig eine hohe innere Begeisterung ist.

---

47 Altmann, Dr. H.-C.: Jeder kann Sieger werden. Verlag moderne Industrie 2000. S. 27.

Kinder leben innere Begeisterung

Beispiel: Kinderspiele

Hast du schon einmal Kinder beobachtet, die sich einer Sache intensiv widmen, und gesehen, mit welcher Begeisterung die dabei sind? Du kannst Kinder beobachten, die sich mit völliger Hingabe stundenlang damit beschäftigen, Mehl auf deinem Teppich zu verteilen, um damit eine Straße für ihre Spielzeugautos zu bauen. Einige nutzen die riesige weiße Fläche in ihrem Zimmer, um mit Filzstiften oder Wachsmalstiften die ersten Werke zu zeichnen – auf der Tapete. Vor allem die Mädchen reifen schnell zu kleinen Damen und schminken sich leidenschaftlich mit Lippenstift. Den verteilen sie statt nur auf dem Mund gleich im ganzen Gesicht. Hast du dabei deren strahlendes Gesicht beobachtet? Erst wenn sie dein entsetztes Gesicht verbunden mit lauten, unangenehmen Tönen wahrnehmen, entweicht ihre Begeisterung. Die Kleinen sind verwirrt, dass sie mit ihrer Begeisterung allein dastehen und Mama und Papa die Hände über dem Kopf zusammenschlagen. Übrigens zu deiner Information: Deren Motivation liegt keinesfalls darin, dich zu ärgern. Das ist die innere Begeisterung, die bei Kindern sehr ausgeprägt ist.

Diese Begeisterung hast du doch heute sicher auch noch, nicht wahr? Auf jeden Fall hast du sie mal gehabt. Damals, wo dich die Älteren und Größeren noch mit „Na, Kurzer" bzw. „Na, Kleine" ansprachen. Erinnere dich an die Zeit zurück, als du 7-8 Jahre alt warst. Dein Papa kommt am Mittwoch zu dir und sagt: „Sohn, am Samstag gehen wir auf den Bolzplatz. Hast du Lust?" Deine Mama kommt zu dir und sagt: „Schatz, am Samstag gehen wir auf den Reiterhof. Hast du Lust?" Erinnerst du dich noch, wie du reagiert hast? Du bist sicher wie Super Mario durch das ganze Haus gesaust und hast Freudensprünge gemacht wie die Teletubbies. Das ist noch innere Begeisterung. Dazu hast du Sätze gestottert wie: „oooh ja, oh ja, oh ja. Pa-pa-pa, Mama-ma."

Wie sieht deine Begeisterung heute aus, wenn dein Partner, deine Partnerin kommenden Mittwoch zu dir sagt: „Schatz, am Samstag machen wir beide einen schönen Ausflug mit Picknick, Kino und allem, was dazugehört. Hast du Lust?" Machst du wie damals auf Super Mario und Teletubbie oder doch eher den Bert aus der Sesamstraße? Sollte es die Bert-Variante sein, wird es Zeit für neue Begeisterung. Entfache wieder das Feuer der Begeisterung, denn nur wenn du brennst, kannst du Außergewöhnliches erreichen – privat wie beruflich.

Entfache wieder das Feuer der Begeisterung in dir.

Beantworte folgende Frage:

* Trägst du noch das Feuer der Begeisterung - das Olympische Feuer - für deinen Job, deine Firma, dein Produkt, deinen Sport, deinen Partner in dir?

Hast du mit „Nein" geantwortet, beantworte folgende Fragen:

* Wie willst du in einer Branche erfolgreich sein, für die du keine Begeisterung empfindest?
* Was kannst du tun, um deine Begeisterung zurück zu gewinnen?

Begeisterung und Spaß! Spaß ist der größte Motivator schlechthin für alle, die es in einer Sache weit bringen. Alles, was Spaß macht, machst du gerne. Du bist begeistert bei der Sache, erzielst persönliche Bestleistungen und sogar Spitzenleistungen, ohne dass es dich anstrengt.

Sportler: Warum machen Spitzensportler das, was sie tun? Warum treiben sie den Sport, den sie ausüben – auf einem extrem hohen Niveau und mit großem Erfolg?

* „Meine Motivation war Neugier, Abenteuerlust, Risikofreude. Auch die Freude, etwas Unvergleichliches planen zu dürfen und schließlich, es bewältigt zu haben." (Rüdiger Nehberg, Abenteurer, Menschenrechtler)

* „Sehr früh hat es Spaß gemacht, bei Wettkämpfen zu gewinnen. Das Messen mit anderen, was ich als Jugendlicher im Körpersport gemacht habe, jetzt im geistigen Bereich zu tun, bringt Spaß." (Dr. Gunther Karsten, Gedächtnisweltmeister 2007)

* „Für mich ist es sehr wichtig, immer und zu jeder Zeit mein Bestes zu geben, denn dann kann ich mir selbst nie vorwerfen, dass ich nicht alles dafür getan habe, um erfolgreich zu sein." (Kathrin Hölzl, Weltmeisterin 2009 und Weltcupsiegerin 2009/10 im Riesenslalom)

* „Ich habe mit diesem Sport begonnen, weil die Kombination aus einer Ausdauer- und einer Präzisionssportart sehr reizvoll für mich war. Am Anfang stand der Spaß im Vordergrund. Jetzt ist dieser Sport mein Beruf, dennoch ist es für mich wichtig, dass der Spaßfaktor ... erhalten bleibt." (Arnd Peiffer, Biathlon Weltmeister in der Mixed Staffel 2010)

- „Als Kind habe ich mit Leichtathletik angefangen und hatte Spaß daran. Spaß zu haben ist wichtig. Viele denken da immer, wenn wir Sportler sagen: ‚Ich will Spaß haben.' Das ist kein Spaß, das ist Ernst. Dann habe ich die Vorstellung: ‚Wenn ich jetzt hier rüberspringe, dann freut sich das Publikum und ich freue mich mit.'" (Jennifer Oeser, Vizeweltmeisterin im Sieben-Kampf 2009)

- „Nur dadurch, dass ich wirklich Spaß am Gedächtnistraining habe, konnte ich so gut werden. Und nur deshalb bin ich auch heute noch dabei. Es macht mir einfach Spaß, immer besser zu werden, neue Dinge auszuprobieren und mich mit anderen im Wettkampf zu messen." (Boris-Nikolai Konrad, Weltrekordinhaber im Gedächtnissport)

Welche Schlüsse ziehst Du aus diesen Antworten?

6. Aus dem Auge, aus dem Sinn – Behalte deine Ziele im Auge

Die Sache mit dem Tischtennisball hat einen weiteren Haken. Dein gesamtes Wahrnehmungssystem wird bei der Durchführung dieser Aufgabe gestört. Kurz bevor dein schnippbereiter Finger den Ball erreicht, verdeckt deine Hand den Blick auf das Ziel. Und was du nicht siehst, kannst du nicht treffen, es sei denn aus Zufall. Du verlierst im wahrsten Sinne des Wortes dein Ziel aus den Augen. Und das hat viel mit dem wahren Leben zu tun: Wenn du ein persönliches Ziel aus den Augen verlierst, dann ist es sehr unwahrscheinlich, dass du das Ziel jemals erreichst. Behalte also stets dein Ziel im Auge. Grundvoraussetzung für deinen Erfolg ist jedoch, dir überhaupt herausfordernde Ziele zu setzen. Viele Menschen wissen nicht um die Bedeutung von Zielen und haben heute leider keine richtigen Ziele mehr.

Bevor wir näher auf deine Ziele eingehen, will ich dir einige Punkte vorstellen, die zu beachten sind und dich dabei unterstützen, deine Ziele zu erreichen.

Zeit ist dein kostbarstes Gut

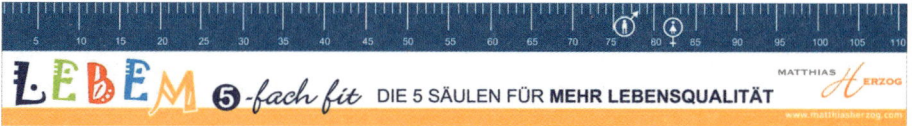

Übung: Zeit ist das kostbarste Gut, das du in deinem Leben hast. Das möchte ich dir einmal anhand eines Beispiels verdeutlichen. Das folgende Bild zeigt ein Lineal. Letztens sagte einer: „Ups, für meinen Taillenumfang reicht die Länge aber nicht." Du brauchst damit auch keinen Umfang zu messen. Das ist das LEBEM-Lebenslineal. Es steht für deine Lebenserwartung. Damit du die Übung mitmachen kannst, schneide das Lineal aus dem Buch aus (Seite 264). Alternativ nimm einen 2 m Zollstock zur Hand und kürze diesen bei ca. einem Meter. Auf dem Lebenslineal siehst du zwei Zeichen. Das Zeichen bei 77 – das Marssymbol, Symbol der Männlichkeit – verdeutlicht die aktuelle Lebenserwartung des Mannes und das Zeichen bei 82 – das Venussymbol, Symbol der Weiblichkeit – entspricht der Lebenserwartung der Frau.[48]

Als Frau reißt du jetzt bei 82 ab, als Mann bei 77. Hast du einen Zollstock in der Hand, brichst oder sägst du ihn an entsprechender Stelle ab. Ich schrieb „reißen" bzw. „brechen". Lasse das Knicken oder Markern mit einem Stift sein. Es soll dir richtig wehtun, deshalb streng dich an.

Greife jetzt zu deinem aktuellen Alter. Alles, was links davon ist, ist Vergangenheit. Die Zeit liegt hinter dir. Was kannst du davon noch beeinflussen? Richtig, nichts. Deshalb reiße, brich oder säge auch an dieser Stelle. Es bleibt jetzt ein Stück – bei dir vielleicht ein Stückchen – übrig. Dieses entspricht deiner verbleibenden Lebenserwartung: dem Rest deines Lebens. Das mag im ersten Moment deprimierend wirken, vor allem, wenn es sehr kurz ist. Doch das ist deine Zukunft, die du beeinflussen kannst. Letztens sagte ein Teilnehmer im Seminar bei dieser Übung ironisch: „Du hast ein Händchen dafür, deine Teilnehmer zu motivieren."

Überlege dir gut, was du aus dem verbleibenden Stück machst. Einige führen ihr Leben, als hätten sie wie eine Katze mehrere davon. Wenn du der

---

48 http://de.wikipedia.org/wiki/Lebenserwartung, 03.01.2010.

Zielgruppe Raucher angehörst, reiße von hinten nochmals sechs bis sieben Striche ab.[49] Dann kommt das etwa hin. Laut DAK-Studie kostet dich eine Zigarette knapp 11 Minuten Lebenszeit.[50]

Weißt du was? Heute ist ein ganz besonderer Tag für dich – es ist der erste Tag vom Beginn deines neuen Lebens. Diesen kannst du mit einem neuen Bewusstsein gestalten. Wie wäre es für dich, wenn du den Rest deines Lebens mit einer hohen Lebensqualität und einer Menge Spaß gestaltest? Die Medizin hat zwar dazu beigetragen, dass du die Chance hast, viel älter zu werden als deine Vorfahren. Nur was bringt es dir, wenn du die letzten Jahre in weiß tapezierten Räumen verbringst, an unzähligen Kabeln hängst und über Monate das einzige Bild an der Wand anstarrst?

Bist du ein Mann, vergleiche deinen Lebenserwartungs-Schnipsel mit dem deiner Partnerin. Fällt dir was auf? Richtig. Ihrer ist länger. Ich habe mich bei Medizinern erkundigt: Eine Geschlechtsumwandlung bringt da leider nichts – nur Probleme mit deiner Partnerin. Es ist Fakt, dass Frauen in Beziehungen häufig jünger sind, mit Stress besser umgehen können und älter werden – deshalb der längere Schnipsel. Das erklärt übrigens auch, warum Frauen so viel reden. Sie beeilen sich, dass sie dir schnellstmöglich alles erzählen, was ihnen wichtig erscheint. Sie wissen nämlich nicht, wie lange du es noch machst. Wenn du willst, dass deine Frau die Altersrente nicht alleine auf den Kopf haut, solltest du zusehen, dass du etwas dafür tust, dass dein Schnipsel an Länge gewinnt.

Im Folgenden erhälst du einige Tipps, die bei Frau und Mann das Gleiche bewirken können wie Tesafilm, wenn du bereit bist, sie umzusetzen. Wenn du etwas für dich tust, dein Stressempfinden reduzierst, deine Zeit besser nutzt, mit einer anderen Lebenseinstellung dein Leben gestaltest, wirkt dieses Tesafilm Stück für Stück und beschert dir zusätzliche Jahre.

---

49 http://www.br-online.de/bayerisches-fernsehen/geld-und-leben-das-sozialmagazin/geld-und-leben-sozialmagazin-versicherungberuf-rentenversicherung-ID1251101629741.xml, 03.01.2010.

50 https://www.dak.de/servlet/pwgbservlet?FORM_KEY=C125738B002F8028D5661215 B2AA69AFC12573A700395FAF, 03.01.2010.

Es gibt keine Zeitprobleme, nur Prioritätenprobleme

Täglich erzählen mir Menschen: „Ich habe keine Zeit dafür."

„Ich habe keine Zeit, täglich 33 Minuten zu lesen. Wo soll ich die Zeit herholen." „Ich habe keine Zeit dafür, mich ausgewogener zu ernähren. Ich bin den ganzen Tag unterwegs und kann nur zwischendurch essen. Ich muss essen, was ich zwischen die Kiemen bekomme." „Ich habe keine Zeit, zwei Mal pro Woche 33 Minuten Ausdauersport und 22 Minuten Krafttraining zu machen." „Ich habe keine Zeit, spätestens alle 88 Minuten eine Pause einzulegen. Ich habe Termine einzuhalten." „Ich habe keine Zeit, irgendwelche Ziele zu planen."

„Ich habe keine Zeit!" ist eine der blödesten Ausreden, die es gibt.

Es gibt keine Zeitprobleme, es gibt nur Prioritätenprobleme.

Es stellt sich lediglich die Frage:

- „Wie wichtig ist dir das?"

Wenn du sagst: „Ich habe keine Zeit für Sport, keine Zeit für gesunde Ernährung." Dann ist dir das Ganze nicht wichtig genug. Deine Prioritäten liegen woanders.

Wie bereits erwähnt schaut der Deutsche im Schnitt 3 Stunden und 41 Minuten in die Röhre – täglich.[51] Dafür nimmst du dir Zeit. Auch für das Telefonieren bleibt genügend Zeit. Zwei Drittel der Telefongespräche bei Frauen mit ihrer Freundin dauern länger als eine halbe Stunde. Für das Quatschen mit der Freundin hast du die Zeit. Das Tratschen könnt ihr auch beim gemeinsamen Radfahren, Joggen oder Krafttraining machen, wenn deine Freundin in der Nähe wohnt. Du entscheidest selbst, was dir wichtig ist. Nur lass anschließend das Quaken, dass du keine Zeit hast. Das ist absoluter Blödsinn. Stelle dir immer und immer wieder folgende Frage:

- Was ist mir wirklich wichtig im Leben?

Wenn du das herausgefunden hast, dann nimm dir die Zeit dafür. Lerne jetzt, wie du Prioritäten richtig setzt. Wichtig ist nicht gleich wichtig und dringend nicht gleich wichtig.

---

51 http://www.ip-deutschland.de/ipd/forschung_und_service/publikationen/publikationsreihen/television_keyfacts.cfm; 28.12.2009.

Unterscheide nach dringend und wichtig

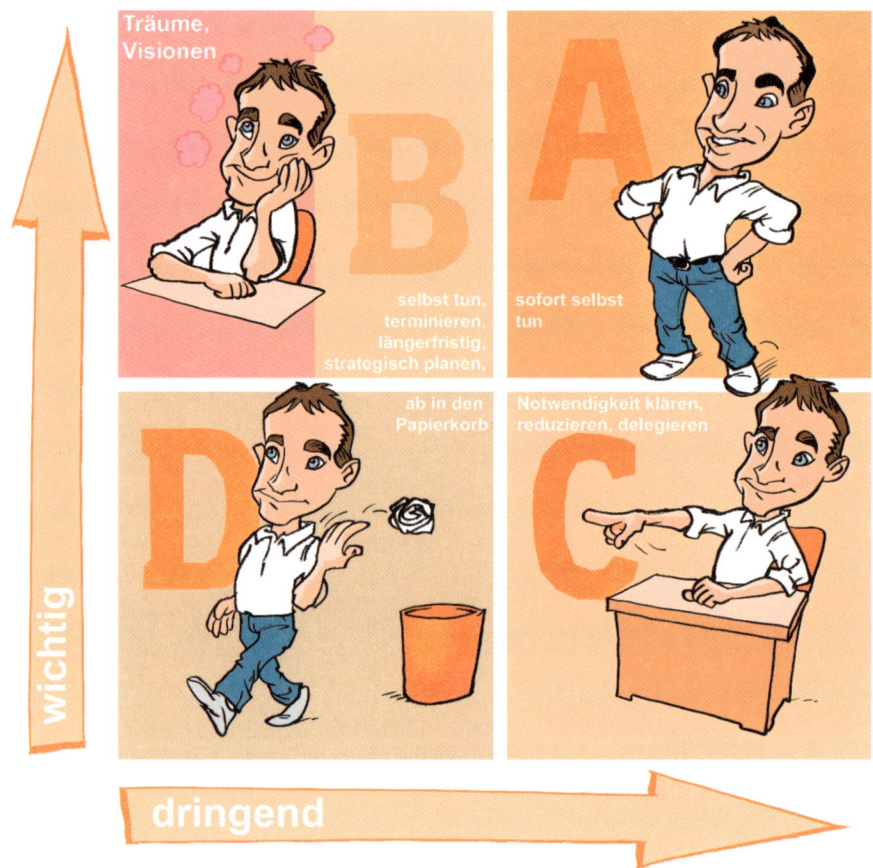

Du setzt nach zwei Kriterien Prioritäten: dringend und wichtig.

Was heißt überhaupt dringend? Dringend heißt, dass du z.B. einen Termin vorliegen hast, der einzuhalten ist. Das kann ein Einsendeschluss oder eine Frist sein. Wichtig sind Dinge, die böse Konsequenzen haben, wenn du sie sein lässt. Vernachlässigst du deine Gesundheit, drohen dir langfristig Übergewicht, Herzinfarkt, Schlaganfall, Diabetes, Burn-out etc. Wenn du das Zähneputzen vernachlässigst, bekommst du Karies.

Der ehemalige US-Präsident Dwight D. Eisenhower entwickelte ein Vier-Quadranten-Modell dazu. Alle Aufgaben werden hier anhand der Kriterien „wichtig/unwichtig" und „dringend/nicht dringend" in vier Quadranten verteilt. Die Y-Achse (senkrecht) beschreibt die Wichtigkeit einer Aufgabe. Wenn eine Aufgabe oben angesiedelt ist, so ist sie wichtig. Ist sie unten angesiedelt, ist sie unwichtig. Die X-Achse (waagerecht) beschreibt die Dringlichkeit einer Aufgabe. Ist eine Aufgabe rechts angesiedelt, so ist die Aufgabe dringend. Ist die Aufgabe links angesiedelt, so ist sie nicht dringend.

Erster Quadrant = A-Quadrant (wichtig und dringend)

30 % der Zeit verwendest du für A-Aufgaben im Feld rechts oben, also Aufgaben, die gleichzeitig dringend und wichtig sind. Diese A-Aufgaben erledigst du am besten selber und unverzüglich. Darunter fällt u.a. das Gespräch mit einem verärgerten Kunden oder die Ausarbeitung und Versendung des längst überfälligen Angebots. Bei vielen gehört im privaten Bereich der Abschluss der Steuererklärung, deren Abgabetermin bereits verstrichen ist, dazu. Es ist der Quadrant der Notwendigkeit.

Zweiter Quadrant = B-Quadrant (wichtig, wenig dringend)

Regelmäßig zu kurz kommen die wirklich wichtigen Dinge im Leben So bleibt häufig die langfristige Planung von Zukunfts-Visionen und Zielen für das Unternehmen und die Entwicklung deiner eigenen Persönlichkeit auf der Strecke. Der Schutz deiner Gesundheit ist zwar wichtig, doch sagst du: „Hey, mir geht's gut. Ich spür' noch nichts." Also lässt du Vorsorgeuntersuchungen, eine ausgewogene Ernährung und regelmäßige Bewegung schleifen. „Das hat noch Zeit." Auch die Pflege deiner Beziehungen – das Frischhalten deiner Partnerschaft, die regelmäßige Pflege von Kontakten mit Freunden und Bekannten im Privaten – kommt viel zu kurz.

Dies ist der Quadrant der Qualität. Ein Ignorieren von Quadrant B lässt den Quadranten A anschwellen und führt zu Stress und Erschöpfung. So schiebst du Aufgaben in diesem Bereich regelmäßig auf die lange Bank. Als B-Aufgaben sind sie zwar wichtig, können jedoch auch noch später erledigt werden. Darauf ruhst du dich aus. Das wird dir zum Verhängnis. Du schiebst die Aufgaben regelmäßig beiseite, bis sie eines Tages nicht nur wichtig, sondern auch gleichzeitig dringend geworden sind. So hast du „plötzlich" einen Herzinfarkt, dein Partner zieht „ganz überraschend" aus, Freunde kündigen dir „völlig unerwartet" die Freundschaft oder andere Mitarbeiter, Mitschüler, Sportler haben sich „mal eben" an dir vorbei entwickelt, weil sie erkannt haben, dass lebenslanges Lernen lebensnotwendig ist. Planst du diese Themen hingegen langfristig und widmest ihnen Tag für Tag ein wenig Zeit, solange sie wichtig und nicht dringend sind, erreichst du persönliche Bestleistungen spielerisch und führst ein Leben voller Lebensqualität.

Dritter Quadrant = C-Quadrant (dringend, aber wenig wichtig)

Untersuchungen kommen zu dem Ergebnis, dass du 50 - 60 % deiner Zeit rechts unten im Feld mit C-Aufgaben verbringst, die nicht wichtig, jedoch dringend sind. Die Fülle der dritten Gruppe macht dir öfter das Leben schwer, da es meistens einfach nur Zeitfresser sind. Es ist der Quadrant der Täuschung: Der Trubel des Dringlichen erzeugt eine Illusion von Wichtigkeit. Du verbringst irrtümlicherweise viel Zeit mit diesen Aufgaben in dem Glauben, Wichtiges und Dringendes zu erledigen. Unter C-Aufgaben fallen u.a. Anrufe, Zufallsbesucher und viele Termine und Besprechungen. Der Anruf bei der Schwiegermutter, die „dringend" darauf wartet, zurückgerufen zu werden. Oder die Ausarbeitung eines bereits mehrfach angeforderten Sitzplans für die nächste Konferenz, bei der Kollege Neureuther allen Herren ein Zigarrenetui und den Damen ein Parfumfläschchen auf den Platz stellen möchte.

Besonders als Führungskraft belastest du dich enorm dadurch, dass du zu viele Entscheidungen selbst triffst. Ein Großteil der Entscheidungen kann von deinen Mitarbeitern erledigt werden, in manchen Fällen aus fachlichen Gründen sogar besser als von dir selbst. Vertraue deinen Mitarbeitern und delegiere Entscheidungen, so dass du deine Zeit effizienter nutzen kannst. Achte beim Delegieren darauf, dass du dem Mitarbeiter genau sagst, was zu tun ist und ihm erklärst, worin der Sinn der Aufgabe besteht.

Vierter Quadrant = D-Quadrant (nicht wichtig und nicht dringend)

Wenn eine Aufgabe weder wichtig oder dringend ist, dann frage dich, warum du sie überhaupt übernehmen oder erledigen willst. Eine logische Schlussfolgerung ist, D-Aufgaben zu lassen. Deshalb heißt dieser Quadrant auch „Papierkorb-Quadrant" und ist der Quadrant der Verschwendung.

Dazu gehören z.B. das Ansehen geistloser Fernsehsendungen und das Durchsehen einiger Werbemails.

Stelle dir stets die Frage:

* „Bringt mich das, was ich jetzt gerade tue bzw. gleich tun werde, wirklich meinen Zielen näher?"

Plane die wirklich wichtigen Dinge

Es gibt nur einen Ausweg, dich von Verschwendung (D-Aufgaben) und Täuschung (C-Aufgaben) zu verabschieden. Plane zukünftig für die Dinge, die wirklich wichtig in deinem Leben sind, bereits im Vorfeld Zeit ein. Es klappt nur auf diese Art und Weise.

Das möchte ich dir anhand eines Experiments verdeutlichen. Stelle dir vor, vor dir liegt eine Schüssel, die zu ca. 2/3 mit Kieselsteinen gefüllt ist. Die Schüssel steht bildlich gesprochen für deine Zeit, die du innerhalb einer Woche zur Verfügung hast. Die Kieselsteine stehen für die vielen dringenden und wenig wichtigen Dinge (C-Aufgaben), mit denen du dich oft den ganzen Tag beschäftigst (Anrufe, Kaffeeklatsch und viele Termine und Besprechungen). Neben der Schüssel liegen wenige größere Steine. Diese stehen für die wirklich wichtigen Dinge in deinem Leben, die selten dringend sind – deine Lebensplanung, Träume, Vorsorgeuntersuchungen, Bewegung... Beim Versuch, die größeren Steine ebenfalls in die Schüssel zu legen, stellst du was fest? Richtig, du hast zu wenig Platz. Wie könnte es ggf. trotzdem funktionieren, dass die großen Steine doch noch in die Schüssel passen? Überlege einmal. Du kommst sicher zu folgendem Ergebnis: Wenn du zuerst die größeren Steine hineinlegst und anschließend die kleineren Steine darüber gießt, kann es plötzlich doch funktionieren.

Selbstverständlich macht es keinen Sinn bei deiner Planung, deine gesamte Woche mit wichtigen Dingen – großen Steinen – zu füllen. So bliebe keine Zeit mehr für die „Kieselsteine".

Was du aus diesem Experiment lernst, ist Folgendes: Wenn du zuerst die Kieselsteine in die Schüssel schüttest, bleibt später kaum noch Platz für die großen Steine. So ist es auch in deinem Leben. Wenn du falsche Prioritäten setzt und all deine wertvolle Energie für die kleinen Dinge des Lebens aufbrauchst, bleibt dir keine Kraft mehr für die großen, wichtigen – auf die kommt es schließlich an im Leben. First things first: Nur wenn du die wichtigen Dinge zuerst planst und die dringenden Dinge drumherum, verteilst du deine Prioritäten sinnvoll.

Setze deine Energie frei

Die Realisierung deiner Ziele kostet eine Menge Energie. Aus Erfahrung weißt du, dass du nur begrenzte Energie zur Verfügung hast. Deine Energiemenge schwankt, u.a. abhängig von deiner Tagesform und deiner Motivation.

Beispiel: Die Lebensbatterie

Du hast eine eigene Batterie – eine Lebensbatterie, die deine Energie speichert. Vergleiche deine Lebensbatterie mit der Batterie eines Autos. Die Autobatterie braucht die Energie in erster Linie zum Starten. Was passiert jedoch mit der Batterie, wenn du über Nacht die Deckenbeleuchtung im Fondbereich leuchten lässt? Klar, sie verliert Energie. Wenn dir das einmal passiert, hat das keine großen Auswirkungen. Lässt du zusätzlich das Standlicht über Nacht an, das Handschuhfach offen, das Radio und das Navigationsgerät angeschaltet und das alles über mehrere Tage, dann ist die Batterie irgendwann leer. Eines Morgens bleibt der Motor plötzlich stumm. Mit Sicherheit achtest du bei deinem Auto darauf, dass du solche „Energiefresser" möglichst vermeidest, um die Lebensdauer der Batterie zu verlängern. Stimmt' s?

- Wie steht es dagegen um deine Lebensbatterie?

Bei deinem Auto hast du die Möglichkeit, die Batterie auszuwechseln, wenn sie alt und verbraucht ist und keine Energie mehr liefert. Deine Lebensbatterie ist hingegen unersetzbar. Auch dein Leben hält viele Energiefresser für dich bereit, die Tag für Tag an deinem Energiehaushalt zerren und dich daran hindern, mit frischer Energie zu neuen Zielen durchzustarten. Deine Lebensbatterie gilt es dein gesamtes Leben zu pflegen, um ein Leben voller persönlicher Bestleistungen führen zu können.

Kinderkrankheit Aufschieberitis

Kennst du das? Die Aufschieberitis! Sie gilt heute als Volkskrankheit. Nicht Haarausfall oder Durchfall. Aufschieberitis verhindert echten Erfolg und persönliche Bestleistungen. Der Druck nimmt immer weiter zu, deine Motivation sinkt und wertvolle Energie geht verloren.

Beispiel: Die Physikarbeit

Die erste Erfahrung mit Aufschieberitis sammelst du bereits in der Schule. Deine Lehrerin erzählt euch: „Nächsten Mittwoch schreiben wir eine Physikarbeit." Du sagst dir: „Super, da habe ich noch eine Woche Zeit zum Lernen. Da reicht es, wenn ich morgen anfange." Am Donnerstag in der Schule fragt dich dein bester Freund, ob du mit ihm ins Kino gehst. Du überlegst kurz, da du eigentlich lernen wolltest, doch den Film willst du unbedingt sehen, also bist du dabei. „Mittwoch ist noch lange hin", denkst du dir. Auch am Freitag kommt dir etwas dazwischen, da du nach dem Handballtraining mit den Teamkameraden in die Stadt bummeln gehst. So ziehen die Tage ins Land und am Dienstagabend stellst du erschrocken fest: „Ach ja, morgen schreiben wir eine Physikarbeit. Mist." Also siehst du zu, dass du dir den Stoff noch irgendwie bis nach Mitternacht in dein Kurzzeitgedächtnis prügelst und sitzt am Mittwochmorgen total übermüdet in der Physikarbeit. Entsprechend zerknirscht siehst du aus, wenn du das Ergebnis deiner Glanzleistung in deinen Händen hältst. Dein Vorsatz: „Beim nächsten Mal fange ich früher an." Glaubst du wirklich daran, dass das klappt?

Die Verdrängungstaktik wählst du häufig, wenn dir die Motivation fehlt, eine Sache anzugehen. Dabei kostet das Aufschieben ebenfalls eine Menge Freude, denn so richtig genießen kannst du den Kinobesuch oder den Stadtbummel nicht, wenn sich deine Gedanken um die Aufgabe drehen, die du „eigentlich" schon längst angehen wolltest. Das schlechte Gewissen plagt dich kurz, bis du eine andere, motivierendere Beschäftigung gefunden hast, die dich vom Thema ablenkt. Am Ende bleibt oft nur noch der Zeitdruck, der dich ins Handeln bringt. Dieses Verhalten frisst wertvolle Energie und kostet Lebensqualität.

Hinterfrage dich und analysiere: was sind die wichtigen und unwichtigen Dinge, die zu tun sind – im Beruf wie im Privaten?"

Es gibt Energiefresser, kleine Dinge, die dir täglich Energie rauben: ein unangenehmer Telefonanruf, nervige Personen, die Steuererklärung, Aufräumen usw.

- Was sind deine persönlichen Energiefresser – kleine und große Dinge, die du gerne vor dir herschiebst?

Auf deiner Liste könnten sich folgende Energiefresser befinden:

- Trainingspläne schreiben und auswerten
- Körperstabilisierungsübungen machen
- Akten sortieren oder wegwerfen
- Gespräch mit der Bank führen
- Mitarbeitergespräche führen
- Kleiderschrank aussortieren
- Klärendes Gespräch führen
- Keller/Zimmer aufräumen
- Büro-Unterlagen ablegen
- Hausaufgaben machen
- Für Prüfungen lernen
- Arbeiten korrigieren
- Angebot schreiben
- Steuererklärung
- Sport allgemein
- Arztbesuche
- Meetings
- Bügeln
- …

Energiefresser und das Wintermärchen

Während andere als Kind Feuerwehrmann oder Krankenschwester werden wollen, hat dieses junge, sympathische Mädchen das Ziel, Sportlerin zu werden. Als Kind träumt sie bereits vom Olympiasieg. Viele schmunzeln und denken sich: „Ne, klar, passt schon!" Doch ihr Traum scheint schneller Realität zu werden als erhofft. Schnell gilt sie als Jahrhunderttalent. Bereits als Teenager erreicht sie mehr als andere Sportler in ihrer gesamten Karriere. Der flinken Blondine eilt bereits als 15-Jährige der Ruf eines "Rohdiamanten" voraus. Mit 16 Jahren holt sie den ersten von sieben WM-Titeln bei den Juniorinnen. 2007 gewinnt sie bereits mit 19 Jahren ihren ersten Weltcup und drei Weltmeistertitel. Im Jahr darauf folgen weitere drei Weltmeistertitel, der Gesamtweltcupsieg und die Wahl zu Deutschlands Sportlerin des Jahres 2008 – das ganze bereits mit 20 Jahren. Damit ist sie die jüngste Gesamtweltcupsiegerin aller Zeiten.

Vom Traum zum Trauma

Alles scheint in bester Ordnung: Siege, Titel, Preisgelder, knapp zwanzig Sponsorenverträge und tausende Fans, die sie frenetisch feiern und lieben. Doch dieser Erfolg hat auch seine Kehrseite: die hohen Erwartungen – die eigenen und vor allem die der anderen. Alle erwarten plötzlich DIE Traumkarriere mit weiteren Erfolgen. Darüber hinaus eilt sie von Termin zu Termin, auf und neben der Piste und dem Schießstand wollen alle „Lena": Medien, Werbepartner, Fans. Touristen klopfen in ihrer Heimat Wallgau an ihre Haustür, um ein bisschen zu quatschen.[52] Ein Stalker droht, sie zu ermorden. Der Rummel um ihre Person macht der bodenständigen Skijägerin aus Oberbayern extrem zu schaffen. Diese vielen Energiefresser sorgen dafür, dass sich Verletzungen und Krankheiten häufen. Irgendwann streikt die Psyche. „Manchmal hatte ich vorm Telefonklingeln Angst, weil ich dachte, es will schon wieder jemand was von mir."[53] Statt Ruhe, um wieder zu Kräften zu kommen und die Batterien aufzuladen, beginnt die neue Saison 2008/2009. Und alle erwarten natürlich Siege: „Zweite Plätze sind eine Niederlage."

---

52 Stern, 9/2010, S. 87.
53 Stern, 7/2010. S. 118.

Hinzu kommen ihre unbeständigen Schießleistungen, besonders beim Stehendschießen. Diese „Schwäche" wird ständig in den Medien thematisiert und in der Öffentlichkeit fixiert – ein zusätzlicher Energiefresser, der Stress hervorruft. Trotz stabiler Trainingsergebnisse im Schießen ist sie den Stresssituationen im Wettkampf nicht gewachsen. Ein Mittel von 65 % beim Stehendschießen bedeutet eine Platzierung auf den hinteren Rängen des Starterfeldes.[54] Anfang 2009 lässt sie beim Weltcup in Antholz fünf von fünf Scheiben stehen. „Damals in Antholz hatte ich vorm Schießen plötzlich Angst. Das war ein Schock, ich dachte, ich lasse meine Waffe fallen."[55] Alles dreht sich nur noch ums Schießen. Sie sagt: „Ich habe mir am Start bereits überlegt, was ich im Ziel sage, warum es nicht geklappt hat! … Manchmal habe ich das Gefühl, dass ich nie eine gute Schützin werde."[56]

Der Traum wird Gold

Sie leidet, grübelt und überlegt nach der Saison 2008/2009, den Biathlonsport an den Nagel zu hängen: „Es gab eine Phase, in der ich sagte, ich kann, ich will nicht mehr."[57] Doch sie kämpft, um ihre Karriere und vor allem darum, den Spaß am Sport wiederzuentdecken. Sie krempelt ihr Leben um und sucht sich Unterstützung bei einem Heilpraktiker, der ihr einfach nur zuhört und einige Tipps gibt. Besonders die enge Beziehung zu ihrer Familie in ihrer Heimat Wallgau dient ihr als Kraftquelle und Ruhepol. Sie beseitigt wesentliche Energiefresser: Sie reduziert ihre Termine, lernt öfters „Nein" zu sagen, konzentriert sich wieder mehr auf ihren Sport und vor allem auf sich selbst. Sie arbeitet und lebt noch professioneller. Heute sagt sie: „Ich komme mit mir besser zurecht, glaube an mich. Es geht um die positive Einstellung zum eigenen Leben. Die habe ich jetzt wieder."[58] Sie lernt, den Druck von außen weniger an sich heran zu lassen: „Wenn ich immer mein Bestes gebe, brauche ich mir auch nichts vorzuwerfen. … Oft werde ich ja als schlechte Schützin dargestellt, dabei stimmt das gar nicht. Ich weiß, dass ich schießen

---

54 http://de.wikipedia.org/wiki/Magdalena_Neuner. 01.04.2010.
55 Stern, 7/2010. S. 118.
56 Ebenda, 7/2010. S. 118.
57 Ebenda, 7/2010, S. 118.
58 http://www.bild.de/BILD/sport/olympia-2010-vancouver/2010/02/16/magdalena-lena-neuner/biathlon-star-gestaendnis-ruecktritts-gedanken.html. 20.02.2010.

kann, meine Technik ist nahezu perfekt. Es liegt am Kopf und daran habe ich gearbeitet...“[59]

Die Biathletin bezwingt ihre Selbstzweifel und gewinnt ihre alte Stärke zurück. Die Saison 2009/2010 wird ihre Saison. Mit ihrer beständig herausragenden Laufform läuft sie allen davon und die mentale Arbeit am Schießstand zeigt Wirkung. Sie steigert sich sowohl im Liegend- als auch Stehendschießen. Ihrem großen Ziel „Gold in Vancouver 2010“ ordnet sie alles unter – mit Erfolg. Bei den Olympischen Spielen gewinnt sie mit gerade einmal 23 Jahren zwei Goldmedaillen und eine Silbermedaille. Als sie auf den Druck angesprochen wird, eine Medaille bei den Olympischen Spielen holen zu müssen, antwortet sie: „Welcher Druck? Ich habe mir gar keinen Druck gemacht. Ich habe mir eingeredet, dass es hier ein ganz normaler Sprint ist. ... Fertig. Es hat geklappt. Ich habe sehr viel mental an mir gearbeitet und hatte Erfolg.“[60] Außerdem sagt sie: „Ich denke, dass es heute im Spitzensport undenkbar ist, nicht mit einem Mentaltrainer zu arbeiten.“ Sie ist das Gesicht der deutschen Wintermannschaft in Vancouver. Bei der Abschlussfeier führt die erfolgreichste deutsche Athletin das deutsche Team als Fahnenträgerin an. Keine Athletin dominiert aktuell ihre Sportart so überlegen wie die Deutsche. Darüber hinaus bezaubert sie mit ihrer Natürlichkeit und ihrem Lächeln. Die Saison findet ihren krönenden Abschluss mit ihrem zweiten Gesamtweltcupsieg und ihrem insgesamt siebten Weltmeistertitel, den sie in der Mixed-Staffel gewinnt. Diese beeindruckende Athletin ist keine geringere als Magdalena Neuner – 2007 in Antholz noch die „Gold-Lena“ ist sie heute der Biathlon-Star. Deutschland hat nun zwei goldige Lenas. Sie ist ein Vorbild für kommende Talente und ein Paradebeispiel für den raschen Aufstieg in den Olymp, der so schwer zu schaffen ist.[61] Auf ein vorzeitiges Karriere-Ende angesprochen antwortet Lena: „Nein, jetzt macht es mir wieder saumäßig Spaß.“[62]

---

59 http://www.stern.de/sport/olympia/olympia-2010/sportarten/biathlon/biathlon-star-magdalena-neuner-gute-leistungen-fallen-nicht-vom-himmel-1540130.html. 15.02.2010.

60 http://olympia-2010.t-online.de/olympia-2010-biathlon-damen-neuner-gewinnt-silber-und-traeumt-von-gold-/id_21732554/index. 15.02.2010.

61 http://www.stern.de/sport/olympia/olympia-2010/magdalena-neuner-gewinnt-gold-vom-jahrhundert-talent-zum-biathlon-star-1544226.html. 18.02.2010.

62 http://www.bild.de/BILD/sport/olympia/olympia-2010-vancouver/2010/02/16/magdalena-lena-neuner/biathlon-star-gestaendnis-ruecktritts-gedanken.html. 20.02.2010.

Sportlerinterview Magdalena Neuner

Rechte: Ingo Boddenberg

Matthias: Was ist deine Motivation für deinen Sport? Warum machst du Biathlon?

Magdalena: Mit 14 Jahren habe ich bereits in der Schule gesagt, dass ich einmal Profibiathletin werde. Mir macht Biathlon einfach unglaublich Spaß. Und solange ich den Spaß und die Freude daran habe, habe ich auch die Motivation, mich im Training zu schinden – gerade in den schweren Tagen, die im Training natürlich auch ab und zu warten.

Matthias: Was fällt dir im Training schwer? Wie motivierst du dich zum Training, wenn du z.B. etwas trainierst, wozu du keine Lust hast?

Magdalena: Schwer fällt es natürlich, wenn es regnet und sehr kalt ist und wenn harte Einheiten auf dem Trainingsplan stehen. Biathlon ist nun einmal ein Ausdauer- und Outdoorsport. Ich weiß, dass es dazu gehört. So halte ich mir, wenn es mal schwerer fällt, meine großen Ziele vor Augen. Außerdem haben wir eine lustige Trainingsgruppe, in der das Training noch mehr Spaß macht und gerade härtere, unangenehme Einheiten leichter fallen.

Matthias: Was war rückblickend diese Saison 2009/2010 anders im Vergleich zur letzten Saison, was maßgeblich dazu beigetragen hat, dass diese Saison die erfolgreichste deiner Karriere wurde?

Magdalena: Ich habe konsequent einen neuen Weg eingeschlagen. Ich habe gesagt: „Bis hierher und nicht weiter, was öffentliche Auftritte betrifft." Ausdauersport verlangt mehr Training als andere Sportarten. Ich trainiere 6-8 Stunden am Tag, sechs Tage die Woche – Ausdauertraining, Krafttraining, regeneratives Training, Schießen. Der Tag ist so voll, dass fast keine Zeit für andere Dinge bleibt. Bei zu vielen Terminen zollt der Körper irgendwann Tribut. Das war bei mir der Fall. Ich wurde krank und war vor allem im Kopf müde.

Ich entschied vor der Saison: „Ich werde Olympiasiegerin." Das habe ich offen formuliert, wohl wissend, dass es auch schief gehen könnte. Ich habe dem Ziel Olympiasieg alles untergeordnet und mich auf das Ziel konzentriert. Dass es darüber hinaus zum Gesamtweltcupsieg gereicht hat, war ein positiver Nebeneffekt, weil die Form nach Vancouver noch passte und die Motivation da war.

Matthias: Mit welchem Ziel gehst du in einen Wettkampf?

Magdalena: Gewinnen. Immer. Wenn ich an den Start gehe, will ich gewinnen – nicht Zweite, Dritte, oder Sechste werden. Das ist mein Anspruch. Das schaffe ich natürlich nicht immer, das ist klar. Ich freue mich jedoch auch über schwächere Platzierungen. Wenn ich weiß, dass ich mein Bestes gegeben habe und am Ende kommt Platz sechs oder sieben heraus, bin ich dennoch glücklich über das Ergebnis. Dann war halt nicht mehr drin an dem Tag.

Matthias: Inwieweit ist der Tiefpunkt deiner Karriere, der fast zu deinem Karriereende geführt hätte, im Nachhinein förderlich gewesen und jetzt mit dafür verantwortlich, dass du heute stärker bist als jemals zuvor?

Magdalena: Rückschläge gehören dazu. Ich habe aus meinen Fehlern sehr viel gelernt. Sicher war die Situation in der letzten Saison im Nachhinein förderlich. Sie half mir zu erkennen, dass es wichtig war, einige Dinge zu ändern.

„Tiefpunkt" ist natürlich Definitionssache. Ich war auch in der Saison 2008/2009 nach wie vor Weltspitze und belegte am Saisonende Platz 4 im

Gesamtweltcup. Aber ich konnte die Erwartungen und Ansprüche, die von außen an mich rangetragen wurden, nicht mehr ganz erfüllen. Ein Tiefpunkt, was die sportlichen Leistungen betrifft, war es keiner. Es war ein mentaler Tiefpunkt, der die Motivation und Freude am Sport betraf.

Beseitige deine Energiefresser

Übung: Energiefresser

Die Liste deiner Energiefresser sieht natürlich anders aus als die eben dargestellte Beispielliste. Deshalb nimm Zettel und Stift zur Hand und erstelle eine ganz persönliche Liste deiner Energiefresser. Gehe beim Erstellen der Liste einen Lebensbereich nach dem anderen durch – deine privaten und beruflichen Beziehungen, dein berufliches Leben, deine Gesundheit, deine Hobbys, deine persönliche Weiterentwicklung. Bleibe dabei objektiv und vermeide gewohnheitsmäßige Entschuldigungen und Selbstvorwürfe.

Wenn du bereit bist, deine Lebensqualität entscheidend zu verbessern, führst du jetzt die folgende Übung durch, die dich dabei unterstützt, deine Energiefresser und damit deine Aufschieberitis in den Griff zu bekommen. Das ist ein Angriff auf deine Komfortzone. Beschließe erst dann Ruhe zu geben, wenn du diese Aufgabe erledigt hast. Freue dich auf den Augenblick, wenn du glücklich feststellst: „Ich habe es geschafft. Wieder einen Energiefresser weniger." Hier nun die Aufgabe:

1. Schreibe alle deine Energiefresser auf ein Blatt Papier!
2. Setze Prioritäten: Was raubt dir am meisten Energie? 1., 2., 3.,...
3. Tausche dich mit einer zweiten Person aus, warum die Prioritäten 1 - 3 Energie kosten. Sucht gemeinsam nach Lösungen!
4. Vereinbart einen Termin für ein weiteres Gespräch, ca. drei Tage später.
5. Beseitige drei Energiefresser innerhalb der nächsten 72 Stunden!

Wenn du deine Energiefresser notiert hast, setze in Schritt 2 Prioritäten. Nimm die Liste zur Hand und nummeriere die einzelnen Punkte nach ihrer Wichtigkeit. Der größte Energiefresser bekommt die 1, der zweitgrößte die 2 usw. Tausche dich in Schritt 3 mit einer Person aus, der du vertraust. Sage ihr, warum dir die Energiefresser 1-3 so viel Energie rauben, und entwickelt Lösungen, um die Energiefresser zu beseitigen. Suche dir einen Menschen, auf den du dich verlassen kannst, damit dieser auch nachbohrt, ob du die Energiefresser wirklich beseitigst. Es bringt gar nichts, wenn du jemanden hast, der dir nach dem Mund redet. Die externe Person ist zu deinem Besten und dazu da, einen gewissen Druck aufzubauen, damit du ins Handeln kommst. Wenn diese Person bereits ähnliche Energiefresser hatte, kann sie mit guten Tipps helfen – zwei Köpfe sind meist schlauer als einer. Tue dir einen Gefallen: Beseitige anschließend deine Energiefresser selbst. Du hast nichts davon, wenn andere das für dich erledigen. Sobald wieder ein ähnliches Problem auftaucht, bist du genauso schlau wie vorher. Verpflichte in Schritt 4 die Person, dass sie dich zu einem vereinbarten Zeitpunkt anruft und abfragt, wie konsequent und entschlossen du an deiner Umsetzung gearbeitet hast. Klar wäre es noch besser, wenn du die andere Person anrufst und nicht umgekehrt. Wenn ihr das so herum vereinbart, achte darauf, dass dich die andere Person dennoch anruft, wenn du dich um den Anruf drücken solltest. Du weißt schon: „Ach, habe ich doch glatt vergessen, mich bei dir zu melden. Ich war sooo beschäftigt." Setzt Termine und haltet sie konsequent ein. Beseitige in Schritt 5 die besprochenen Energiefresser bis zu dem vereinbarten Termin soweit wie möglich. Sicher brauchst du für einige Energiefresser mehr als 72 Stunden, bis sie aus der Welt sind, z.B. für die Lösung eines Konflikts. Du kannst jedoch eine erste Entscheidung treffen, und wenn sie darin besteht, einen Termin für ein Gespräch mit dem Konfliktpartner zu vereinbaren. Bereits das erfordert Mut, gibt dir im Nachhinein jedoch weitaus mehr Energie zurück, als du aufgewendet hast. Verfahre in Zukunft so mit allen deinen Energiefressern und führe die Übung regelmäßig durch.

Mache dir bewusst, was es für dich bedeutet, wenn du deine Energiefresser beseitigst.

- Was passiert, nachdem du aufgeräumt, das klärende Gespräch geführt, deine Aufgabe erledigt hast …? Kommt deine Energie wieder zurück? Was siehst du?

Wenn du neue Ziele angehen willst, brauchst du speziell für den Start eine riesige Menge Energie – wie beim Start einer Rakete. Diese Energie erhältst du jedoch nicht bei Lidl oder beim Aldi nach dem Motto: „3 kg Energie, bitte." Das funktioniert nicht. Diese Energie kannst du nur aufbringen, wenn du so viele Energiefresser wie möglich aus deinem Leben verbannst. Starte jetzt damit, dir deine Lebensenergie zurück zu holen!

Deine Gewohnheiten

Die Gedankenautobahn durchs Waldgebiet

Beispiel: Die Waldautobahn

Stelle dir vor, du wohnst in der Nähe eines Waldgebietes, das völlig unberührt und so dicht bewachsen ist, dass sich bisher keine Menschenseele dort hinein getraut hat. Jeden Tag läufst du vierzig Minuten um das Waldgebiet herum, um zu deinem Arbeitsplatz zu kommen, der genau auf der anderen Seite liegt. Abends läufst du dieselbe Strecke zurück. Eines Tages kommst du auf die Idee: „Wenn ich direkt durch den Wald laufen könnte, würde ich knapp fünfzehn Minuten pro Strecke sparen und damit täglich dreißig Minuten." Du nimmst ein großes Messer und beginnst, dich durch den Wald zu schlagen. Was stellst du am Ende fest, wenn du drüben angekommen bist? „Das hat ja viel länger gedauert, als wenn ich außen herum gegangen wäre. Und außerdem war es anstrengend."

Ziehe hier eine Parallele zu deinem Leben: Das Waldgebiet steht als Synonym für dein Gehirn. Wenn du etwas Neues lernst, neue Wege gehst oder aus einer alten Gewohnheit ausbrichst, fällt dir die neue Methode erst einmal schwerer. Der Start strengt an und ist schweißtreibend. Es gibt zunächst nur einen schmalen Pfad, den du geschlagen hast. In deinem Gehirn entspricht dieser Pfad einer kleinen neuronalen Verbindung zwischen wenigen Gehirnzellen.

Zurück zum Wald: Nehmen wir einmal an, du entscheidest dich, weiterhin deinen alten Arbeitsweg außen herum zu gehen, weil dir der neue Weg zu lange gedauert hat und zu anstrengend war. Was passiert in den nächsten drei Wochen mit dem schmalen Pfad, den du vorher mühsam geschlagen hast? Der wächst wieder zu und sieht anschließend so aus, als wenn niemals jemand durchgelaufen wäre. Genau dasselbe geschieht in deinem Gehirn. Informationen, die du nur einmalig oder wenige Male aufnimmst, verschwinden wieder. Dein Gehirn löst diese unwichtigen neuronalen Verbindungen innerhalb von vier Wochen wieder auf, da sie ungenutzt bleiben. Das bedeutet nach ca. einem Monat sind die Informationen, die du nur wenige Male erhalten hast und die bei dir keine besonderen Gefühle ausgelöst haben, wieder gelöscht.

Das kennst du von deinen Kindern, Schülern, Mitarbeitern, Sportlern. Du gibst ihnen eine neue Aufgabe, die sie ausführen sollen. Wenn die Aufgabe jetzt nicht regelmäßig wiederholt wird, haben sie in spätestens einem Monat – meist sogar in wenigen Tagen – wieder vergessen, wie es geht. Es hat den Anschein, als hättest du es nie gesagt. Wichtige Informationen und Verhaltensweisen gilt es immer und immer wieder zu wiederholen, um langfristig gespeichert zu werden.

Auf den Waldpfad bezogen wird dir folgendes klar: „Sobald du einen neuen Weg gehst, brauchst du länger. Wenn du den Weg jedoch häufiger gehst, wirst du mit jedem Mal schneller. Langfristig sparst du viel Zeit." Du bist clever und schlägst dich nochmals durch den Wald. Auch auf dem Rückweg nimmst du den neuen Weg, schlägst hier und da noch ein paar Büsche und Äste ab. Die nächsten Tage gehst du ebenfalls den neuen Weg. Dein Waldpfad wird immer breiter. Genauso werden die neuronalen Verbindungen in deinem Gehirn stärker, wenn du die gleichen Informationen immer und immer wieder aufnimmst. Zueinander passende Informationen werden in deinem Gehirn nämlich in demselben Bereich gespeichert. Dein Gehirn speichert insgesamt drei Dinge:

1. Informationen, die du von außen über deine Sinnesorgane aufnimmst

2. deine Gedanken

3. deine Handlungen

So speichert dein Gehirn die Informationen, die du siehst, hörst, fühlst, schmeckst, riechst, denkst, tust und erlebst.

Nach ein paar Tagen fällt deinen Nachbarn auf, dass du einen neuen Pfad geschaffen hast und nun mitten durch den Wald zur Arbeit läufst. Auch die sind clever und sagen sich: „Wenn der das kann, kann ich das auch. Ich will ebenfalls Zeit sparen." Sie nehmen ihr Messer mit und sorgen die nächsten Tage dafür, dass dein ursprünglich schmaler Pfad breiter wird. Inzwischen ist der Pfad so breit, dass du bereits mit einem Auto durchfahren kannst. Ab und zu kommt ein Auto entgegen, so dass daraus eine zweispurige Straße entsteht. Und irgendwann entsteht vielleicht sogar eine dreispurige Autobahn durchs Waldgebiet.

Übertragen auf dein Gehirn entwickelt sich dort durch die wiederholte Aufnahme derselben Informationen ein sogenannter „Mindway" – abgeleitet von der „Autobahn". In diesem Fall ist es eine Gedankenautobahn. Von einem Mindway ist die Rede, wenn die neuronalen Verbindungen durch ständige Wiederholungen sehr stark geworden sind und zukünftig erhalten bleiben.

Eine wichtige Zahl bei Gewohnheiten ist die 28: Alles, was du 28x ununterbrochen jeden Tag oder über einen längeren Zeitraum aufgenommen, gedacht oder getan hast, beginnt ein Mindway zu werden. Dieser Mindway ist ein Eiweißmolekül im Gehirn, ein sogenanntes Engramm, das sich laut Wissenschaftlern nach ca. 28 Wiederholungen bildet. Dieses bleibt dein Leben lang erhalten. Im Laufe deines Lebens entstehen so Milliarden von Eiweißmolekülen in deinem Gehirn.

Das Verlassen alter Gewohnheiten ist schmerzhaft!

Übung: Das Händefalten

Was bedeuten die Erkenntnisse über deine Gewohnheiten für dein Leben? Ich zeige dir das anhand verschiedener Übungen. Lege das Buch und deinen Stift aus der Hand, rutsche auf dem Sitz zurück und falte deine Hände – wie zum Gebet. Komm schon! Aha-Erlebnisse hast du erst, wenn du die Übungen mitmachst.

Falte deine Hände zum Gebet. Welcher Daumen liegt oben auf? Solange du noch beide Daumen hast, müsste der linke oder rechte oben liegen.

Eine wissenschaftliche Studie aus den USA ist zu dem Ergebnis gekommen, dass die Menschen, die den linken Daumen oben haben, um 33 % sexuell attraktiver sind als diejenigen, die den rechten Daumen oben haben. Und, hast du noch schnell gewechselt? Soweit ich weiß, bringt das Schummeln keine Verbesserung. Die Studie ist natürlich nur erfunden. Sie ist zu schön, um wahr zu sein. Zu deiner Beruhigung: Es gibt keinen guten und schlechten Daumen.

Mache Folgendes: Nimm die Hände kurz auseinander und verschränke die Hände nochmals, nur dass alle Finger der linken Hand einen Zwischenraum tiefer greifen. Damit liegt jetzt der andere Daumen oben. Wie fühlt sich die neue Position an? Du sagst: „Komisch, ungewöhnlich, unangenehm". Für andere Menschen ist diese Position ganz normal – eine Gewohnheit. Die greifen immer so. Die Hälfte der Menschheit hat bei dieser Übung den linken Daumen oben und die andere Hälfte den rechten. Aber in dem Moment, wo du den anderen Daumen oben hast, ist es für dich unangenehm, da es ungewohnt ist. Es kann sogar sein, dass du jetzt noch da sitzt und versuchst, die Hände anders zu falten: „Äh, wie geht das denn?"

Nimm die Hände auseinander, falls du noch beten solltest. Jetzt falte die Hände nochmals. Wie hast du die Hände gefaltet? Wie beim ersten oder wie beim zweiten Mal? Sicher wie beim ersten Mal, da du dich bei der anderen Variante unwohl gefühlt hast. Das sind deine Gewohnheiten.

Kommen wir zur zweiten Übung: Lege alles aus der Hand, rücke auf deinem Stuhl zurück und verschränke deine Arme vor der Brust. Sehr gut. Hier dürfte ein Arm oben aufliegen und der andere darunter. Verschränke die Arme einmal genau andersherum, so dass statt des linken Arms jetzt der rechte Arm oben aufliegt und umgekehrt. Diese Übung bedeutet eine noch größere Herausforderung, stimmt's? Wie fühlt sich das an? Auch komisch, ungewohnt, unangenehm? Verschränkst du im Alltag die Hände mal so, mal so, ist das für dich normal. Bist du es gewohnt, ständig dieselbe Armhaltung zu wählen, hast du Probleme, die Arme anders zu verknoten. Vor allem fühlt sich das unangenehm an.

Merke:

> „Wenn du aus einer alten Gewohnheit ausbrichst,
> fühlst du dich im ersten Moment unwohl!"

Mache dir diese Erkenntnis bewusst. Sie ist unabhängig davon, ob die alte Gewohnheit gut oder schlecht für dich ist. Du brauchst sie im Hinterkopf, wenn du dir neue Verhaltensweisen, neue Gewohnheiten antrainieren willst: dich täglich weiterbilden, dir Ziele setzen, regelmäßig Sport treiben, dich ausgewogener ernähren oder z.B. mit dem Rauchen aufhören.

• Welche Erkenntnisse ziehst du aus diesen Übungen?

Die Verbesserung deiner Gewohnheiten erfordert Training!

Rauchst du oder hast du schon einmal mindestens einen tiefen Zug aus einer Zigarette genommen? Und, wie schmeckte der erste Zug der Zigarette? „Eklig. Als wenn mir jemand mit einem Messer in die Lunge bohrt", höre ich häufig. Bist du aktiver Raucher?

Natürlich weißt du: Rauchen kostet richtig viel Geld, ist erwiesenermaßen gesundheitsschädlich und du hattest Schmerzen, als du deine ersten Zigaretten geraucht hast. Nachdem du jedoch mindestens 28 Tage dabei geblieben bist, hat sich eine neue Gewohnheit begonnen zu entwickeln. Und inzwischen ist es ganz normal. Jetzt willst du mir vielleicht sogar weismachen: „Es schmeckt."

Der berühmte Verhaltensforscher Konrad Lorenz – bekannt für seine Gänseexperimente – hat Folgendes herausgefunden: Du brauchst bis zu sechs Monate, bis du eine neue Gewohnheit entwickelt hast, abhängig von der Anzahl der Wiederholungen und der Intensität der Gefühle beim Eintrainieren der Verhaltensweise. Je stärker die Gefühle dabei sind, desto weniger Wiederholungen benötigst du. Spätestens nach sechs Monaten hat sich der Mindway so stark ausgebildet, dass sich deine neue Verhaltensweise automatisiert hat. Brichst du die ersten Male aus einer alten Gewohnheit aus, wie z.B. dem Rauchen, fehlt dir zunächst etwas, wenn du es lässt. Du fühlst dich schlecht.

Das Prinzip der Entwicklung von Gewohnheiten zieht sich durch alle Lebensbereiche. Wenn du regelmäßig Sport treibst, dann fehlt dir etwas, wenn du eine Zeitlang darauf verzichtest. Du bekommst förmlich Entzugserscheinungen. Das können Menschen, die keinen Sport treiben, selten nachvollziehen. Gehst du jedoch neun Wochen alle zwei Tage Joggen (9 Wochen à 3x Laufen = 27 Wiederholungen), beginnt sich eine neue Gewohnheit zu entwickeln. Wenn sich dir beim Beispiel Joggen die Nackenhaare aufstellen, wähle für dich einen anderen Sport: Radfahren, Schwimmen, Krafttraining, Aerobic, Rudern, Ballsport … Entscheidend ist, dass du einen Sport findest, der dir Spaß macht bzw. machen könnte. Ansonsten fällt es dir unglaublich schwer, eine Sportgewohnheit zu entwickeln. Du kannst auch Abwechslung in dein Training bringen und die Sportarten variieren.

Wenn ich in meinem Vortrag sage: „Falle morgens direkt aus dem Bett in deine Turnschuhe und gehe Laufen – locker, leicht, lächelnd wie Dr. Strunz es so schön sagt", dann schauen mich bereits einige entgeistert an. Wenn du dies das erste Mal zu Hause machst – du ziehst dir deine Turnschuhe an und gehst eine Runde Joggen – kann es sein, dass du sagst: „Der Kerl ist doch bescheuert. Nix locker, leicht, lächelnd. Ich bin fix und fertig." Das ist eine normale Reaktion, wenn du keine Laufgewohnheit besitzt. Wenn du über Jahre die Gewohnheit hattest, keinen Sport zu treiben, ist die Herausforderung riesig – du kannst sie jedoch meistern. Entscheidend sind die ersten 28x. Die sind die schwierigsten. Wenn du die gepackt hast, wird es mit jedem Mal leichter. Verbindest du starke positive Emotionen mit der neuen Gewohnheit, brauchst du weniger als 28x.

Gleichgültig, welche Verhaltensweise du in deinem Leben verbessern willst, die ersten 28x gilt es zu meistern und die neue Verhaltensweise konsequent auszuführen. Soweit kommst du nur meistens nicht, weil du zu früh aufgibst. Hast du über Jahre Dienst nach Vorschrift in deinem Job gemacht und willst plötzlich Gas geben, fällt dir das natürlich schwer. Die alte Gewohnheit lautet: „Schiebe eine ruhige Kugel, falle weder positiv noch negativ auf." Die neue Gewohnheit heißt: „Gib dein Bestes, sei positiv anders als Andere und besser." Klar wehrt sich dein Körper im ersten Moment, die neue Verhaltensweise regelmäßig zu zeigen. Vor allem dein innerer Schweinehund rebelliert. Den lernst du gleich näher kennen. Bleibst du am Ball und führst deine neue Verhaltensweise konsequent immer und immer wieder aus, ist es allerspätestens nach sechs Monaten deine neue Gewohnheit, der du völlig automatisiert nachgehst.

Was geschieht, wenn du zwischen zwei Gewohnheiten zu wählen hast? Die eine Gewohnheit bringt dir kurzfristig Wohlgefühl und langfristig Schmerz. Die zweite Gewohnheit bringt dir langfristig Wohlgefühl und kurzfristig

Schmerz. Für welche Gewohnheit entscheidest du dich meistens? Richtig, du wählst kurzfristig Wohlgefühl und langfristig Schmerz wie die meisten Menschen. Das siehst du täglich beim Sport, bei der Ernährung, beim Rauchen, beim Saufen, bei der Beziehung, bei den Finanzen, im Verkauf, beim Lernen ... So ist es bei allen Dingen. Du lässt deine geplanten Sporteinheiten ausfallen, um lieber auf der Couch zu chillen (kurzfristig Wohlgefühl). Später leidest du unter den verschiedensten Erkrankungen (langfristig Schmerz), weil du deine Gesundheit vernachlässigt hast. Stattdessen erhöhst du deine Lebensqualität und deinen Erfolg (langfristig Wohlgefühl), wenn du eine Sportgewohnheit (kurzfristig Schmerz, höchstens 28x) entwickelst.

Beispiel: Die Weiterbildung

Beschäftigst du dich das erste Mal seit Jahren wieder mit Weiterbildung, die du seit Abschluss deiner Ausbildung vernachlässigt hast, fällt es dir anfangs verdammt schwer. Du liest dieses Buch und brauchst vielleicht ewig, bis du es gelesen und die Übungen gemacht hast. Nicht, weil du ein langsamer Leser wärst, sondern weil dir das Aufraffen so schwer fällt. Du bist es gewohnt, lieber faul in der Ecke zu liegen. Bist du es hingegen gewohnt, täglich zu lesen, gehst du mit mehr Freude an dieses Buch, um weiter zu lesen und es durchzuarbeiten. Dasselbe gilt für den Sport.

Beispiel: Das Aufstehen

Wenn du es gewohnt bist, bis um 7:00 Uhr zu schlafen und willst zukünftig während der Woche um 6:26 Uhr aufstehen, um abwechselnd einen Tag 33 Minuten Sport zu machen und den anderen Tag 33 Minuten zu lesen, ist das richtig hart zu Beginn. Nach 28 Tagen wird es jedoch leichter und leichter und leichter. Allerspätestens nach sechs Monaten wachst du morgens automatisch um 6:26 Uhr auf und freust dich aufs Lesen und den Sport. Und je mehr positive Emotionen du mit deiner neuen Verhaltensweise verknüpfst, desto schneller entwickelt sich die neue Gewohnheit. Deine Aufgabe ist, dich und andere die magischen 28 Tage bzw. Wiederholungen bei Laune zu halten.

Triffst du keine Entscheidung, etwas in deinem Leben zu verbessern, gehst du mit großer Sicherheit endlos denselben Weg weiter. Über 90 % deiner Verhaltensweisen sind unbewusst – sind pure Gewohnheit.

> „Verbessere deine Gewohnheiten
> und du verbesserst dein Leben."

Überwinde deinen inneren Schweinehund

Dein Schweinehund taucht auf, wenn's bedrohlich wird

Du hast bereits einige Verhaltensweisen entdeckt, bei denen du dir sagst: „In dem Bereich könnte ich meine Grenze erweitern und hier würde mir eine neue Gewohnheit wirklich gut tun." Du erkennst sofort an der Formulierung, dass du Weichmacher verwendet hast: „könnte", „würde". Warum? In Gedanken ist es weniger riskant, als wenn du es bereits beschlossen hättest.

Vorsicht: Deine Grenzen und Gewohnheiten werden ausgezeichnet beschützt. Sobald du deine Komfortzone verlässt, um den Schritt in deine Wachstumszone zu machen, begegnest du deinem kleinen Haustier. Plötzlich meldet sich der Beschützer deiner unsichtbaren Grenze – dein innerer Schweinehund. Ich nenne meinen Yorki. Schau ihn dir an. Meine Seminarteilnehmer sagen, wenn sie ihn sehen: „Ach, ist der süß, mmmh!" Du auch? Genau das macht ihn so bedrohlich!

Der Schweinehund lässt sich bevorzugt genau dann blicken, wenn es ins Bedrohliche und Unbekannte geht. Wenn ich auf der Bühne stehe, geht's mir gut. Für meinen Schweinehund ist das wie Urlaub. Wenn ich jedoch etwas machen wollte, was du beruflich machst, wie deine Schüler in Geschichte unterrichten, deine Mitarbeiter in die Bedienung einer Maschine oder in Buchhaltung einweisen, deinen Sportlern zeigen, wie Fußball gespielt wird usw., dann wäre mein Schweinehund der erste, der sich mir in den Weg stellt und sagt: „Matthias, bist du noch ganz dicht? Lass die Finger davon. Das geht schief. Du hast andere Stärken."

Daran siehst du, dass der Schweinehund seine Berechtigung hat. Manchmal ist es die kluge innere Stimme, die dich davor bewahrt, etwas Dummes zu tun. Doch viel häufiger ist es die dumme innere Stimme, die dich davor bewahrt, etwas Kluges zu tun.

Die Schweinehund- Festspiele

Dein innerer Schweinehund hat einen unglaublich hohen IQ. Zwar sieht er wenig helle aus, doch ist der Kerl unglaublich pfiffig. Es gibt einen Zusammenhang zwischen Herrchen – also dir – und deinem Schweinehund: Je schlauer du bist, desto pfiffiger sind in der Regel die Ausreden deines Schweinehundes.

Die zweite unerfreuliche Eigenschaft deines Schweinehundes ist: Er liebt es, deine neuen Vorsätze zu fressen. Hat er von deinem Vorsatz gehört, steht er bereits vor dir, wedelt mit seinem Ringelschwänzchen, schleckt sich das Maul und tut alles dafür, ihn dir wegzuschnappen. Einmal im Jahr feiern die Schweinehunde aus aller Welt übrigens ihre Schweinehund-Festspiele. Genau, an Silvester. Da kracht es richtig – die Schweinehund-Festspiele dauern gleich zwei Wochen. Dazu „The same procedure as every year": Bis Mitte Januar hat dein Schweinehund die meisten deiner Vorsätze aufgefressen.

Wenn du jetzt aufmerksam weiterliest, hast du eine gute Chance, dass dein Schweinehund beim nächsten Festival ziemlich gelangweilt dreinschaut. Du kannst bereits in den nächsten 72 Stunden deinen Schweinehund „ab ins Körbchen" schicken. Das liegt an dir und deiner Überzeugungsarbeit gegenüber deinem Schweinehund.

Die Tatorte deines Schweinehundes

> *Übung: Der Schweinehund*
> Jetzt bist du dran. Um deinen Schweinehund an die Leine zu nehmen, ist es wichtig, dass du zunächst schriftlich festhältst, wo dir der Schweinehund in die Quere kommt.
> - Wann taucht dein Schweinehund auf? In welchen Situationen hast du mit ihm zu tun?

Stelle ich diese Frage im Seminar ans Publikum, höre ich sofort überall die Schweinehunde zu ihren Frauchen und Herrchen sprechen: „Halt dich zurück. Erst einmal sollen sich die anderen melden."

Die Ausnahmefalle – so hat er dich garantiert!

> ### Übung: Die aufgefressenen Vorsätze
> Sicher interessiert dich, mit welchen fiesen Tricks dein Schweinehund arbeitet, um deine guten Vorsätze aufzufressen. Nimm ein leeres Blatt Papier zur Hand.
> - Schreibe dir für jedes Mal, wenn du etwas nicht getan hast, was du ursprünglich tun wolltest, die inneren Sätze auf, die du dir vorher gesagt hast! (Erinnere dich an vergangene Situationen)

Was hast du dir gesagt, um das Lesen zu lassen, die Arbeiten später zu korrigieren, die Hausaufgaben zu „vergessen", auf Sport zu verzichten, wieder kräftig zu quaken, deine Schützlinge heftig zu kritisieren, zu Fastfood zu greifen, das Wasser trinken zu vergessen, dein gewünschtes Verhalten auf später zu verschieben,…?

Du dürftest auf fünf bis sechs Killersätze kommen, die regelmäßig dazu führen, dass der Schweinehund dich überlistet. Je mehr du davon kennst, desto besser kannst du diese in Zukunft abblocken und deine Situation verbessern. Die Sätze klingen vielfach wie:

- „Das kannst du morgen auch noch machen!"
- „Die anderen tun's auch nicht!"
- „Hat eh keinen Zweck!"
- „Das funktioniert sowieso nicht!"
- „Das ging schon beim letzten Mal schief!"
- „Morgen habe ich mehr Ruhe!"
- „Einmal ist keinmal!"
- usw.

Es gibt eine Strategie deines Schweinehundes, mit der er dich fast immer zu fassen bekommt, die sogenannte „Ausnahmefalle". Dazu will ich dir eine Geschichte aus meinem Leben erzählen.

„Einmal ist keinmal!"

Beispiel: Auto oder Fahrrad?

Im Laufe meines Sportstudiums in Kiel hatte ich mir angewöhnt, mit dem Auto die knapp 2,5 Kilometer zur Uni zu fahren. Als Wirtschaftsingenieur im Bereich Energie- und Umweltmanagement, Student der Sportwissenschaften und Ausdauersportler machte sich das natürlich weniger gut in meinem Lebenslauf. So entschied ich mich im Frühjahr 2003 wieder mit dem Fahrrad zur Uni zu fahren. Ich erzählte das einigen Freunden, die mir zustimmten und mich bestärkten, dass es die richtige Entscheidung sei. „Und wenn es einmal regnet", sagte ich mir: „fahre ich halt mit dem Bus!" Die erste Woche lief alles prima. Ich fuhr fleißig mit dem Fahrrad. Am achten Tag kam ich noch gut gelaunt aus der Wohnung, schon passierte es – wie für den Norden Deutschlands typisch im Frühling - es regnete. Ich dachte mir noch: „Ach, nimmst du den Bus."

Plötzlich sah ich, wie mein innerer Schweinehund an mir vorbei sprintete, zwischen dem Auto und mir stehen blieb, mich angrinste und mit wedelndem Schwanz brummte: „Eh komm, einmal ist keinmal!" Und schon saß er auf dem Beifahrersitz meines Autos. Was sollte ich tun? Er hat mich so lieb gebeten, da habe ich ihn zur Uni gefahren. Ich habe mir noch gesagt: „Das eine Mal wird mir mein früherer Professor in Umweltmanagement sicher verzeihen. Und das Ozonloch wird es auch verkraften." Am nächsten Tag bin ich wieder vorbildlich mit dem Fahrrad gefahren, am über- und überübernächsten Tag auch. Du kannst es dir denken. Drei Tage später habe ich erneut eine Ausnahme gemacht. Die fiel mir bereits viel leichter. Um es abzukürzen: Vier Wochen später erwischte ich mich bei einer Radtrainingseinheit mit meinen Freunden, wie ich sagte: „Ich glaube, ich sollte mal wieder mit dem Fahrrad zur Uni fahren." Vielleicht kennst du diese Entwicklung von dir in einem anderen Bereich.

Der Trainer und Autor Dr. Marco Freiherr von Münchhausen hat sich einmal den psychologischen Prozess dahinter näher angeschaut. Was ist geschehen? Beim ersten Mal habe ich es nur einmal ausfallen lassen. Anschließend habe ich es über eine längere Zeit schleifen lassen und am Ende habe ich es sein lassen. Das bezeichnet von Münchhausen als den „Schweinehunde-Dreisatz":

1. Ausfallen lassen

2. Schleifen lassen

3. Sein lassen

So bekommt der Schweinehund dich immer zu fassen. In deiner Anfangseu-phorie hält sich der Schweinehund zurück. Er weiß, dass es da wenig Sinn macht, sich einzumischen. Er wartet, bis deine Euphorie etwas abgeklungen ist und dann packt er gewaltig zu.

Der innere Schweinehund – Yorkshire- oder Bull-Terrier?

Willst du etwas umsetzen, bekommst es jedoch nicht hin, hast du schnell den Schuldigen gefunden: „Ich konnte mich nicht aufraffen. Der innere Schweinehund war's." Der tierische Begleiter führt oft Regie über dein Le-ben. Jederzeit liefert er dir das passende Argument, etwas sein zu lassen. Damit wir uns verstehen: Ich persönlich mag meinen kleinen, niedlichen Schweinehund – Format Yorkshire-Terrier – den ich ab und an von der Leine lasse. Ja, auch ich habe einen Schweinehund. Stahlharte preußische Disziplin in jeder Lebenslage ist auf Dauer ungesund. Ungemütlich wird es jedoch, wenn dein Schweinehund zu einem Bull-Terrier herangewachsen ist, der dich an der Leine herumführt und macht, was er will. Statt Opfer der Umstände bist du dann Opfer deines Schweinehundes.

Verbessere deine Gewohnheiten

Gewohnheiten, bei denen du dir sagst: „Ab morgen ernähre ich mich gesün-der; ab morgen lese ich täglich; ab morgen treibe ich mehr Sport". Wie oft hast du derartige Sätze bisher gesagt? Und alles ist geblieben wie bisher.

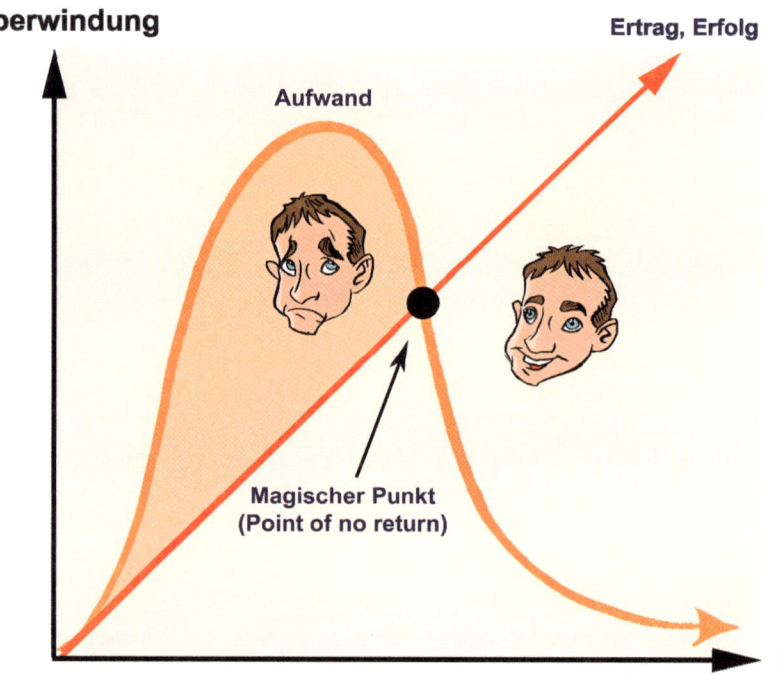

Wie dir in der Grafik deutlich wird, brauchst du anfangs ein hohes Maß an Überwindung, um eine neue Gewohnheit zu entwickeln. Dem steht zunächst ein geringer Ertrag gegenüber. Dein Schweinehund wohnt in der Gegenwart. Der sieht den magischen Punkt, den „Point of no return", nicht. Ab diesem Zeitpunkt ist der Aufwand, sich der neuen Gewohnheit zu widmen geringer als der fühlbare Erfolg. In der Wirtschaft sprichst du von „break even". Du erreichst mit weniger Überwindung und Aufwand einen höheren Ertrag.

Erfolg wie Misserfolg kommen nicht mal eben über Nacht. Beide sind die logische Konsequenz deiner Gewohnheiten im Denken, Fühlen, Sprechen und Handeln. Bist du zu dick, ist das keine Sache, die dir über Nacht passiert ist: „Ups, wo kommen die 10 kg Übergewicht plötzlich her? Gestern hatte ich sie noch nicht." Es ist die logische Konsequenz deiner Gewohnheiten, falsch zu essen und dich zu wenig zu bewegen. Macht dein Unternehmen zu wenig Umsatz, dann ist das genauso wenig über Nacht passiert. Es ist die logische Konsequenz deiner Gewohnheiten, dich zu wenig mit deinem Markt zu beschäftigen, dich zu wenig zu engagieren oder über längere Zeit die falschen Entscheidungen zu treffen. Exakt dasselbe gilt für alle deine Gewohnheiten – ob schulische, berufliche, sportliche oder private.

Die Verbesserung deiner Gewohnheiten ist mit Schmerzen und Training verbunden. Ich kann dir leider nichts anderes erzählen. Und wenn dir ein sogenannter Experte etwas anderes erzählt, dann lügt er. So ist das Leben, hart und ungerecht. Willst du die schönen Seiten des Lebens genießen, gehört vorher harte Arbeit dazu. Also leg los. Du erhältst nun wirksame **Tipps**, wie du neue wünschenswerte Gewohnheiten in dein Leben integrierst.

1. Akzeptiere deinen Schweinehund!

Höre auf, deinen Schweinehund als einen Feind zu sehen, den du bekämpfen, besiegen und am liebsten in Ketten sehen willst. Wenn du ihn bekämpfst, führst du einen Kampf gegen dich selbst. Er ist ein besonderer Teil deiner Persönlichkeit.

Wie würde dein Leben aussehen, wenn du keinen Schweinehund hättest? Kann sein, dass du gleich sagst: „Das wäre super. Dann würde ich dieses und jenes noch machen." Das könnte jedoch auch dazu führen, dass du dich so sehr überanstrengst, dass Burn-out oder gar Herzinfarkt oder Schlaganfall die Folge wären. So zeigt der Schweinehund hier seine gute Seite, indem er dich vor dem Ausbrennen und einigen unangenehmen Erfahrungen bewahren möchte. Du hast ein Leben lang mit ihm zu tun. Lasse ihn ab und zu gewinnen, doch fordere ihn auch täglich wieder heraus.

2. Mache wenige Sachen gleichzeitig!

Wenn du jetzt sagst: „Ab morgen treibe ich regelmäßig Sport, ernähre mich ausgewogen, lese täglich, kümmere mich verstärkt um meine Partnerschaft, arbeite mehr…, dann lacht sich dein Schweinehund kaputt. Der braucht sein Körbchen gar nicht zu verlassen, um deine Vorsätze fressen zu können. Du lieferst ihm sein Festmahl gewissermaßen auf dem Silbertablett.

Die Verbesserung einer alten Gewohnheit verlangt deine volle Aufmerksamkeit. Beginne höchstens mit drei Gewohnheiten gleichzeitig, die du verbessern willst. Wenn du nach einigen Wochen feststellst, dass dir die drei neuen Gewohnheiten bereits leicht fallen und gut tun, nimm eine weitere hinzu, die du umsetzen willst. Einmalige Aktionen, wie Dachboden oder Garage aufräumen, kannst du natürlich immer wieder dazwischenschieben.

3. Nutze das Sandwich-Prinzip!

- Welche alte Gewohnheit willst du verbessern? Welchen Vorsatz realisieren?

Packe deinen neuen Vorsatz zeitlich wie ein „Sandwich" zwischen zwei alte Gewohnheiten, die bereits automatisiert sind und dir im günstigsten Fall Freude bereiten und Energie geben. Das erhöht deine Chance, schnellstmöglich eine neue Gewohnheit zu entwickeln. Lege z.B. deinen neuen Vorsatz „Buch lesen" zwischen deine morgendlichen Rituale „Familienfrühstück" und „Gemütlich-Kaffee-Trinken". Der neue Vorsatz „Sport treiben" passt gegebenenfalls nach „der Arbeit" und vor den „Fernsehabend mit der Familie" oder das „Kneipentreffen mit Freunden".

4. Fange leicht an und steigere dich langsam!

Fange langsam an. Damit machst du es dir leicht, deine neue Gewohnheit in den Tag zu integrieren. Dein Schweinehund sagt sich dann: „Hey, das fühlt sich gut an. Davon will ich mehr." Wenn du es bisher nicht gewohnt bist, täglich 33 Minuten zu lesen, verteile die 33 Minuten auf den Tag, z.B. je elf Minuten am Morgen, Mittag und Abend. Oder fange zunächst mit 22 Minuten an und steigere dich von Woche zu Woche. Wenn du bisher zu wenig trinkst (Richtwert: 30-40ml/kg Körpergewicht, z.B. 50 kg = >1,5 Liter, 75 kg = >2,3 Liter; bevorzugt Wasser), dann steigere dich jede Woche um 0,3 Liter, die du täglich über den Tag verteilt mehr trinkst als bisher. Willst du mehr Kaltakquise am Telefon betreiben, beginne mit zwei Telefonaten täglich mehr und steigere dich von Woche zu Woche. Nur bleibe die 28 Tage am Ball, damit es beginnt, eine Gewohnheit zu werden.

Im Kampf gegen den Schweinehund brauchst du das Gefühl der Machbarkeit, du willst daran glauben können, dass du deine Aufgabe schaffst. Das bedeutet: Wenn es zu schwer wird, lege deine Latte etwas niedriger und suche leichtere Wege, ggf. auch mit Unterstützung anderer Personen. Wenn die Herausforderung dagegen zu einfach ist, wird dem Schweinehund langweilig. Gehe dann schwierigere Aufgaben an. Die passende Dosis macht's.

5. Vermeide zu Beginn Ausnahmen!

Lass gerade zu Beginn keine Ausnahmen zu. Selbstverständlich kannst du später die eine oder andere Ausnahme machen, das Leben wäre ansonsten langweilig. Nur in den ersten 28 Tagen sind diese „tödlich" für deine neue Gewohnheit.

Natürlich gibt es Tage, an denen du z.B. sagst: „Heute geht es wirklich nicht. Heute ist kein Sport drin." Für solche Tage gibt es einen Trick: Mache an dem Tag ein Minimalprogramm, 5 Minuten Sport sind immer drin, und wenn du nur wenige Minuten auf der Stelle läufst. Das bringt zwar nur wenig für deine Fitness, du hast damit jedoch eine Ausnahme vermieden. Achte darauf, dass das Minimalprogramm ein Einzelfall bleibt. Ansonsten hätte der Schweinehund gewonnen.

Sportler: Selbstverständlich haben auch Spitzensportler einen Schweinehund, der ihnen gerne einen Strich durch die Rechnung machen möchte. Wie legen die ihren Schweinehund an die Leine?

- „Dadurch, dass ich immer wieder neue Dinge ausprobiere und Abwechslung in mein Training bringe, gestalte ich das Training spannend und der Schweinehund spielt mit. Das erleichtert es mir ungemein, mich zu motivieren. Wenn ich das Training variiere, weiß ich im Vorwege noch nicht, wie es laufen wird. So ist es spannend zu sehen, wie es klappt." (Boris Nikolai Konrad, Weltrekordhalter im Gedächtnissport, Wetten dass...-Wettkandidat)

- „Es gibt immer Trainingseinheiten, die einem schwer fallen. Für mich sind Krafträume ein Graus, weil ich viel lieber draußen einen Bewegungssport mache als statische- oder Kraftübungen drinnen zu machen. Mir hilft es unheimlich, in einer guten Trainingsgruppe zu trainieren. Das motiviert und macht Spaß. Wenn ich mal keinen Trainingspartner habe, hilft es mir an das gute Gefühl zu denken, welches man nach einer harten Trainingseinheit verspürt. Das ist Belohnung genug." (Arnd Peiffer, Biathlon Weltmeister in der Mixed Staffel 2010)

Wohin willst du gehen?

Jetzt bist du beim wichtigsten Thema überhaupt – das Setzen von Zielen. Du hast mit großer Sicherheit keine Lust, die Punkte aus diesem Buch umzusetzen, wenn du nicht weißt, warum du das machst.

Ziel – los, sei unterwegs

Beispiel: Das Ziel

Hast du ein Navi (Navigationssystem) im Auto? Hinter dem Bildschirm verbirgt sich ein Computer, logisch. Nehmen wir an, du befindest dich in Berlin am Brandenburger Tor und willst von hier nach Hamburg in die Mönckebergstraße zum Shoppen, direkt an der Alster. Was machst du? Du gibst ein: Hamburg, Mönckebergstraße, 31. Und schon geht es los. Du bekommst Pfeilchen und Bildchen auf den Bildschirm. Und aus dem Hintergrund sagt dir eine angenehme Frauenstimme, was du zu tun hast - also ein bisschen wie zu Hause. Du fährst los.

Du biegst rechts ab, links ab, Autobahn, Kreisverkehr und ca. 2,5 Stunden später stehst du in Hamburg in der Mönckebergstraße und das Navi sagt: „Sie haben Ihr Ziel erreicht. Es befindet sich …"

Ein solches Navi hast du auch, nur heißt es nicht Navi, sondern Unterbewusstsein. Ähnlich wie dich das Navi durch die Straßen steuert, steuert dich dein Unterbewusstsein durch die Straßen des Lebens.

Du kannst das beste Navi auf dem Markt besitzen, das beste Auto haben und der tollste Fahrer sein. Was passiert, wenn du kein Ziel ins Navi eingibst? Richtig. Gibst du kein Ziel ein, nützen dir all diese Dinge gar nichts. Übertragen auf dich als Mensch bedeutet es folgendes: Du kannst großartige Talente besitzen, die beste Erziehung und Ausbildung erhalten, wenn du jedoch nicht weißt, was du willst, nützt dir das alles überhaupt nichts. Ziele sind unglaublich wichtig, du unterstützt jedoch ihre Wirkung.

Viele Menschen verbringen mehr Zeit damit, sich Gedanken über ihren nächsten Urlaub zu machen als über ihr Leben. Wochenlang machst du dir Gedanken: Wo fahre ich hin? Wer kommt mit? Wie lange fahren wir? Was unternehmen wir? Was packe ich in meinen Koffer? Wer bekommt eine Postkarte? Usw. Wenn du dir genauso viele Gedanken über die Ziele in deinem Leben machen würdest, wärst du bereits viel erfolgreicher und glücklicher. Nur hast du natürlich keine Zeit, dir über deine Lebensziele Gedanken zu machen. Ich verstehe!

Wann machst du eigentlich etwas, ohne ein Ziel oder eine Absicht dahinter zu haben? Niemals! Es gibt keinen Moment in deinem Leben, wo du keine Ziele hast. Sie mögen häufig unsinnig und dir unbewusst sein, doch hast du bei allem, was du tust, ein Ziel. Warum sitzt du gerade da mit diesem Buch? Wahrscheinlich, weil du etwas Neues erfahren möchtest, das bereits vorhandene Wissen auffrischen willst und/oder du eine konkrete Herausforderung hast und dafür eine Lösung suchst. Vielleicht sogar, weil du dich langweilst. In jedem Fall verfolgst du eine Absicht.

Wenn es stimmt, dass alle deine Handlungen auf ein Ziel hin ausgerichtet sind, warum gehst du dann so fahrlässig mit diesen Zielen um? Häufig erlebe ich Menschen, die kein klares Ziel formulieren, Teams, die kein gemeinsames Ziel definieren, einfach nur halbe Sachen.

Wenn du dir zum Geburtstag eine bestimmte DVD wünschst, könnte es schlau sein, deinem Partner mitzuteilen, was du dir wünschst. Wie sonst soll er wissen, was du gerne hättest? Wünsche werden eher erfüllt, wenn du sie eindeutig formulierst. Und Ziele viel eher erreicht, wenn du dich traust, sie klar zu benennen.

Neben meinen Vorträgen und Seminaren führe ich des Öfteren private Coachings durch. Am Anfang stelle ich gerne die folgende Frage:

- „Was ist dein Ziel?"

Eine häufige Antwort ist: „Ich will erfolgreicher werden!" Darauf sage ich: „Wow, was für ein Ziel. Jetzt kann ich mir ganz genau vorstellen, was du willst!" Das ist natürlich ironisch gemeint. Das ist so, als wenn ich dich frage: „Wo willst du im Winter Urlaub machen?" Und du antwortest mir: „Im Schnee." Jetzt weiß ich auch nicht wirklich, wo du Urlaub machen willst. Schnee gibt es im Winter an tausenden Stellen auf diesem Planeten Erde. Genauso gibt es zig Definitionen zu „Ich will erfolgreicher werden!" Frage zehn Menschen, was sie darunter verstehen und jeder erzählt dir etwas anderes.

Ein Ziel ist konkret und wichtig!

Ein Ziel hat ganz konkret zu sein: Reicht dir eine 3 in Mathematik oder willst du eine 2 auf dem Zeugnis stehen haben? Willst du in fünf Jahren Handball in der Oberliga spielen oder in der 1. Bundesliga? Willst du 1.500 Euro im Monat verdienen oder 5.000 Euro? Willst du in sieben Jahren zur Miete wohnen oder ein eigenes Haus besitzen? Wo liegt es? Wie groß ist dieses Haus? Wie sieht es genau aus? …

Ziele brauchen jedoch noch etwas. Hattest du schon einmal Ziele, die dir sehr wichtig waren? Mit absoluter Sicherheit. Kann es sein, dass du die meisten davon erreicht hast, mit einigen wenigen Ausnahmen? Das heißt, wenn du ein Ziel hast, das dir sehr, sehr wichtig ist und dieses Ziel gleichzeitig sehr konkret ist, dann ist die Wahrscheinlichkeit sehr groß, dass du dieses Ziel auch erreichst.

7 Schritte zur Zielerreichung

Du kommst jetzt zu deinem Zielprozess.

Schritt 1: Notiere dir deine Erfolge!

> **Übung: Erfolge**
> * Schreibe dir mindestens sieben Erfolge auf, die du in deinem Leben erreicht hast und auf die du stolz bist.

Sieben sind das absolute Minimum, je mehr, desto besser. „Sieben Stück? Wo soll ich die jetzt so schnell hernehmen? Du spinnst doch!" War das einer deiner ersten Gedanken? Sieh es positiv. Ich hätte auch nach zehn fragen können. Du hast eine völlig falsche Wahrnehmung davon, was Erfolge sind. Mit Erfolgen verbindest du sofort etwas Großes, Besonderes, am besten Einzigartiges, was dich von anderen stark abhebt. Du denkst bei Erfolgen sofort an: „mein Haus, mein Auto, mein Boot – mein Mann, mein Freund, mein Sekretär." Du brauchst keine großen Reichtümer, kein Video bei YouTube, keine Fernseh- und Presseberichte, kein Buch mit eigener Biographie, keine eigene Kochshow, auch keinen Supertalent-Titel oder ähnliche Dinge, um erfolgreich zu sein. Eine passende Definition für Erfolg ist die folgende:

„Erfolg ist, wenn du deine dir selbst gesteckten Ziele erreichst." Erfolge sind die Dinge, die dich zu dem gemacht haben, was du heute bist, tust und hast.

Hier erhältst du ein paar Beispiele, was Erfolge alles sein können. Du siehst sofort, dass es um Erfolge in allen Lebensbereichen geht. Es zählen auch die kleinen Dinge dazu, die du häufig als selbstverständlich abtust. Schreibe dir anschließend deine Erfolge auf.

Mögliche Erfolge sind: du kannst waveboarden, Einrad fahren, du hast einen Schul- und/oder Studienabschluss, eine Ausbildung, einen Job, du hast ein Reiseziel bereist, das du schon immer kennenlernen wolltest. Du hast tolle Freundschaften, eine harmonische Partnerschaft, ein Kind, das dir Freude bereitet. Oder in deinem Hobby „Modellflugzeuge" hast du ein Flugzeug zusammengebaut, du hast abgenommen und dein Gewichtsziel erreicht und gehalten, im Sport mit deinem Team ein Spiel, ein Turnier oder einen Pokal gewonnen. Du hast bestimmte Trainingsübungen geschafft, die dir lange schwer fielen, in der Schule ein Referat gehalten oder ein Gedicht aufgesagt, erfolgreich Verkaufsgespräche geführt. Zu dir hat jemand gesagt: „klasse", „gut gemacht", „ich bin stolz auf dich." … Du siehst, die Möglichkeiten sind endlos. Entscheidend ist, dass du dir bewusst machst, was bereits alles Erfolge sind.

Warum ist es von entscheidender Bedeutung, dass du dir zu Beginn des Zielprozesses deine Erfolge notierst? Wenn du deine Erfolge schwarz auf weiß vor dir liegen hast, wird dir klar, wie erfolgreich du schon bist. Du sagst dir: „Wow, das habe ich bereits alles erreicht? Ist ja cool." Sofort wachsen dein Selbstvertrauen und Selbstbewusstsein – und diese zwei sind wichtige Voraussetzungen, damit du in Zukunft ins Handeln kommst. Du gehst herausfordernde Ziele erst an, wenn du von dir selbst überzeugt bist und an dich glaubst. Dafür brauchst du Selbstbewusstsein und Selbstvertrauen.

Schritt 2: Setze dir herausfordernde Ziele!

Bevor du anfängst, nimm dir ein neues Blatt Papier und lege es quer. Erstelle eine Tabelle mit vier Spalten. Die erste Spalte nimmt etwa 2/3 des Blattes ein, die drei anderen teilen sich das letzte Drittel des Blattes, etwa so:

Mein „herausforderndes" Ziel	Bis wann?	Priorität	Lebens-bereich

> **Übung: Herausfordernde Ziele**
> - Notiere mindestens 11 „herausfordernde" Ziele, die du in den nächsten sieben Jahren erreichen willst. Es geht um Ziele in allen Lebensbereichen (L-Bereich).

Mache ein Brainstorming. Schreibe alles auf, was dir einfällt. Folge deinem Herzen und deiner inneren Eingebung. Höre auf, die Ziele sofort zu bewerten nach dem Motto „Wie soll das denn gehen?" „Ach, das hat beim letzten Mal auch schon nicht geklappt." „Was wird … dazu sagen?" Du neigst dazu, deine Ziele bereits wieder über den Haufen zu werfen, bevor du sie überhaupt aufgeschrieben hast. Wenn du das machst, stehen am Ende keine Ziele auf deinem Blatt, sondern „Zielchen" oder das Blatt ist sogar komplett leer. Überlege dir:

- Was erreiche, unternehme, kann, kaufe, sehe, habe, tue, bin ich in den nächsten sieben Jahren?

Wo stehst du in sieben Jahren? Welchen Abschluss machst du? Mit welcher Note? Welche Ausbildung machst du? Was studierst du? Heiratest du? Wenn ja, wen? Wie viele Kinder hast du? Welchen Beruf übst du aus? Was verdienst du? Was besitzt du? Was bringst du anderen Menschen bei? Was tust du für andere Menschen? Mit welchen Menschen verbringst du viel Zeit? An welchem Ort und in was für einem Haus lebst du? Welches Auto fährst du? Welche Länder bereist du? Welchen Gesundheitszustand erlangst du? Was wiegst du? Welche Figur hast du? Wie häufig treibst du Sport und welchen? Welchen Hobbys gehst du nach? Welche neuen Fähigkeiten erlernst du? Wie entspannst du? An welchen Sportwettkämpfen nimmst du teil? Wie schneidest du bei den Wettkämpfen ab? …

Schaue dir deine Ziele jetzt genau an. Wichtig: Was du dir vorstellen kannst, das kannst du erreichen. Ein Zitat dazu von Walt Disney lautet: "If you can dream it, you can do it." Frei übersetzt: „Alles Denkbare ist auch machbar!" Bewerte für dich, inwieweit du dir die aufgeschriebenen Ziele bildhaft vorstellen kannst, sie zu erreichen. Wenn dir die Vorstellung an ein Ziel Magenschmerzen bereitet und du dir sagst: „Ne, das geht ja gar nicht, das ist absolut unmöglich", macht es keinen Sinn, dich damit aktuell weiter zu beschäftigen. Das bedeutet keineswegs, dass du dieses Ziel für immer aus den Augen verlierst. Du wirst deine Gründe gehabt haben, warum du dir das Ziel notiert hast. Schreibe bisher absolut utopische Ziele auf einen Extrazettel und sammle sie dort. Wenn du z.B. in einem Vierteljahr erneut einen Zielprozess machst, bei dem du deine aktuellen Ziele überprüfst und nach neuen Ausschau hältst, nimmst du den Zettel mit den utopischen Zielen wieder zur Hand. Du prüfst, ob die Ziele, die dort stehen, immer noch absolut utopisch sind oder ob du inzwischen daran glauben kannst, das eine oder andere zu erreichen. Ist das der Fall, übernehme es auf deine Zielliste.

Schritt 3: Setze Prioritäten!

Du lernst bereits als Kind, dass du nicht alles auf einmal haben kannst. Wenn du jetzt deine Zielliste betrachtest, stehen da viel mehr Ziele, als du auf einmal erreichen kannst. Es gilt, Entscheidungen zu treffen und Prioritäten zu setzen. Für den Augenblick heißt es, dich von dem einen oder anderen Ziel zunächst einmal zu verabschieden – bis zu einem späteren Zeitpunkt.

> **Übung: Prioritäten**
>
> Setze jetzt Prioritäten: Welche drei Ziele sind im Moment für dich am wichtigsten? Entscheide aus dem Bauch heraus, nicht nach deinem Verstand. Du kannst dich nur auf bis zu drei Ziele gleichzeitig konzentrieren, deshalb wähle zunächst die drei wichtigsten aus. Dein wichtigstes Ziel erhält Priorität 1, das zweitwichtigste Priorität 2 und das drittwichtigste Priorität ... 3. Richtig. Mit diesen drei Zielen startest du.

Wenn es dir schwer fällt, für einige Ziele Prioritäten festzulegen, empfehle ich dir, die Schritte vier und fünf des Zielprozesses für diese Ziele vorzuziehen. Frage dich, warum du diese Ziele unbedingt erreichen willst (siehe Schritt 4) und welcher Preis für die Zielerreichung zu zahlen ist (siehe Schritt 5). Anschließend fällt es dir noch leichter, Prioritäten festzulegen. Du fragst dich, warum Schritt 4 und Schritt 5 in meinem „7-Schritte-Zielplan" nicht zuerst kommen und der Schritt „Prioritäten setzen" danach? Das hat folgenden Grund: Wenn es dir relativ leicht fällt, die Prioritäten 1-3 festzulegen, sparst du dir anschließend viel Zeit bei Schritt 4 und Schritt 5, weil du dich erst einmal nur mit deinen drei wichtigsten Zielen intensiv bis ins Detail beschäftigst und die anderen Ziele außen vor lässt.

Was du mit den restlichen Zielen machst!

Wenn du dich für deine drei wichtigsten Ziele entschieden hast, fragst du dich sicher, was nun aus all den anderen Zielen wird. Ganz einfach: Sobald du bei der Zielerreichung eines deiner Top-3-Ziele soweit fortgeschritten bist, dass du meinst, ein weiteres Ziel in Angriff nehmen zu können, ziehst du das viertwichtigste Ziel zu deinen Favoriten hoch, anschließend das fünfwichtigste usw. Die zunächst zurückgestellten Ziele bleiben auf jeden Fall bestehen und erhalten ihre Chance, verwirklicht zu werden.

Bleibe ruhig bei falschen Entscheidungen!

Habe keine Angst davor, dich gegebenenfalls falsch zu entscheiden. Die Klarheit über die Bedeutung deiner Ziele zu gewinnen kann viele Tage, Wochen, Monate oder gar Jahre dauern. Es ist ein Prozess. Deine Ziele sind niemals in Stein gemeißelt. Wenn sich deine Prioritäten ändern, überlege es dir eben anders. Bleibe stets flexibel. Gestatte dir, deine Meinung in Frage zu stellen und dazu zu lernen – das Leben ist ein ständiger Lernprozess.

Schritt 4: Warum willst du deine Ziele unbedingt erreichen?

Dieser Schritt hat eine extrem hohe Bedeutung bei der Entscheidung darüber, ob du deine Ziele erreichst oder nicht.

> **Übung: Warum?**
> * Warum will ich meine Ziele unbedingt erreichen?

Wenn du nicht weißt, warum du deine Ziele erreichen willst, wirst du wenig bis gar nichts dafür tun, sie zu verwirklichen. Wenn du hingegen dein „Warum" kennst, beantwortet sich das „Wie" fast von selbst.

Viele Schüler wissen nicht, warum sie sich mit bestimmten Themen beschäftigen sollen. Viele Kinder wissen nicht, warum ihre Eltern ihnen bestimmte Aufgaben auftragen. Viele Mitarbeiter wissen nicht, was der Sinn hinter der Aufgabe ist, die sie erledigen sollen. Viele Sportler wissen nicht, warum sie jene aus ihrer Sicht komische und ggf. unsinnige Übung machen sollen. Wenn du das „Warum" nicht kennst, zeigst du automatisch weniger Engagement.

* Wie gut kennst du bzw. dein Gegenüber das „Warum" hinter der Aufgabe, die zu erledigen ist? Wie stark ist deine bzw. seine Identifikation damit?

Sobald du das „Warum" kennst und dich damit identifizieren kannst, tust du dein Bestmögliches, um das Ziel zu realisieren. Aus dem „machen sollen" wird ein "machen wollen". Die Antwort auf die Frage „Warum" führt dazu, dass du jeden Tag fast automatisch ein paar Schritte in die richtige Richtung läufst. Du wirst förmlich wie ein Magnet vom Ziel angezogen.

Sportler: Treppenhäuser sind grau, bieten dünne Luft und sind staubig. Ich habe den weltbesten Treppenläufer Thomas Dold gefragt, warum er gerade Treppenlauf betreibt. Thomas kennt sein „Warum" sehr gut und antwortet prompt in seiner gewohnt lockeren und witzigen Art: „Ich komme in kürzester Zeit nach oben. Ich sehe im Vergleich zu vielen anderen Wettkämpfen hinterher, was ich geschafft habe, indem ich einfach runterschaue und den

Ausblick genieße. Bei kaum einer Sportart kommst du so schnell an die körperliche Grenze. In einer Zeit, wo alles schnell, kurz und intensiv sein soll, ist Treppenlaufen genau das Richtige." Bei diesem Ausblick bekommst du doch auch Lust aufs Treppenlaufen, oder?

Du bist dein eigener Motivator!

- Glaubst du, dass du andere Menschen langfristig motivieren kannst?
- Glaubst du, dass andere Menschen dich langfristig motivieren können?

Viele Menschen glauben heute noch, sie könnten andere langfristig motivieren und von anderen langfristig motiviert werden. Das ist absoluter Blödsinn. Die Wahrheit ist: Deine Eltern können dich nicht langfristig motivieren, deine Lehrer können es nicht, dein Chef nicht, deine Freunde nicht, dein Trainer nicht und ich kann es auch nicht. Übrigens ist es gar nicht die Aufgabe anderer Menschen, dich zu motivieren. Gerade von Schülern höre ich Aussagen wie: „Der Lehrer macht so einen langweiligen Unterricht. Der muss mich doch motivieren, zuzuhören." Muss er das? Muss er nicht!

Es gibt nur einen einzigen Menschen auf dieser Erde, der dich auf Dauer motivieren kann. Dieser Mensch – bist DU! Du ganz allein. Alle erfolgreichen Menschen motivieren sich mit herausfordernden Zielen, die ihnen wichtig sind und die sie konkret formuliert haben. Darüber hinaus wissen sie ganz genau, „WARUM" sie ihre Ziele erreichen wollen.

- Nimm dir jetzt je 7 Minuten Zeit und beantworte zu jedem deiner drei wichtigsten Ziele, warum du sie unbedingt erreichen willst.
- Was sind die Vorteile, wenn du diese Ziele erreichst? Was hast du davon?

Nimm dir wirklich die Zeit und mache dir intensiv Gedanken über die Gründe. Je mehr Gründe du findest, warum du dein Ziel erreichen willst, desto größer ist die Wahrscheinlichkeit, dass du es erreichst. Mögliche Antworten für dein „Warum" können sein: „Ich will mich besser fühlen." „… mir zeigen, dass ich es kann." „…andere Menschen unterstützen, dass die sich weiter entwickeln und ihr Potenzial besser nutzen." „… gesünder sein", „…mehr Lebensqualität gewinnen", „… mir Dinge kaufen können."

Hast du je Ziel drei bis vier Gründe gefunden, erstelle aus den Stichworten einen logisch aufgebauten und begründeten Text, der die Frage nach dem

„Warum" im Detail beantwortet. Während du den Text schreibst, beginnt dein Unterbewusstsein bereits mit der Umsetzung des Ziels.

Sportler: Bei Rüdiger Nehberg hat sich das "Warum" für seine Survivalexpeditionen über die Jahre gewandelt: „Früher waren es die Neugier, Abenteuerlust, Risikofreude. Auch die Freude, etwas Unvergleichliches planen zu dürfen und schließlich, es bewältigt zu haben. Heute ist es das Abenteuer mit Sinn, die Erkenntnis, etwas verändern zu können, das mich stört und das sich niemand sonst zutraut. Beispiele: Kampf gegen die Goldsucher in Brasilien und heute der Feldzug gegen das Verbrechen der weiblichen Genitalverstümmelung in Kooperation mit dem Islam."

Schritt 5: Welche Maßnahmen und welcher Preis sind notwendig, um deine Ziele zu erreichen?

Jetzt geht es an die Umsetzung. Stelle dir folgende Frage:

> *Übung: Maßnahmen*
>
> Stelle dir folgende Frage:
> * Welche Maßnahmen sind notwendig, damit ich meine Ziele erreiche?
>
> Schreibe mindestens sieben Punkte auf, die dich unterstützen und die du in Zukunft durchführst, um deine Ziele zu erreichen.

Hier geht es um konkrete Umsetzungspunkte; an denen scheitern leider die meisten. Punkte können je nach Ziel sein: täglich eine halbe Stunde länger arbeiten; monatlich zwei Bücher in deinem Fachbereich lesen, die dich persönlich weiterbringen; zehn statt fünf Kunden täglich anrufen, um ihnen das Produkt vorzustellen; die Hausaufgaben kurz nach dem Mittagessen anstatt kurz vor dem Schlafen gehen machen; zusätzlich zum offiziellen Training zwei weitere Einheiten im Fitnessstudio einlegen; abends auf Kohlenhydrate weitestgehend verzichten und stattdessen mehr eiweißhaltige Lebensmittel essen…

Beim Festlegen der notwendigen Maßnahmen ist es hilfreich, wenn du deine großen Ziele in mehrere kleine Ziele unterteilst – also Teilziele festlegst, kleine Etappen, die du Schritt für Schritt erklimmst. Selbst die längste Reise beginnt mit einem ersten Schritt. Sitzt du vor einem Berg an Aufgaben und Arbeit, fühlst du dich eventuell schnell überfordert und verzweifelst. Das Erreichen deines Ziels scheint in dem Moment so weit weg. Der Bücherstapel und die Skripte, die vor dir liegen, führen dazu, dass du aufgibst, für die Prüfung zu lernen, bevor du angefangen hast. Eine indische Volksweisheit besagt: „Wie isst man einen Elefanten? Biss für Biss!" Große, entfernte Ziele zerlegst du durch Etappenschritte in übersichtliche Abschnitte – aus einem hohen Berg werden mehrere Hügel. Wenn du mit dem Skifahren beginnst, rast du auch nicht gleich am ersten Tag eine schwarze Piste herunter. Du startest mit dem „Idiotenhügel" hinter dem Hotel und steigerst dich von Mal zu Mal, und damit den Schwierigkeitsgrad der Abfahrten. Jedes realisierte Etappenziel gibt dir Mut, Optimismus und Selbstvertrauen, auf dem richtigen Weg zu sein und weiter zu machen. Zerlege Jahresziele über Monats-, Wochen- und Tagesziele in kleine Häppchen. So behältst du deine Ziele im Auge und steigerst deine Umsetzungschancen.

Sportler: Auch im Gedächtnissport arbeit Boris Nikolai Konrad, mehrfacher Weltrekordhalter, mit Teilzielen. Er sagt: „...Im Vorwege eines Wettkampfs erstelle ich mir immer eine Übersicht, in der ich mir für die einzelnen Disziplinen Teilziele setze – also mir aufschreibe, welches Ergebnis ich jeweils erreichen möchte. Dabei unterscheide ich zwischen Minimalzielen und Optimalzielen, die ich mir setze – also eine Mindestpunktzahl, die ich auf jeden Fall in der jeweiligen Disziplin erreichen will und eine Optimalpunktzahl, die realistisch ist, wenn alles gut läuft."

- Welchen Preis habe ich dafür zu zahlen, meine Ziele zu erreichen? Was gebe ich ggf. auf, um meine Ziele zu erreichen?

Wenn du herausfordernde Ziele erreichen willst, hast du dafür einen Preis zu bezahlen – in Form von Fleiß, Schweiß, Zeit, Energie, Verzicht etc. Geschenkt erhältst du gar nichts. Mache dir den Preis bewusst, den du für deine Ziele zu bezahlen hast – und bezahle ihn!

Sportler: Doppelolympiasiegerin Magdalena Neuner ist sich bewusst, dass sie für ihren Erfolg einen großen Preis bezahlt, u.a. in Form von Disziplin und Ausdauer. Den zahlt sie jedoch gerne: „Ohne Ausdauer gibt es im Biathlon nichts zu gewinnen. Es zählt nicht nur die Ausdauer, die meine sportliche Leistung betrifft. Wichtig ist das Durchhaltevermögen im Training, im

Wettkampf und bei allem, was außerhalb des Sports ansteht. Natürlich kann ich nicht jede Woche in die Disco gehen. Ich feiere jedoch in Maßen. Mein Beruf ist der Sport und mein Körper mein Kapital. Da gilt es mit den Kräften zu haushalten."

Übung: Wer macht was bis wann?

Nun lege fest, wer was bis wann macht, um die Maßnahmen zu realisieren. Es ist Voraussetzung, dass du die notwendigen Maßnahmen schriftlich festhältst. Wenn du jedoch vergisst, festzulegen, bis wann die Maßnahmen umgesetzt werden, werden deine Ziele meistens Ziele bleiben und niemals Realität werden. Du brauchst feste Termine - Deadlines. An der Frage „Wer macht...?" erkennst du, dass es Sinn macht, bestimmte Aufgaben zu delegieren. Du kannst dich nicht um alles kümmern. Halte Ausschau nach Personen, die über bestimmte Stärken und Kontakte verfügen und bereit sind, dich zu unterstützen, um deine Ziele zu erreichen.

Nimm dir für die Beantwortung der Zielfragen ausreichend Zeit. Es geht um deine Zukunft, um dein Leben! Das sollte es dir wert sein. Du tust es für dich. Nicht für Mami, Papi, Partner, Freunde, Chef, Trainer... oder für mich. Sondern ausschließlich für DICH!

Sportler: Doppelolympiasieger Markus Weise hat sich ein Topteam zusammengestellt, bei dem jeder genau weiß, welche Ziele gemeinsam verfolgt werden und was er zu tun hat: „Ich lenke und begleite den gesamten Prozess als Hauptverantwortlicher und gebe viel Verantwortung an Experten ab, die sehr eigenverantwortlich auf ihren Gebieten agieren. Ich mache dem gesamten Team bewusst, welche Ziele wir anstreben und welche eigenen Ansprüche wir an uns haben, bezogen auf die Leistung, die wir entwickeln wollen. Es geht mir um die Entwicklung von Leistung und Persönlichkeiten. Die Spieler stehen immer im Mittelpunkt aller Überlegungen. Ich achte auf höchste Qualität in meinem Betreuerteam und kann sagen, dass ich nur absolute Topleute in meinem Staff-Team habe, angefangen bei den Assistenztrainern bis hin zu den Physios."

Schritt 6: Visualisiere deine Ziele! Kontrolliere und korrigiere!

Du hast dir deine Erfolge notiert, um dich in einen guten Zustand zu bringen. Anschließend hast du dir Ziele für deine verschiedenen Lebensbereiche aufgeschrieben. Diese hast du priorisiert und bewertet, welche Ziele dir besonders wichtig sind. Dir ist klar geworden, warum du diese Ziele unbedingt erreichen willst. Um sie umsetzen zu können, hast du die notwendigen Maßnahmen festgehalten. So kannst du in den nächsten 72 Stunden mit der Umsetzung beginnen. Du bist bereit, den Preis zu bezahlen, der dich erwartet, um das Ziel zu erreichen. Zahle diesen Preis und komme jetzt ins Handeln.

Sei schon da, bevor du angekommen bist!

Der sechste Schritt ist ein „Turbo-Booster", der deine Zielerreichung beschleunigt – KITT von Knight Rider lässt grüßen. Wenn du neben der aktiven Umsetzung deiner Ziele diese zusätzlich visualisierst, erreichst du eine weitaus stärkere Eigenmotivation. Stelle dir so konkret wie möglich vor, wie es sein wird, wenn du deine Ziele erreicht hast (erinnere dich an SpitzenStrategie 2 „Wandle deine Angst in Mut"). Du erzielst förmlich einen Sog, der dich zu deinen Zielen zieht.

> **Übung: Visualisierung**
> Nimm dir deine drei wichtigsten Ziele und stelle dir jeden Abend, wenn du im Bett liegst, vor, wie du sie bereits erreicht hast. Investiere dafür nur ca. 2:22 Minuten Zeit, das reicht bereits. Hast du nur ein Ziel, das du visualisieren willst, verwende dafür ca. 55 Sekunden.

Sieh dich bereits, wie du die Arbeit mit der Note 2 in der Hand hältst, wie dein neuer Kunde den Vertrag unterschreibt, wie du mit deiner Wohlfühlfigur den Strand unsicher machst, wie du dein Wunschgehalt bekommst, wie du deine Wunschbeziehung führst, wie du die Medaille umgehängt bekommst oder den Pokal in die Höhe reckst, wie du deine Schüler, Mitarbeiter, Sportler begeisterst, ihr Bestes zu geben etc. Stelle dir diese Dinge vor und setze zusätzlich alle Sinne ein. Wie viele hast du davon? Richtig fünf, einige kennen gar zehn. Welche sind es? Sehsinn, Hörsinn, Tastsinn, Geruchssinn, Geschmackssinn. Ein paar Spezialisten kennen noch Frohsinn, Wahnsinn, Schwachsinn, Unsinn und Blödsinn.

Und wenn dein Verstand kommt und sagt: „Das stimmt doch gar nicht. Du bist dick, faul und pleite." Dann sagst du: „Psst. Davon weiß das Unterbewusstsein nichts. Verstand, behalte es für dich." Das funktioniert.

Sportler: Jennifer Oeser hat eine clevere Möglichkeit gefunden, ihre Ziele so zu formulieren, dass sie sie sehr gut visualisieren kann und dadurch noch stärkere Emotionen auslöst, wenn sie daran denkt. Jennifer sagt: „Ich formuliere den Medaillenwunsch immer um und sage: 'Ich möchte wieder in den Champions Club fahren.' Das beinhaltet dieses Jahr eine Medaille bei den Europameisterschaften...." (Anmerkung: Champions Club bedeuten zwei Wochen Urlaub im Robinson Club mit allen Medaillengewinnern des Jahres bei Internationalen Wettbewerben)

Versetze dich gedanklich in den Zielzustand. Plötzlich beginnt sich der Zielprozess förmlich zu verselbständigen und du erlebst „unerwartet" Dinge, die dich dabei unterstützen, deine Ziele zu erreichen. Du lernst die richtigen Menschen kennen, dir fallen Informationen in die Hände, die du gut gebrauchen kannst …

Kontrolliere und korrigiere ggf. deine Ziele

Das Festhalten deiner Ziele auf Papier – sowohl schriftlich als auch bildlich – ist so etwas wie ein Vertrag mit dir selbst. Es erhöht deine innere Verpflichtung deinen Zielen gegenüber und steigert die Wahrscheinlichkeit, deine Ziele zu erreichen. Das Festhalten auf Papier erlaubt es dir auch, deine Ziele und deine Zielerreichung regelmäßig zu kontrollieren. Da dir deine Ziele schwarz auf weiß oder sogar in Farbe vorliegen, kannst du überprüfen, ob deine Ziele noch aktuell sind.

Besonders bei langfristigen Zielen, die du erst in ein paar Jahren erreichen willst, kann es vorkommen, dass sich deine Ziele mit der Zeit wandeln, da sich deine persönlichen Prioritäten geändert haben. Du hast dich weiterentwickelt, es gab Änderungen privater oder beruflicher Natur, so dass deine Ziele nicht mehr mit deiner Entwicklung harmonieren. Es macht keinen Sinn, an Zielen festzuhalten, die plötzlich fernab jeder Realität liegen. Passe in diesem Fall deine langfristigen Ziele und deine Planung entsprechend an. Außerdem wirst du gerade zu Beginn, wenn du dich das erste Mal intensiv mit Zielsetzung beschäftigst, feststellen, dass du dir zu große oder zu kleine Ziele gesetzt hast. Je nachdem, was der Fall ist, korrigiere deine Ziele in die eine oder andere

Richtung. Vermeide jedoch, deine Ziele Schritt für Schritt zu verkleinern, nur weil du zu faul bist. Damit betrügst du dich selbst! Gute Ziele sind herausfordernd, so dass du sie gerade noch erreichst, wenn du dich sehr weit streckst.

Schritt 7: Lass los! Gib einfach dein Bestes!

Lass los und triff ins Schwarze!

Hast du schon mal mit Pfeil und Bogen geschossen? Wann traf der Pfeil ins Schwarze – also ins Ziel? Beachte: Ich fragte nicht danach, wie oft du getroffen hast, sondern wann. Du trafst doch nur ins Ziel, wenn du den Pfeil auch losgelassen hattest, richtig? „Das ist ja auch logisch. Wie soll's anders funktionieren?", entgegnest du mir. Selbstverständlich ist es logisch. Dieses Naturgesetz vergisst du jedoch schnell, wenn es um die Ziele in deinem Leben geht. Für die gilt nämlich dasselbe: Du kannst deine Ziele nur erreichen, wenn du loslässt.

Sportler: Ein schönes Erlebnis, dass dir die Kraft des Loslassens zeigt, erzählte mir Urs Meier, der ehemalige Weltklasse-FIFA-Schiedsrichter. Ich fragte ihn: „Was war aus deiner Sicht entscheidend mit verantwortlich dafür, dass du 2002 das Champions League Finale pfeifen durftest?" Darauf antwortete mir Urs: „Die Konstanz und meine Gelassenheit. 2000 hatte ich ein Erlebnis, nachdem ich mir gesagt habe: Ein Finale ist auch nur ein Finale. Zwar etwas für die Geschichtsbücher, jedoch einfach nur ein Finale. Ich habe losgelassen und mir gesagt: Wenn es kommt, kommt es. Wenn nicht, dann ist es auch nicht tragisch. Ich habe nicht mehr die Verbissenheit gehabt. Direkt in dem Moment, wo ich losgelassen habe, kamen die ganz großen Spiele. Nicht immer verkrampft und verbissen auf ein Ziel zuzusteuern, sondern loslassen zu können und einen anderen Weg zu nehmen. So kommen wir auch zum Ziel, oft sogar einfacher."

Gib stets dein Bestes!

Zum Loslassen gehört die Devise: „Gib stets dein Bestes!" In SpitzenStrategie 3 „Konzentrier dich und gib dein Bestes" habe ich den Aspekt bereits aufgegriffen und bin näher darauf eingegangen. Du erkennst die große Bedeutung dieses Aspekts, weil ich jetzt erneut darauf eingehe. Die Devise „Gib dein Bestes!" ist so extrem wichtig für deine Zielerreichung und damit für deinen Erfolg, dass dieser Aspekt fast ein eigenes Buch verdient. Ich habe die letzten

Jahre viele Interviews mit Spitzensportlern geführt und jedem habe ich die Frage gestellt: „Mit welchem Ziel gehst du in einen Wettkampf?"

- „Mein Ziel ist, immer mein Bestes zu geben und den Wettkampf mit neuer Bestleistung abzuschließen. Ich male mir im Vorfeld keine Platzierung aus, sondern sage mir: 'Wenn ich für mich das Beste herausgeholt habe, werde ich sehen, auf welchem Platz ich am Ende lande.' Dann ist für mich das Gefühl da: 'Du hast dein Bestes gegeben und mehr war heute nicht drin.'" (Jennifer Oeser, Vizeweltmeisterin Siebenkampf 2009)

- „Ich habe mir immer vorgenommen, meine beste Leistung im Wettkampf zu erzielen. Ich wollte immer soweit werfen wie möglich. Zudem hatte ich ein großes Ziel, einmal auf Platz 1 zu stehen und die Nationalhymne zu hören. Das habe ich zweimal geschafft." (Steffi Nerius, Sperrwurfweltmeisterin 2009)

„Ich gebe mein Bestes." Dieses Ziel nennen Jennifer und Steffi als erstes. Klar wollen Spitzensportler Siege, Titel, Pokale, Ruhm, Anerkennung, Werbeverträge, Geld, etc. Sie sagen jedoch alle unisono: „Wenn ich mein Bestes gebe, habe ich eine sehr gute Chance, den Wettkampf zu gewinnen." Sie wissen, dass sie in exzellenter Verfassung sind und um Siege und Medaillen mitkämpfen. Wenn sie sich jedoch zu sehr auf die Titel konzentrieren, kann es schnell passieren, dass sie sich verkrampfen. Persönlichkeitstypen wie Oliver Kahn, Michael Schumacher, Lance Armstrong, Usain Bolt und Tiger Woods brauchen diesen Druck, dass alle von ihnen erwarten, Erster zu werden. Für die Jungs zählt nur Platz 1. Alles andere ist eine Niederlage. Das hat sie so erfolgreich gemacht. Die Mehrheit der Spitzensportler hat jedoch eine andere Persönlichkeitsstruktur. Die bringen weitaus bessere Leistungen, indem sie sich den Druck nehmen. Das schaffen sie u.a., indem sie sich sagen. „Ich gebe mein Bestes. Und am Ende sehen wir, was herauskommt." Das ist ihr Erfolgsrezept.

> *Übung: Lasse los*
>
> Lasse in Zukunft deine Ziele los. Visualisiere dir deine Ziele morgens und abends jeweils nur 2:22 Minuten. Diese knapp fünf Minuten entsprechen 0,3 % der insgesamt 1.440 Minuten, die ein Tag hat. Die restliche Zeit des Tages tue das, was dich unterstützt, deine Ziele zu erreichen, und gib dabei dein Bestes. Du wirst überrascht sein, was plötzlich alles Tolles in deinem Leben passiert.

Habe eine klare Vision

Erfolgreiche Menschen sind Träumer

Erfolgreiche Menschen sind immer auch Visionäre, Menschen mit großen Träumen. Alles, was du im Leben erreichst, beginnt zunächst einmal mit einem Bild in deinem Kopf. Eine Vision ist so etwas wie eine Absichtserklärung:

- Für was bist du bereit, deine Energie einzusetzen – dich zu engagieren?

Als eine der größten Visionen der Menschheitsgeschichte gilt bis heute die Idee vom damaligen US-Präsidenten John F. Kennedy im Jahr 1961, bis Ende der 60er Jahre auf dem Mond zu landen. In einer Rede am 12. September 1962 bekräftigte Präsident John F. Kennedy nochmals seine Entschlossenheit, eine bemannte Mondlandung zu verwirklichen. Im vollbesetzten Football-Stadion der Rice University in Houston legte er seine Vision von Amerikas Stellung im Weltraumwettkampf vor einer jubelnden Menschenmenge dar:

„Wir haben uns entschlossen, zum Mond zu fliegen. Wir haben uns entschlossen, in diesem Jahrzehnt auf den Mond zu kommen, nicht, weil es leicht wäre, sondern gerade weil es schwer ist, weil diese Aufgabe uns helfen wird, unsere besten Energien und Fähigkeiten einzusetzen und zu erproben, weil wir bereit sind, diese Herausforderung anzunehmen und sie nicht widerwillig aufschieben werden, und weil wir beabsichtigen, zu gewinnen."[63]

Als Kennedy diese Worte damals sprach, war das Ziel einer Mondlandung noch utopische Zukunftsmusik. Er schaffte jedoch, andere Menschen mit seiner Vision zu begeistern und unglaubliche Kräfte bei den NASA-Mitarbeitern freizusetzen. Charles Garfield, einer der weltweit führenden Motivationspsychologen, und damals Chefpsychologe bei der NASA, sagte dazu folgendes:

„Was ich von 1966 und 1967 an beobachtet hatte, hat meine kühnsten Erwartungen übertroffen. John F. Kennedy hatte uns Amerikanern 1961 die Vision gegeben, bis zum Ende der 60er Jahre den Mond zu erobern. Je näher wir unserem Ziel kamen, desto größer wurde die Motivation aller Beteilig-

---

63 http://www.swetlan.ch/vorlagen/hp18z/apollo/Kennedy.pdf, 01.01.2010.

ten: Ingenieur-Teams, die hinter ihrem Zeitplan zurücklagen, arbeiteten 14, 16 oder auch 18 Stunden am Tag. Manche übernachteten – wenn es notwendig war – im Schlafsack im Labor und ließen sich von ihren Frauen am nächsten Morgen das Frühstück bringen. Wir hatten die geringste Krankenquote in der Geschichte der NASA, nahezu keine Alkoholprobleme und sogar die Scheidungsraten tendierten gegen Null...“[64]

Du siehst, welche Kraft eine Vision freisetzen kann. Die NASA-Mitarbeiter arbeiteten übrigens nicht 18 Stunden, weil sie mussten, sondern weil sie es wollten. Viele Mitarbeiter schrieben nicht einmal die Überstunden auf. Alle arbeiteten auf den Tag hin – den 21. Juli 1969, als Neil Armstrong auf dem Mond diese Worte sprach:

"That's one small step for a man, one giant step for mankind!"

Deutsche Übersetzung:

„Das ist ein kleiner Schritt für einen Menschen, ein riesiger Schritt für die Menschheit“

* Wie lautet deine Vision? Mit welchem großen Ziel mobilisierst du in Zukunft deine Kräfte und ggf. auch die deines Teams?

In Unternehmen erhalte ich häufig das Feedback: „Herr Herzog, wir haben eine Vision. Die habe ich meinen Mitarbeitern bei der Jahresauftaktveranstaltung mitgeteilt. Und darüber hinaus haben die noch ein Memo bekommen, wo alles genau beschrieben steht. Die Mitarbeiter setzen es dennoch nicht um.“ Du erinnerst dich: Du lernst durch Wiederholungen und emotionale Bilder. Je emotionaler die Bilder sind, die du bei dir und anderen erzeugst, desto weniger Wiederholungen brauchst du.

Denke also dran, wenn du als Lehrkraft, Führungskraft oder Trainer aktiv bist, deine Ziele und Visionen immer und immer wieder mitzuteilen. Es reicht nicht, wenn deine Schützlinge die Ziele nur kennen, es gilt diese Tag für Tag zu leben. Wiederhole die Ziele so oft, bis sie bei den anderen bereits aus den Ohren wieder herauskommen. Wenn die Ziele und Visionen so verinnerlicht sind, dass sie zu jeder Tages- und Nachtzeit sofort abrufbar sind, dann ist es genau richtig. Suche ständig neue Methoden und Wege, wie du deine Ziele und Visionen vermittelst.

---

64 http://www.vertriebsoffice.de/vertriebswissen/die_vision.php, 01.01.2010.

I dreamed a dream – I hatte einen Traum

Es ist der 21. Januar 2009. An diesem Tag stellt sich eine schüchterne, strenggläubige 48-jährige Schottin der „Britain's Got Talent"-Jury. „Britain's Got Talent" ist die britische Version von „Das Supertalent". Als die rundliche Hausfrau mit ungepflegter Omafrisur und biederer Kleidung die Bühne betritt, verdreht die Jury die Augen und das Publikum lacht. Jeder rechnet mit einer Blamage. Als sie jedoch anfängt, das Lied „I Dreamed a Dream" aus dem Musical „Les Misérables" zu singen, wird es mucksmäuschenstill. Das Publikum erhebt sich und die Jury ist sprachlos. Die mollige, scheinbar langweilige Frau berührt die Herzen der Zuschauer. Nach ihrem Auftritt toben und applaudieren alle und die überwältigte Sängerin bricht in Tränen aus. Keiner kann so wirklich glauben, was gerade geschehen ist. Das Mauerblümchen schafft das vor ihrem Auftritt für unmöglich Geglaubte: Sie kommt ins Finale und erreicht am Ende überraschenderweise „nur" Platz zwei.

Nach nur einem Auftritt, in dem sie alle Erwartungen der Juroren, des Publikums und anschließend aller YouTube-Nutzer übertroffen hat, setzt sich ein Tornado an Ereignissen in Gang, der bis heute weltweit einmalig ist. Innerhalb von einem halben Jahr nach TV-Ausstrahlung des ersten Auftritts wird die graue Maus zum Weltstar. Diese Dame ist Susan Boyle – die Frau, die alle Rekorde sprengt:

- Das Video ihres ersten Auftritts wird innerhalb von sechs Tagen weltweit 22 Millionen Mal auf YouTube angesehen.
- Noch nie wird weltweit ein Album so häufig beim Internet-Shop Amazon vorbestellt wie „I Dreamed A Dream". Damit verweist sie sogar Megastars wie U2 und Coldplay auf die hinteren Plätze.[65]
- Ihr Album erscheint erst sechs Wochen vor Jahresende und wird dennoch das weltweit am meisten verkaufte Album 2009 (6,2 Mio.). Dabei lässt sie Stars wie Lady Gaga (5,8 Mio.), Black Eyed Peas und Michael Jackson hinter sich.[66]

---

65 http://www.bild.de/BILD/unterhaltung/musik/2009/10/22/susan-boyle/bricht-mit-album-internet-rekord-so-oft-vorbestellt-wie-keiner.html, 05.01.2010.
66 http://unterhaltung.t-online.de/susan-boyle-schlaegt-lady-gaga-i-dreamed-a-dream-erfolgreichstes-album-2009/id_21199976/index; 05.01.2010.

- Ihr Auftritt ist mit 120 Millionen Aufrufen das meistgesehene YouTube Video 2009. Das Video auf Platz zwei wird „nur" 37 Millionen Mal angeklickt.[67] Alle ihre YouTube-Videos zusammen sind bereits über 300 Millionen Mal abgerufen worden.[68]

- Bereits nach wenigen Monaten wird sie bei Amerikas erfolgreichster Talkshow-Masterin Oprah Winfrey eingeladen („The Oprah Winfrey Show").

- Ihre Website ist in 20 Sprachen aufrufbar (u.a. japanisch, russisch, norwegisch, polnisch, thailändisch), um alle Fans mit den neuesten Informationen zu versorgen.[69]

- Susan Boyle ist für den Titelsong des neuen James Bond Films angedacht. Anderen Stars wurde diese Ehre erst nach Jahrzehnten zuteil.

In ihrer Kindheit und Jugend leidet Susan Boyle unter erheblichen Lernschwierigkeiten. Regelmäßig wird sie mit einem Gürtel geschlagen und von ihren Mitschülern gehänselt. Über 40 Jahre leidet sie infolgedessen an einem mangelnden Selbstvertrauen – bis zu ihrem Auftritt bei 'Britain's Got Talent'.

Susan Boyle singt seit ihrer Kindheit Tag für Tag. Das Singen ist eine Art Therapie für sie. Wenn sie singt, fühlt sie sich in ihrem Element. Es geht ihr gut, sie kann von allem Stress und Leid Abstand nehmen. So sang Susan Boyle bis zu ihrem Auftritt bei „Britain's Got Talent" in ihrer Heimatstadt, dem nordenglischen Städtchen Blackburn, jahrelang nur in Kirchen- und Gesangsvereinen. Dort fühlte sie sich wohl, wenn sie mit Gleichgesinnten in der Gruppe singen und sich dabei im Hintergrund halten konnte. Sie stand weit hinten, um sich verstecken zu können. Auffallen wollte sie nicht, weil sie Angst hatte, gemobbt zu werden.

Lebe deinen Traum

Nie hatte Susan Boyle sich getraut, aus dem Schatten hervorzutreten. Eines Tages veränderte ein einschneidendes Erlebnis jedoch ihr Leben: „Ich habe

---

67 http://diepresse.com/home/kultur/medien/528555/index.do?direct=530384&_vl_ backlink=/home/kultur/popco/530384/index.do&selChannel ; 05.01.2010.

68 http://www.susanboylemusic.com/de/story/; 05.01.2010.

69 http://www.susanboylemusic.com/de; 05.01.2010.

wegen meiner verstorbenen Mutter bei ‚Britain's Got Talent' mitgemacht. Ich wollte ihr beweisen, dass ich doch etwas aus meinem Leben machen kann."[70] Als streng Gläubige war sie sich sicher, dass ihre Mutter ihr von oben zuschauen würde, wenn sie all ihren Mut zusammen nimmt und auf die Bühne geht.

Susan Boyle ignorierte jede Regel, die es im Show-Business gibt und machte mit einem Schlag unzählige Gesetzmäßigkeiten des Pop-Musik-Marketings zunichte. Die uralte Regel, das Buch nicht anhand des Covers zu beurteilen, hat plötzlich wieder Gültigkeit. Das Kriterium Schönheit trifft bei ihr nicht zwingend auf ihr Äußeres zu. Dafür überzeugt sie mit der Schönheit und Einzigartigkeit ihrer Stimme – das „hässliche Entlein mit Engelsstimme"[71].

Susan Boyle hatte den Mut, von etwas zu träumen, was ganz, ganz weit weg von dem war, was das Leben ihr bisher bot. In ihren Träumen träumte sie davon, aus ihrer aktuellen Situation heraus zu kommen und auf der Bühne zu stehen. Sie hatte den Glauben an sich selbst, allen Widrigkeiten zum Trotz. Am Ende wurde sie belohnt und ihr Traum wurde Realität. Ihre Geschichte zeigt, dass es sich lohnt, seine Träume zu erhalten, mögen sie im ersten Moment noch so weit weg von der aktuellen Realität sein.

Und wenn sie es wagen kann zu träumen, dann kannst Du das auch!

---

70 http://www.bild.de/BILD/unterhaltung/TV/2009/04/17/susan-boyle/frau-potts-wird-jetzt-weltstar.html; 05.01.2010.

71 http://diepresse.com/home/kultur/medien/528555/index.do?direct=530384&_vl_back-link=/home/kultur/popco/530384/index.do&selChannel ; 05.01.2010.

7. Zeige Ausdauer und Disziplin

Stehe einmal mehr auf, als du hinfällst

Verfolge deine Ziele und Visionen mit letzter Entschlossenheit. Ich lerne regelmäßig Menschen kennen, die bei Rückschlagen sofort aufgeben, weil sie sie nicht verkraften. Die fallen beim ersten Windstoß um. Und dann bleiben sie einfach liegen – mitten im Quark. Entschlossenheit ist eine bedeutende Charaktereigenschaft erfolgreicher Menschen. Die werden erst richtig warm, wenn es Rückschläge gibt.

Jeder Mensch hat seine Komfortzone, wir sprachen in dem Kapitel „Verlasse deine Komfortzone" darübcr. Du verlässt mutig deine Komfortzone, um Dinge zu bewegen und weiter zu wachsen. Was passiert? Dir bläst ein kräftiger Wind entgegen – du scheiterst. Du sagst: „Dafür habe ich wohl kein Talent. Hat ja eh keinen Sinn. Es ist aussichtslos. Ich habe verloren." Schon sitzt du wieder in dem windgeschützten Kreis deiner Gewohnheiten. Da warten bereits die Personen auf dich, die ihr ganzes Leben in ihrer Komfortzone verbringen und sagen: „Siehst du, habe ich dir doch gesagt, dass das nichts wird! Hättest du mal auf mich gehört." Lass niemals zu, dass es soweit kommt.

Wenn du marschierst und der Gegenwind bläst dir mitten ins Gesicht, dann empfindest du das als unfair. So ist das Leben – auf jeden Fall kein Ponyhof. Übernimm für dein Leben in Zukunft folgendes Zitat von Winston Churchill: „Erfolg heißt einmal mehr aufstehen als hinfallen."

Du stehst auf und es stürmt erneut kräftig. Du fällst hin und deine Knie bluten. Na und. Dann steh wieder auf. Und erneut kann es dir passieren, dass du hinfällst. Na und. Stehe einmal mehr auf als du hinfällst.

Was tun leider die meisten Menschen, wenn ihnen in ihrer Karriere ein Misserfolg widerfährt und sie hinfallen? Sie bleiben liegen und geben auf. Dazu folgt meist noch der Ausspruch: „Hat ja eh keinen Sinn. Es ist aussichtslos. Ich habe verloren."

Beispiel: Gib niemals auf

Über zwei Tage und sechs Disziplinen hat sie bei der Leichtathletik-WM 2009 in Berlin gekämpft. Jennifer Oeser, deutsche Siebenkämpferin, liegt vor dem abschließenden 800m-Lauf auf einem hervorragenden dritten Platz. Eine Medaille und damit ihr bisher größter internationaler Erfolg sind zum Greifen nah. Ihr Trainer sagt scherzhaft vor dem Rennen: „Dich kann jetzt nur noch ein Sturz stoppen." Und tatsächlich: rums, da legt's sie nieder. 450m vor dem Ziel spürt sie einen Schlag gegen ihre Beine und fliegt auf die Nase. Das Prinzip der selbsterfüllenden Prophezeiung hat gewirkt. 51.000 Menschen im Stadion schreien schockiert auf, ahnen Fürchterliches. Aber anstatt liegen zu bleiben, über die Ungerechtigkeit zu weinen und anderen die Schuld für ihr Scheitern in die Schuhe zu schieben, springt sie sofort wieder auf und läuft um ihr Leben. Mit Erfolg - eine Läuferin nach der anderen sammelt Jennifer wieder ein. Als vierte des Laufs kommt sie schließlich ins Ziel und erkämpft sich spektakulär noch die Silbermedaille.

Dieser Erfolg bestätigt die beeindruckende Kraft der Gedanken: Gewonnen wird im Kopf, verloren auch. Jemand der gewinnen will, kann sich im Moment der drohenden Niederlage unglaublich gut selbst motivieren und eine enorme Kraft daraus entwickeln. Jennifer hatte keine Zeit lange zu überlegen. Sie musste sofort eine Entscheidung treffen. In 90 % der Fälle bleibt der Gestürzte jedoch liegen. Jennifer nicht. Sie stand auf, bündelte alle Kräfte und gab für sich und das Publikum nochmal alles - ohne die Garantie auf

Erfolg. Dafür wurde sie mit Silber und stehenden Ovationen belohnt. Diese Niederlage, die schließlich zum Sieg führte, macht sie stark für ihre weitere Zukunft.[72]

Sportlerinterview Jennifer Oeser

Rechte: Markus Paniczek

Matthias: Wie wichtig sind Disziplin und Ausdauer in deinem Sport?

Jennifer: Sehr wichtig. Es gibt viele Quäleinheiten: Tempoläufe oder die 800m am Ende eines Wettkampfs. Klar muss ich mich aufraffen, zum Training zu gehen, wenn mir alles weh tut und ich Muskelkater habe. Dann habe ich mein Ziel vor Augen und reiße mich zusammen. ... Wenn ich den Sport nicht leistungsmäßig machen würde, sondern nur hobbymäßig, gäbe es einige Tage, an denen ich sagen würde: „Ach ne, ich bleibe heute zu Hause." Für mich ist es wie der Gang zur Arbeit, auch wenn mir alles wehtut. Ich jammere auch schon mal. Doch durch die Gruppe werde ich mitgerissen. Die haben auch Schmerzen.

---

72 Mehr Infos zu Jennifer unter www.jenniferoeser.de.

Matthias: Welche Bedeutung hat das mentale Training für dich?

Jennifer: Im Training stelle ich mir manchmal die Frage: 'Wieso mache ich das eigentlich?' Dann stelle ich mir vor, wie schön es wäre, oben auf dem Treppchen zu stehen, beim Großereignis eine Medaille zu gewinnen. Natürlich träume ich davon. Wenn man solche Träume als Sportler nicht hat, dann kommt man nicht weit. Ich stelle mir vor, wie schön es wäre, zu gewinnen.

Matthias: Wie gehst du mit dem Thema Angst um?

Jennifer: Wir haben nur zwei Chancen, uns für das Großereignis zu qualifizieren. Da besteht ein wenig die Angst, da vielleicht zu versagen. Dann schafft man es nicht mehr zum Saisonhöhepunkt und die ganze Saison ist verkorkst. ...

Ich sage mir dann immer: „Natürlich ist der Sport wichtig in meinem Leben. Aber nicht das Wichtigste." Ich bin davon nicht abhängig. Wenn es mal ein Jahr nicht läuft, kommt ein nächstes Jahr. Ich hatte die letzten Jahre so viele Erfolge. Andere gehen auch durch Tiefpunkte. Wenn es wirklich so ist, dann ist es so.

Matthias: Wie hakst du Niederlagen ab? Was sagst du dir, wenn du bereits nach zwei Disziplinen 100 Punkte zurück liegst?

Jennifer: Klar gibt es auch Rückschläge, da muss ich halt durch. Dann führe ich mir vor Augen, was ich noch erreichen will. Dann geht's weiter.

Früher wäre ich, wenn die erste Disziplin nicht so lief, kurz davor gewesen aufzuhören. Auf jeden Fall hatte ich den Wettkampf kopfmäßig schon abgehakt nach dem Motto: Das war's. Die ersten beiden Disziplinen mussten bei mir früher auf jeden Fall klappen. In Berlin war es genau umgekehrt. Ich bin bei den 100m-Hürden direkt in der ersten Disziplin gegen die Hürde gerammelt. Da war ich zunächst schon geknickt. Dann habe ich mir gedacht: 'Das ist so eine tolle Stimmung hier und du bist gut drauf. Du willst einfach nur Spaß haben und deine Leistung abrufen.' Der Mehrkampf hat mir auf jeden Fall gezeigt, dass wenn es in der ersten Disziplin nicht so klappt, ich mich jedoch körperlich gut fühle, noch etwas drin ist.

Generell habe ich die letzten Jahre gelernt, von Disziplin zu Disziplin zu denken. Nicht gleich den Kopf in den Sand zu stecken.

Matthias: Was dachtest du, als du 450m vor dem Ziel gestürzt bist?

Jennifer: Gar nichts. ... In dieser Situation habe ich kein einziges Mal daran gedacht, dass ich es nicht mehr schaffen könnte. Von meinem Gefühl waren die 2 m vor mir. ...Mein Gedanke war: „Die Medaille schaffe ich noch und Hauptsache, ich lande vor der Polin." Die ersten 300m waren schlimmer, da dachte ich eher noch: „Oh Gott, noch 500m. Ich kann nicht mehr." Nach dem Sturz hatte ich das Gefühl überhaupt nicht mehr. Die Gedanken vor und nach dem Sturz waren komplett umgedreht. Nach dem Sturz habe ich gedacht: „Das schaffst du auf jeden Fall noch."

Zu Jennifers Erlebnis passt das folgende Zitat: „Jede große Niederlage birgt den Keim eines noch größeren Erfolges in sich!" Auch hier zeigt sich wieder, dass ein Sturz, ein Rückschlag, eine Niederlage im Nachhinein betrachtet gut gewesen sein kann.

Du siehst: Es lohnt sich immer bis zum letzten Moment zu kämpfen und einmal mehr aufzustehen als hinzufallen. Denn in den meisten Fällen wirst du dafür mit Erfolg belohnt. Nur wer frühzeitig aufgibt, hat bereits verloren und wird niemals erfahren, ob er es nicht vielleicht doch noch hätte schaffen können. Kurzfristig am Boden zu liegen ist keine Schande, jedoch, aufzugeben und liegen zu bleiben.

Kleine Kinder fallen hin und? ... stehen wieder auf

Beispiel: Laufen lernen

Wie lernt ein kleines Kind das Laufen? Das Kleine krabbelt zunächst vergnügt auf dem Fußboden. Eines Tages wird es ihm jedoch zu langweilig und sie denkt sich: „Die Erwachsenen sind alle viel größer als ich. Solange ich hier unten herumkrabble, werde ich immer ein kleiner Wicht bleiben. Also hoch mit mir." Nun sucht sich die Kleine eine Möglichkeit, an der sie sich hochziehen kann – einen Stuhl oder eine Person. Die Hände greifen zu, sie zieht sich langsam nach oben. Anfangs ist das Ganze noch sehr wackelig – zittrige Knie, ein schwingender Oberkörper. Wie die Äste eines Baums im Wind weht die Kleine umher. Sie lässt los – rums, in weniger als einer Sekunde sitzt sie wieder auf ihrer Pampers. Was passiert? Sie weint vielleicht kurz und startet direkt den nächsten Gehversuch.
Was sagst du als Erwachsener und Vorbild der Kleinen, nachdem sie bereits zum dritten Mal hingefallen ist? „Eh komm, lass es, mein Schatz. Laufen ist nicht dein Ding. Bleib lieber auf dem Boden liegen und arbeite an deinen Stärken - verfeinere dein Krabbeln. Du bist die geborene Krabblerin. Laufen überlässt du lieber den

Großen, die es können." Natürlich nicht. Stattdessen stehst du begeisternd und anfeuernd daneben und sagst: „Toll machst du das. Klasse, mein Schatz. Wow, einen Schritt hast du gemacht. Beim nächsten Mal sind es bestimmt schon mindestens zwei." Selbst, wenn die Kleine bereits 100 Mal wieder auf dem Hosenboden gelandet ist, bestärkst du sie immer und immer wieder, am Ball zu bleiben und den nächsten Laufversuch zu unternehmen.

Kleine Kinder wissen noch, dass es darum geht, einmal mehr aufzustehen als hinzufallen. Wie sieht das Ganze bei dir aus?

* Wie oft darfst du scheitern, bis du aufgibst? Fünf Mal, sechs Mal oder doch immerhin sieben Mal?

Beispiel: Die Integralrechnung

Der Mathelehrer kommt begeistert in den Unterricht: „Liebe Schüler, heute lernen wir Integralrechnung. Darin bin ich der absolute Experte. Sie werden Ihren Spaß haben." Du denkst dir: „Den Spaß hat vielleicht der Alte da vorne. Ich bestimmt nicht." Dein Lehrer schreibt eine Aufgabe an die Tafel mit dem Hinweis, diese zu lösen. Es klappt bei dir nicht. Was denkst du dir: „Macht nichts. Bei der nächsten Aufgabe klappt es bestimmt. Mir fehlt einfach noch ein wenig Übung und Wissen." Oder sagst du dir eher: „So ein Mist. Wusste ich doch schon vorher, dass das nichts wird. Ich kann es einfach nicht. Meine Mutter sagt auch: Das „Mathegen" ist an unserer Familie vorbei gezogen. Das liegt in der Familie, dass wir Mathe-Loser sind." Schon hast du mit dem Thema Integralrechnung abgeschlossen.

Sei ehrlich, so und ähnlich geht es dir in vielen Lebensbereichen und -situationen. Etwas klappt nicht auf Anhieb: beim neuen Klavierstück verspielst du dich an einer schwierigen Passage; die Kunden kaufen dein neues Produkt nicht; du scheiterst beim Abnehmen; die neue Übung, die dein Trainer dir zeigt, ist dir zu anspruchsvoll. Deshalb ist sie „blöd". Das Musikstück ist blöd. Abnehmen ist blöd. Der Kunde ist blöd. Alles ist blöd. Ergebnis: Du lässt es sein und gibst auf.

Nimm Niederlagen sportlich, sie gehören zum Leben dazu. Aus jedem Fehler, jeder Niederlage und jedem Rückschlag kannst du etwas für deine Zukunft lernen. Du lernst am meisten aus deinen Fehlern. Schaue, was gut lief und was es noch zu verbessern gilt. Dein größter Fehler ist, Angst zu haben, einen Fehler zu machen und deshalb aufzugeben, bevor du das Handeln anfängst.

Sportler: Der Rodel-Olympiasieger im Einzel Felix Loch sagt über seinen Umgang mit Rückschlägen: „Das wurmt schon ein bisschen, aber nach dem Rennen ist vor dem Rennen und meistens weiß ich eh, was ich falsch gemacht habe und ärgere mich kurz danach nur selber über mich, aber das ist schnell vorbei." Biathlon Weltmeister Arnd Peiffer sieht es genauso: „Bei negativen Erlebnissen sollte man kurz analysieren, woran es gescheitert ist und dann sofort nach vorne schauen. Hadern ist Zeitverschwendung."

Mache weiter, bis du dein Ziel erreicht hast

Geht nicht, gibt's nicht. Geht schwer, gibt's schon! Niederlagen gehören zum Leben dazu. Das bestätigt dir jeder Spitzensportler.

Und am meisten lernen wir nun einmal aus unseren Fehlern und Misserfolgen.

Das Problem ist, dass du das Nichterreichen eines Ziels als persönliches Scheitern bewertest. Einige Male gewinnst du und andere Male verlierst du. Solange du häufiger gewinnst als verlierst, bist du auf der positiven Seite. Ein Finale im Sport hat immer nur einen Sieger. Wie willst du jedoch das Finale gewinnen, wenn du es dir nicht vornimmst?

Beispiel: Reinhold Messner

Reinhold Messner ist der erste Mensch, der alle vierzehn 8.000er ohne Sauerstoffmaske bezwungen hat. Nur wenige wissen jedoch, dass er es „nur" bei 18 von 30 Expeditionen auf den Gipfel der höchsten Berge der Welt geschafft hat. Das heißt, seine Erfolgsquote liegt bei 60 %. Ist er deshalb die anderen Male gescheitert? Er sagt, dass er aus jeder Expedition, bei der er es nicht nach oben geschafft hat, viel für die zukünftigen Expeditionen gelernt hat. Er habe in diesen Situationen seine Grenzen erkannt und akzeptiert. Das habe ihm das Leben gerettet.

Messner sagt: „Erfolg kann ich auf Dauer nur haben, wenn ich scheitern darf. Wie soll ich denn spielen ohne zu verlieren, ohne zu scheitern? ... Wir alle sind Menschen und als solche begrenzt. Wir alle machen Fehler. Deshalb sollten wir auch das Scheitern der anderen tolerieren."

Deine Ziele gilt es, so hoch zu stecken, dass sie bei großer Kraftanstrengung gerade noch erreichbar sind. Das steigert natürlich auch das Risiko zu scheitern. Ralph Krüger, bis Februar 2010 Trainer der Schweizer Eishockey-Nationalmannschaft, mit der er u.a. den 6. Platz bei den Olympischen Spielen in Turin 2006 erreichte, brachte die Notwendigkeit einer Niederlage für eine Weiterentwicklung in folgendem Zitat auf den Punkt:

> „Wer nie verliert, ist der eigentliche Verlierer.
> Er hat sich seine Ziele zu niedrig gesteckt."

Verlieren kannst du niemals vermeiden, es hilft dir jedoch. Aus deinem aktuellen Scheitern kannst du die Lehren und die Kraft für deinen Sieg von morgen ziehen.

Sportler: Der Herren-Hockey-Nationaltrainer Markus Weise zieht aus jeder Niederlage seine Schlüsse für die Zukunft: „Niederlagen sind gute Lehrmeister. Wir analysieren sie und leiten z.B. Prinzipien und Trainingsübungen daraus ab, um uns für das nächste Spiel besser zu machen, um Muster zu erkennen und handlungsfähig zu bleiben. Auch die brutalste Niederlage kann in etwas Positives gewendet werden, nicht durch Schönreden, sondern in der Regel durch harte konsequente Arbeit. Die Effekte stellen sich allerdings oft nicht sofort, sondern erst mittelfristig ein. Unterwegs muss für mich nur zu sehen sein, dass die Richtung stimmt, in die wir uns bewegen."

Gib niemals auf, deine Vorsätze in die Tat umzusetzen, nur weil du beim Bäcker dem Wunsch der Schwarzwälder-Kirschtorte „Iss mich!" entsprochen hast. Gleiches gilt, wenn der Wecker morgens um 6 Uhr klingelt und dir damit sagt: „Los geht's. Laufen". Und dein Schweinehund erwidert: „Los, leg dich wieder hin!" und geht als Sieger aus dem Spiel. Du gibst jetzt gerne auf und sagst: „Das klappt doch eh nicht! Dann kann ich es auch gleich ganz sein lassen." Du hast kaum begonnen, dein Ziel anzugehen und gibst schon wieder auf, nur weil du ein paar Mal gescheitert bist. Na und? Frage dich in Zukunft:

* „Will ich dieses Ziel wirklich erreichen?"

Wenn du diese Frage mit „Ja" beantwortest, gib dir eine zweite Chance. Und bei Bedarf auch eine dritte und vierte ….

Frage dich auch:

* „Warum wurde ich schwach? Was lerne ich daraus? Was mache ich nächstes Mal besser?"

Wenn du hinfällst, dann heb etwas auf. Betrachte es einmal so: Durch deinen Sturz ergibt sich ein Perspektivenwechsel. Es kann sich etwas Neues auftun. Es gilt immer das Motto „Einmal mehr aufstehen als hinfallen."

Hole den Sport am Abend oder am nächsten Morgen nach. Sage der Schwarzwälder-Kirschtorte beim nächsten Mal: „Nein, danke. Heute bleibe ich bei meinen Möhrchen mit Joghurt-Dip." Werte Niederlagen nicht als Scheitern, sondern als Erfahrung, aus der du lernen kannst.

Du kannst mögliche Misserfolge vermeiden, indem du dir bereits im Vorfeld Gedanken darüber machst, wie du möglichen Hindernissen begegnen kannst. Steht ein (Geschäfts-)Essen im Restaurant an, obwohl du abnehmen willst? Ganz einfach: Wähle ein leichtes Gericht, z.B. einen Salat oder ein Geflügelgericht mit leichter Soße, oder nimm eine kleine Portion und verzichte auf Alkohol. Gib dem Kellner das Brot wieder mit zurück. Für deinen Sport besorge dir einen Hometrainer (Stepper, Crosstrainer, Fahrrad-Ergometer) für den Fall, dass das Wetter kein Training im Freien zulässt. Du hast genügend Möglichkeiten, um möglichen Misserfolgen vorzubeugen.

Habe einfach etwas Geduld mit dir und deinem inneren Schweinehund. Und falls er doch mal gewinnt, der raffinierte kleine Kerl, stehe wieder auf und fange da wieder an, wo du aufgehört hast! Dann klappt's auch mit den guten Vorsätzen. Wenn nicht jetzt, wann dann?

Der direkte Zick–Zack–Verlauf deiner Karriere

Mal angenommen, deine Karriere beginnt - in der Schule, im Beruf, im Sport. Häufig geht's erst einmal steil bergauf. Geht das ständig so weiter – immer nur aufwärts? Niemals. Eine Karriere verläuft niemals schnurstracks nach oben. Es kommt, was dazu gehört: ein Knacks. Den Verlauf einer typischen Karriere siehst du im Cartoon. Das ist eine Karriere. Alles andere ist Wunschdenken oder eine Skiabfahrtspiste. Glaube mir eins: wirklich gut wirst du nicht, wenn du an der Spitze stehst – oben, wo du dich im Erfolg sonnen kannst. Nein, wirklich gut wirst du dann, wenn du im Abgrund liegst – unten, wo die dunklen Wolken dir die Stimmung verhageln.

Wann bist du gut drauf? Klar, wenn du oben stehst. Wenn dein Partner dich anschmachtet: „Krümel, du bist mein Superstar – mein Zimtstern, meine Zuckerschnute." Wenn deine Schüler einmal alle ihre Hausaufgaben gemacht haben. Wenn der Lehrer zu dir sagt: „Bitte, bitte nimm die 1!". Wenn dein Chef dich anfleht: „Bitte nehmen Sie drei Monate voll bezahlten Urlaub!" Wenn dein Hund das erste Mal das macht, was du von ihm willst, ohne dich vorher zu erpressen. Wenn dein Trainer dir garantiert: „Du hast einen Stammplatz auf Lebenszeit!" In diesen Situationen gut drauf zu sein schafft nun wirklich jedes Kind. Unten liegen, wieder gut drauf sein und es erneut nach oben schaffen, das ist die Kunst, die die Siegertypen auszeichnet. Was deine Beziehung wirklich wert ist und ob du einen Partner hast, mit dem du durch dick und dünn gehen kannst, erfährst du nicht, wenn es gut läuft. Das zeigt sich erst, wenn es hart auf hart kommt. Oder etwa nicht?

Die Menschen aus der Wirtschaft oder dem Sport, mit denen ich bisher zusammen arbeiten durfte und die große Erfolge erzielt haben, zeichnete durchweg aus, dass sie mindestens einmal mehr aufgestanden sind als hingefallen. Jeder von ihnen hat mindestens einmal kräftig auf die Nase bekommen, viele sich sogar mehrfach eine blutige Nase geholt, sprich: Niederlagen, Rückschläge, Krisen weggesteckt. Erfolg hat die Eigenschaft, sich in Sprüngen zu entwickeln. Du gibst einfach zu früh auf und verziehst dich zurück in deine Komfortzone – wie eine Schnecke in ihr Häuschen. Habe zukünftig den Mut, wieder aufzustehen und rauszugehen.

Sportler: Der weltbeste Treppenläufer Thomas Dold läuft zwar die ganze Zeit treppauf, doch erwarten ihn selbst hier viele unliebsame Momente: „Rückschläge sind für mich nur ein Schritt zurück, um hinterher zwei

Schritte nach vorne zu gehen. Jeder macht Fehler. Ich empfehle jedem, dass er sehr schnell und sehr viel aus seinen Fehlern lernt. Ich mache nach wie vor Fehler. Die gehören dazu. Ich schaue jedoch, dass mir ein Fehler kein zweites Mal passiert."

- Mit welcher Entschlossenheit verfolgst du deine Ziele?
- Hast du wirklich die Entschlossenheit, einmal mehr aufzustehen als hinzufallen? Wenn nicht: Was tust du, um zukünftig diese Entschlossenheit zu entwickeln?

Nein = Noch Ein Impuls Notwendig

Häufig höre ich Aussagen wie: „Ich habe schon hunderte Leute angesprochen, aber keiner interessiert sich für unser Produkt." Oder: „Ich habe mich schon bei mindestens 30 Firmen beworben. Es ist aussichtslos. Immer höre ich ein NEIN." Kennst du ähnliche Situationen? Ich frage immer: „Sei ehrlich: Wie viele Leute hast du angesprochen?" Ich erhalte dann ähnliche Antworten wie diese: „Ja, gut, also zehn waren es mindestens." Gehörst du auch zu den Menschen, die acht, neun oder höchstens zehn Wege testen, um ihr Ziel zu erreichen und dann bereits aufgeben, wenn keiner den gewünschten Erfolg bringt? Wenn dir ein Ziel wirklich wichtig ist, arbeite Tag für Tag darauf hin, dieses Ziel zu verwirklichen – auch wenn du anfangs scheiterst.

Akzeptiere, dass es Phasen in deinem Leben gibt, in denen es weitaus schlechter läuft als gewünscht. Einige sprechen in diesem Zusammenhang von Krise, ich bevorzuge Worte wie Herausforderung oder Chance. Jeder Mensch durchlebt diese Phasen regelmäßig – Gewinner erleben schwierige Phasen sogar noch häufiger als wenig erfolgreiche Menschen. Da Gewinner häufiger riskante Entscheidungen treffen, fallen sie auch häufiger auf die Nase. Während sich der Erfolglose bildlich gesprochen dabei die Nase bricht und sich sagt: „Nee, das tue ich mir nicht mehr an. Ich gebe auf.", steht der Erfolgreiche wieder auf, richtet sich die Nase und macht weiter.

Immer wieder erhältst du ein NEIN von einem Kunden. NEIN ist für mich eine Abkürzung und steht für „Noch Ein Impuls Notwendig". Du kennst das, wenn du selbst Kinder hast. Die quengeln so lange an der Supermarktkasse herum, dass sie eine Kinderüberraschung wollen, bis du klein bei gibst und sie ihnen kaufst. Vorher hattest du fünfmal „Nein" gesagt und kaufst sie am Ende trotzdem, weil die Kleinen dein NEIN nicht akzeptieren und einen weiteren Impuls nach dem nächsten setzen. Ähnlich sieht das Ganze aus, wenn du andere Menschen von dir und deinem Produkt überzeugen willst. Eine Statistik besagt, dass einige Kunden erst nach sieben Ansprachen bei dir kaufen. Da ist Ausdauer gefragt.

Immer wieder bekommst du ein NEIN von deinem Gegenüber. Top-Verkäufer zeichnet aus, dass sie gelernt haben, mit einem Nein umzugehen, und sich direkt auf die nächste Aufgabe konzentrieren, ohne die Absage persönlich zu nehmen. Du glaubst doch nicht etwa, dass Top-Verkäufer eine Erfolgsquote von nahezu 100 % haben, nach dem Motto 100 Ansprachen = 100 Erfolge. Mitnichten. Eine Erfolgsquote von 10 Erfolgen auf 100 Ansprachen ist in vielen Branchen bereits sehr gut.

Betrachte es einmal so: Du hast jeden Tag aufs Neue wieder die Chance, dir JAs zu holen. Wenn der Kunde Nein sagt, kannst du ihn ein paar Wochen später wieder anrufen und nochmals nachfragen. Wenn du das NEIN von einem Kunden erhältst, hast du gleich im nächsten Augenblick die Chance, dich auf den nächsten Wettkampf zu konzentrieren: den nächsten potenziellen Kunden anzurufen und ihn von dir und deinem Produkt zu überzeugen. Das ist gleichzeitig eine schöne Möglichkeit, aus der vorherigen Absage zu lernen und zu gucken, was du beim nächsten Mal besser machen kannst. Gleichzeitig kannst du dich wieder aufrichten.

Das läuft im Spitzensport ähnlich: Als Sportler erleidest du eine schmerzhafte Niederlage, die natürlich schmerzt. Deine Enttäuschung ist groß. Davon geht die Welt jedoch niemals unter, der nächste Wettkampf naht bereits. Im nächsten Schritt analysierst du nüchtern und rational deine Fehler, hakst den Wettkampf ab und fokussierst dich mit den Lehren, die du aus der Niederlage gezogen hast, wieder auf dein neues „Zielfoto" – auf den neuen Wettkampf.

Beschäftige dich bereits im Vorfeld mit möglichen Niederlagen. Rückschläge kommen häufig ganz unerwartet. Wenn du nicht darauf vorbereitet bist und dich nicht schon einmal im Vorfeld damit beschäftigt hast, kann dich dieser Niederschlag richtig umhauen. Wenn die Fußballer des FC Bayern München – fast in jedem Spiel klarer Favorit – in einem Bundesligaspiel gegen Mainz 05 plötzlich mit 0:1 zurückliegen, kann es passieren, dass die Spieler plötzlich völlig überfordert sind. Sie werden nervös, die Pässe werden unpräzise, unnötige Fehler häufen sich. Warum? Sie haben sich im Vorfeld nicht damit beschäftigt, dass es zum Rückstand kommen könnte. So ein Rückschlag kann dir immer passieren, gleichgültig, wie überlegen du deinem Gegner bist.

Wenn ihr euch im Team jedoch vor dem Spiel bereits kurz Gedanken darüber macht, wie ihr in der möglichen Situation eines Rückstandes reagieren wollt – wieder Ruhe ins Spiel bringen, den Erfolgsglauben erhalten, sich gegenseitig wieder aufbauen und nach vorne schreien, dass das noch euer Spiel wird – dann wird das Spiel mit hoher Wahrscheinlichkeit noch zu euren Gunsten enden. Du hast dich im Voraus bereits einmal damit beschäftigt, somit ist es für dich eine bereits bekannte Situation, wenn sie wirklich eintreten sollte. Der Schock nach einem Gegentor ist weitaus geringer. Nachdem du dir eine Strategie überlegt hast, wie du bei eventuellen Rückschlägen reagierst, beschäftigst du dich ausschließlich mit dem Sieg. Diese Vorgehensweise gilt genauso für die Wirtschaft. Du hast ein Team von Mitarbeitern, mit denen du ein gemeinsames Projekt umsetzt. Vor dem Kundentermin überlegst du dir Strategien, wie du bei eventuellen Rückschlägen – z.B. Einwänden – reagierst.

Ich habe ein paar Beispiele, die verdeutlichen, dass sich Ausdauer und Disziplin lohnen. Außerdem wirst du staunen, wie viele „NEINs" Menschen ertragen können und am Ende dennoch erfolgreich sind.

Sicher sagt dir der Name Walt Disney etwas. Walt Disney hatte den Traum, einen Vergnügungspark zu bauen, in dem die Besucher nur ein einziges Mal Eintritt zahlen und anschließend die Attraktionen so oft nutzen dürfen, wie sie wollen. Er wollte „den glücklichsten Ort auf der Welt" schaffen. Alle Menschen, auch sein Bruder Roy, hielten ihn für verrückt. Keiner glaubte an Disneys Vision – außer Walt Disney selbst. Er war sich sicher: „Ich werde diesen riesigen Vergnügungspark bauen. Menschen aus der ganzen Welt werden kommen, um hier etwas zu erleben." Sein Bruder Roy sagte zu ihm: „Das ist deine Idee. Wenn du eine Bank findest, die das finanziert, ok. Von mir bekommst du jedoch nur 10.000 Dollar." So war Walt Disney auf sich allein gestellt und lief von einer Bank zur nächsten, doch auch die glaubten nicht an seine Idee. Walt Disney erhielt sage und schreibe 301 Absagen, bis schließlich die 302. Bank „Ja" zu seiner Vision sagte.

1955 wurde tatsächlich der erste Freizeitpark in Anaheim bei Los Angeles eröffnet. Der Erfolg war überwältigend, so dass Walt Disney entschied, einen weiteren Park an der Ostküste zu bauen, der noch viel größer werden sollte. 1971 wurde „Magic Kingdom" südwestlich von Orlando in Florida eröffnet. Daraus entwickelte sich das Walt Disney World Resort – kurz Disney World – mit heute vier Vergnügungsparks, zwei Wasserparks, sechs Golfkursen, mehreren Einkaufszentren und 32 Hotels. Mit einer Größe von 12.000 Hektar (Größenordnung: >12.000 Fußballfelder) gilt es als das größte Vergnügungszentrum weltweit und als der meistbesuchte Urlaubsort der Welt mit jährlich über 47 Millionen Besuchern. Außerdem arbeiten knapp 60.000 Menschen dort.[73] Derzeit gibt es weltweit 13 Disney-Parks in vier verschiedenen Ländern auf drei verschiedenen Kontinenten. Du siehst, was aus einer Vision alles werden kann, an die am Anfang nur ein einziger Mensch geglaubt hat. Die Voraussetzung dafür war, dass Walt Disney die Entschlossenheit und Ausdauer besaß, dafür diszipliniert zu kämpfen.

Noch schlimmer als Walt Disney erging es Harland David Sanders in den 50er Jahren. Er wäre froh gewesen, wenn er nur 300 Absagen für sein geplantes Projekt kassiert hätte. Er war Gründer der Systemgastronomie Kentucky Fried Chicken (KFC). Sanders benötigte zwei Jahre und erhielt unglaubliche 1.009 Absagen, ehe er sein erstes „Ja" hörte, um schließlich seine Rezepte an Restaurants zu verkaufen. Ähnlich der genauen Rezeptur von Coca-Cola gilt das exakte Sanders-Rezept für die KFC-Produkte heute als eines der bestgehüteten Geschäftsgeheimnisse.

Lebenserfolg verlangt von dir Ausdauer und Disziplin. Stefan Raab wartete zwei Jahre, um ein O.K. für seine erfolgreiche Fernsehproduktion TV Total zu erhalten. Inzwischen läuft die Sendung seit über zehn Jahren bei Pro 7.

Viele Menschen haben tolle Ideen im Kopf. Da bleiben sie meistens. Nur wenige setzen ihre Ideen in die Tat um. Sobald sie jemand auslacht oder sie ein paar Mal scheitern, geben sie auf. Gewinner handeln dagegen hartnäckig

---

73 http://www.duckipedia.de/index.php5?title=Walt_Disney_World. 27.01.2010.

und ausdauernd. Jedes Mal, wenn sie scheitern, lernen sie etwas daraus und finden einen Weg, wie sie es beim nächsten Mal besser machen können.

Ganz ehrlich: „Wie viele NEINs hättest du an Stelle dieser Personen akzeptiert und trotzdem weiter für dein großes Ziel gekämpft? Fünf, zehn, fünfzehn oder doch immerhin zwanzig? Mit Sicherheit nicht mehr. Doch genau diese Ausdauer entscheidet in vielen Fällen über Erfolg und Misserfolg.

Guckst du dir Gewinner genauer an, stößt du immer wieder auf diese gemeinsame Charaktereigenschaft, die alle auszeichnet: Sie akzeptieren kein Nein. NEIN ist eine Abkürzung und steht für „Noch Ein Impuls Notwendig!" Gewinner kämpfen, bis sie ihr großes Ziel – ihre Vision – erreicht haben.

In jeder Krise steckt eine Chance

Du kannst nur wachsen, wenn du Entscheidungen triffst. Da Entscheidungen Niederlagen nach sich ziehen können, hast du oft Angst davor und unterlässt bestimmte Herausforderungen: „Es könnte ja schief gehen und in einer Katastrophe oder Krise enden!"

Andere Kulturen geben Krisen und Katastrophen bereits im Vorfeld eine ganz andere Bedeutung. Katastrophe heißt im Griechischen übersetzt so viel wie „Wendung".[74] Sicher hast du bereits einige Niederlagen, Misserfolge, Krisen oder gar eine Katastrophe erlebt, im beruflichen, privaten oder sportlichen Umfeld. Inwieweit hattest du bereits den einen oder anderen Misserfolg, wie in der Prüfung durchgefallen, den Abschluss nicht geschafft, deinen Job verloren, dich vom Partner getrennt oder aus der Mannschaft geflogen, der im Nachhinein betrachtet sogar förderlich oder wichtig für dich war, um heute besser dazustehen als früher? Die Erkenntnisse und Erfahrungen haben dir geholfen, dich weiter zu entwickeln und gestärkt aus der Niederlage hervorzugehen und heute bessere Ergebnisse zu erzielen als damals. Dennoch hast du auch jetzt noch Angst vor negativen Ereignissen. Ob eine Katastrophe eine Wendung zum Guten oder Schlechten war, das kannst du häufig erst Monate oder gar Jahre später beurteilen.

---

74 http://www.literatur-im-foyer.de/Sites/Drama/katastrophe.htm, 20.12.2009.

Beispiel: FC Bayern München

Der FC Bayern München ist in der Saison 2009/2010 das absolute Paradebeispiel für eine Wendung. Unter der Ära Klinsmann 2008/2009 spielten die Bayern eine für ihre Verhältnisse schwache Saison. Zur neuen Saison 2009/2010 wurde der Holländer Louis van Gaal als Trainer verpflichtet. Die Erwartungen an ihn waren sehr hoch. In den ersten sechs Monaten der Zusammenarbeit dachtest du sicher bereits, dass diese Saison dieselbe Entwicklung nehmen oder gar noch schlimmer enden würde als die Klinsmann-Ära. Die Mannschaft erreichte unter van Gaal bis zum Ende der Rückrunde weniger Punkte in der Meisterschaft als mit Jürgen Klinsmann. Während Klinsmann wenigstens in der Champions League für sehr gute Ergebnisse sorgte, stand die Mannschaft unter van Gaal bis zum letzten Champions League Spiel der Gruppenphase kurz vor dem Ausscheiden. Es drohte eine verkorkste Saison zu werden. Das letzte Gruppenspiel der Champions League sollte über Van Gaals Schicksal beim FC Bayern München entscheiden. Hätte er verloren, wäre er mit Sicherheit entlassen worden. Was geschah? Der FC Bayern München gewann überraschend deutlich mit 4:1 in Turin. Dieses Spiel bedeutete die Wende. Von diesem Spiel an ging es mit dem FC Bayern München steil bergauf. In allen drei Wettbewerben - Meisterschaft, DFB Pokal und Champions League spielten sie bis zum Schluss um die Titel mit. Am Ende der Saison gewann der FC Bayern München die deutsche Meisterschaft und wurde DFB-Pokalsieger.

Du siehst: Misserfolge sind immer nur Zwischenergebnisse. Auf schwache Phasen folgen immer starke.

Auch das Wort „Krise" hat im Griechischen eine andere Bedeutung als bei uns. Krise wird mit „Entscheidung" übersetzt.[75] Es gilt eine Entscheidung zu treffen. Aus einer Entscheidung können zwei mögliche Ergebnisse resultieren. Stattdessen ergeben sich viele in einer Krise sofort ihrem Schicksal.

Die schönste Umschreibung für Krise kommt aus dem Chinesischen.[76] Der Begriff Krise (危機) besteht jeweils aus einem Schriftzeichen der Begriffe Gefahr (危險) und Chance (機會). Die Krise hat hier beides in sich: Es kann eine Gefahr oder eine Chance zu wachsen sein.

Manchmal brauchst du die schwere Krankheit, um im Nachhinein gestärkt und gesünder als vorher leben zu können. Manchmal bedarf es der Arbeitslosigkeit, um im nächsten Schritt den Job deines Lebens zu finden. Manchmal gehört eine Trennung vom Partner dazu, um anschließend die Liebe

---

75 http://de.wikipedia.org/wiki/Krise, 20.12.2009.

76 http://www.palverlag.de/Lebenskrisen.html , 20.12.2009.

deines Lebens zu finden. Manchmal gehört die lange Niederlagenserie im Sport dazu, damit du noch härter arbeitest und anschließend nach ganz oben durchstartest.

Vielfach entdeckst du erst später, dass das, was dir passiert ist, gut für dich war. Du hast bisher viel zu früh aufgegeben, wenn du in einer Krise gesteckt hast. Das Vogel-Strauß-Prinzip „Kopf in den Sand stecken und hoffen, dass der Sturm vorüber geht" ist nichts für dich. Sieh die Krise in Zukunft als gefährliche Chance und arbeite daran, diese Chance zu nutzen.

Du wächst am stärksten durch Krisen. Der ehemalige Diskuswerfer Lars Riedel gilt als der erfolgreichste deutsche Leichtathlet. Der Olympiasieger und fünffache Weltmeister sagt über Niederlagen: „Ich möchte nichts missen. Keinen Muskelkater, keinen Wurf, keinen Sieg und noch weniger die Niederlagen. Aus Niederlagen habe ich am meisten gelernt."[77] Lars Riedel ist ein Beispiel für viele berühmte, erfolgreiche Menschen, die das Gleiche über ihre Niederlagen denken und sagen.

Sportler: 2000 stand der ehemalige Weltklasse-Schiedsrichter Urs Meier kurz davor, seine Karriere zu beenden: „Bei der Europameisterschaft in Holland und Belgien wurde ich nach zwei sehr gut geleiteten Spielen von der Kommission nach Hause geschickt. Die Art und Weise, wie mit mir umgegangen wurde, war ein Tiefpunkt in meiner Karriere. Zu der Zeit war ich soweit, dass ich meine Karriere beenden wollte. Ein ehemaliger Superschiedsrichter aus der Kommission hat mich ermutigt, weiter zu machen. Er sagte mir: 'Wenn du jetzt zurücktrittst, wem tust du damit einen Gefallen? Genau die Personen, die dich nach Hause geschickt haben, hätten doch die größte Freude daran, wenn du jetzt aufgibst. Willst du ihnen wirklich den Gefallen tun?' Darauf sagte ich: 'Nein.' Er darauf: 'Dann pfeife weiter und du wirst sicher deine Spiele noch erhalten.' In dem Moment war ich ganz unten, bin jedoch noch stärker als zuvor aus dieser Niederlage wieder aufgestanden.

---

77 Lars Riedel: Meine Welt ist eine Scheibe. Herbig Verlag, 2008.

No worries – Keine Sorgen!

Beispiel: Nick Vujicic

Nick Vujicic ist Australier und strotzt vor Lebensmut. Der heute 27-Jährige schwimmt, surft und spielt Fußball und Golf. Nick hat einen Studienabschluss als Finanzberater und spricht als Motivationsredner regelmäßig vor tausenden Menschen, u.a. in großen Stadien. Vierundzwanzig Länder hat er bereits bereist und lebt aktuell in Los Angeles.

Diese Geschichte klingt nach einem jungen Mann, der es in seinem Leben bereits weit gebracht hat, denn als 27-Jähriger weltweit Vorträge zu halten, ist schon etwas Besonderes, oder?

Doch das sah früher ganz anders aus: Nicks Leben ist von Beginn an mit Problemen und Niederschlägen gekennzeichnet. 1982 kommt Nick ohne Gliedmaßen zur Welt – sprich, ohne Arme und ohne Beine. Der Grund: ein seltener Gendefekt. Als ihn sein Vater zum ersten Mal sieht, muss er sich übergeben. Seine Mutter ist so geschockt, dass es vier Monate dauert, bis sie Nick annimmt und in ihre Arme schließt. Sie „lernen", ihr Kind zu lieben. Bereits mit 18 Monaten bringt sein Vater ihm das Schwimmen bei. Am Oberschenkelansatz hat er einen kleinen Fuß mit zwei Zehen: Nick nennt ihn „Drumstick" (übersetzt: Trommelstock). Damit kann er Fußball spielen und schreiben. Im Wasser nutzt er ihn als Propeller, um sich fortzubewegen. Mit sechs Jahren lernt Nick, mit seinem Fuß einen Computer zu bedienen. Zu Beginn seiner Schulzeit ist es ihm gesetzlich untersagt, eine normale Schule zu besuchen, obwohl er psychisch gesund ist. Als er schließlich auf eine normale Schule wechselt, wird er dort grausam gemobbt. Mit zehn Jahren ist er so verzweifelt, dass er sich das Leben nehmen will. Er versucht sich in der Badewanne zu ertränken.

Ein einschneidendes Erlebnis sorgt dafür, dass Nick seinen Fokus wandelt: Seine Mutter zeigt ihm einen Zeitungsartikel über einen Mann, der selbst körperlich eingeschränkt und dennoch sehr erfolgreich ist. Das zeigt ihm, dass es noch andere Menschen mit riesigen Problemen gibt, die damit jedoch positiv umgehen. Über die Jahre lernt Nick, mehr und mehr sein eigenes Leben zu führen. Er rasiert sich, kocht sein Essen und kann sogar telefonieren. Nur für wenige Bereiche hat Nick heute Helfer, die ihn unterstützen. Nick sagt selbst: „Ich habe mich entschieden, dankbar zu sein für das, was ich tun kann, und nicht wütend zu sein über das, was ich nicht tun kann."

• Geht es dir ab und zu schlecht? Quakst du dann darüber? Wie geht es dir anschließend? Glaubst du, dass es dir noch schlechter gehen würde, wenn du weder Arme noch Beine hättest?

Garantiert. Gleichgültig, welche Misserfolge und Niederlagen dir widerfahren, gleichgültig, welche Schicksalsschläge du erleidest, gleichgültig, wie schlecht es dir geht: Es gibt immer Menschen, die größere Schicksalsschläge erlitten haben und denen es noch viel schlechter geht als dir. Wenn diese Menschen es schaffen – statt über ihre Situation zu quaken – positiv damit umzugehen und dankbar für das zu sein, was sie tun können, dann kannst du das auch. Oder was meinst du?

Du kannst immer etwas verbessern!

Häufig ereignen sich in deinem Leben Dinge, die du nur schwer beeinflussen kannst. Die Wirtschaftslage verschlechtert sich und du wirst entlassen, weil du noch jung und unverheiratet bist. Du erkrankst, obwohl du dich gesund ernährst und regelmäßig bewegst. Die Regierung erlässt ein Gesetz, das dir schadet. In solchen Situationen hast du das Gefühl, du hättest keine Chance, etwas zu verbessern. Sicher hast du es bereits erlebt, dass du aus deiner Sicht alles Erdenkliche getan hast, um deine Situation zu verbessern – eine bessere Arbeit zu finden, bessere Ergebnisse zu erzielen, wieder gesund zu werden oder einfach nur ein glücklicheres Leben zu führen. Doch nichts klappte. Du irrst dich jedoch gewaltig, wenn du meinst, nichts verbessern zu können. Du kannst immer etwas verbessern. Gleichgültig, wie belastend und entmutigend deine aktuelle Situation ist, du kannst sie verbessern.

Schaue immer nach vorne!

Es ist der 28. Februar 1982. Als jüngstes Kind einer Familie mit noch zwei älteren Brüdern wird ein kleines Mädchen am Bodensee geboren. Ihre Eltern betreiben einen Biobauernhof. Für das blonde Mädchen ist Sport bereits früh ihr Ein und Alles. Es gibt praktisch nichts, was sie als Kind auslässt. Sie macht Judo, Leichtathletik, reitet, fährt Rollschuh und Rad und klettert mit ihren großen Brüdern auf Bäume und die Dächer der Nachbarhäuser. Alles gemäß ihres Lebensmottos: "Man muss einfach alles ausprobieren". Wie es sich für eine echte Bayerin gehört, fährt sie selbstverständlich Ski im Winter. Als sie mit 13 Jahren zum ersten Mal auf Langlauf-Skiern steht, später auch in Verbindung mit dem Schießen, weiß sie: „Biathlon ist mein Sport!" Schnell feiert sie einen Sieg nach dem anderen.

Bereits drei Jahre später mit 16 Jahren tritt sie 1998 in Nagano bei den Olympischen Spielen an und gewinnt eine Goldmedaille. Doch diese Spiele sind anders – es sind die paralympischen Spiele. Diese junge Frau besitzt ein Handicap. Vor ihrem Blick liegt nur ein heller Schleier – sie ist blind, seit ihrer Geburt. Wie bei einem ihrer Brüder ist eine seltene Erbkrankheit dafür verantwortlich. Ein genetischer Defekt, von dem die Eltern nichts wussten, weil es bisher in der Familie nicht vorgekommen ist. Dennoch gibt es einen gesunden Umgang mit der Behinderung und die Geschwister werden ganz normal erzogen. Es ist halt nicht zu ändern. Das Beste daraus machen, wird zum Motto: „Immer nach vorne schauen", sagen sie.

Die junge Frau wird zum weiblichen Superstar im deutschen Behinderten-sport. Es folgen weitere sechs Goldmedaillen, 2002 in Salt Lake City und 2006 in Turin, sowie Weltmeister- und Europameistertitel als auch mehrere Weltcup-Gesamtsiege. Sie wird vom Deutschen Behindertensportverband 2006 zur Sportlerin des Jahres gewählt und das ZDF zählt sie zu den 100 besten deutschen Sportlern des Jahrhunderts.

Verlust der Unbesiegbarkeit

Sie scheint unbesiegbar – bis zum 10. Januar 2009. Die Deutschen Meister-schaften der Athleten mit Handicap im Biathlon und Langlauf in Nessel-wang stehen an. Die blonde Ausnahmesportlerin liegt über zwölf Kilometer Langlauf gut im Rennen. Sie läuft einen Anstieg hinauf. Es folgt eine Ab-fahrt. Routine für die siebenfache Paralympics-Siegerin. Doch an diesem Tag folgt das falsche Signal ihres Begleitläufers. Der Begleitläufer – auch Guide genannt – läuft im Abstand von ca. drei Metern vor und ruft alle drei Sekunden Kommandos wie „Hopp, hopp, auf drei rechts", „Hopp, auf neun links", um die Laufrichtung anzusagen. Hindernisse, Orientierung, Rich-tungswechsel – nur durch seine Kommandos weiß sie, was sie auf der Stre-cke als Nächstes zu tun hat. Die Läuferin und der Begleitläufer vertrauen sich blind. An diesem schönen Wintertag wird ihr das jedoch zum Verhäng-nis. „Er hat links und rechts verwechselt", sagt sie. Unkontrolliert stürzt sie drei Meter einen Abhang hinunter. Verknotet fühlt und krümmt sie sich im Schnee und alles liegt in Trümmern, der Körper, ihre Seele.[78] Diagnose: Kreuzbandriss im rechten Knie, Prellungen, Fingerverletzungen. Da die Schmerzen im Bauch und Rücken anhalten, wird sie eingehend untersucht

---

78 Focus, Ausgabe 51/2009. S. 149.

und eine Unterversorgung der rechten Niere festgestellt. Die notwendige Operation scheitert und sie verliert die Niere, wie das Vertrauen in ihren Begleitläufer. Die außergewöhnliche Karriere scheint beendet, eine Rückkehr undenkbar und damit auch das Ziel Olympia 2010 in weite Ferne gerückt.

Das tiefste Tal der Sportlerkarriere

Eine Welt ist zusammengebrochen für die Spitzenathletin. Regungs- und wortlos liegt sie wochenlang auf dem Sofa der Eltern. Ihr innerer Motor und unbändiger Wille, die sie seit ihrer Kindheit angetrieben haben, stehen still. Sie hat sich fast aufgegeben. Doch Ende Mai 2009 steht ein Jugendfreund samt Tandem vor der Tür, um mit ihr in die Pedale zu treten. Sie steigt hinten auf und sie fahren einen Berg hinunter – „mit 55, 60 Sachen." Am Abend freut sie sich, dass der Körper keinen Alarm mehr funkt. Dennoch wartet weiterhin ein Gegner – die Angst.

Du erinnerst dich sicher an Situationen, wenn du im Dunkeln durchs Haus läufst. Dein Kopf betätigt eine Bremse, du streckst die Hände nach vorn, suchst Halt. Genauso geht es blinden Menschen. Die verunsicherte Athletin redet mit vielen Menschen – ehemalige Nationalmannschaftskollegen, Sportpsychologen. Ganz wichtig sind in dieser Zeit ihre Eltern, die sie alle bestärken und unterstützen. Sie lernt auf einem Laufband, diesen Schutzreflex auszuhebeln und die Arme wieder bei jedem Schritt neben dem Rumpf zur Tempoverschärfung einzusetzen. Das Schwierigste ist jedoch, einen neuen Begleitläufer zu finden, denn es geht hier vor allem um eins: Vertrauen. Ohne das „sprechende Auge" ist der Sport für sie unmöglich. Sie findet den idealen Partner – den ehemaligen Begleitläufer ihres blinden Bruders, der ihn 2006 in Turin bei den Paralympics begleitet hatte. Normalerweise dauert es ca. zwei Jahre, bis sich Begleitläufer und Athlet blind verstehen. Die zwei haben weniger als ein halbes Jahr. Ihr Blindenhund – sie nennt ihn auch charmant „Wauzi" – unterstützt sie, ihre Angst zu überwinden. 150 Tage trainieren beide gemeinsam, ihr Begleitläufer Thomas Friedrich wird praktisch von Familie und Arbeitgeber freigestellt.

Das „Stehaufweiblein" – Stärker als jemals zuvor

Die außergewöhnliche Athletin kämpft. Sie bleibt beharrlich und kehrt Ende 2009 als Stehaufweiblein in den Weltcup zurück, stärker als jemals zuvor. Der Glaube an die eigenen Fähigkeiten, die Leidenschaft zum Sport und ihre Kämpfernatur haben sie nach ihrem Unfall wieder zurück auf die Langlauf- und Biathlonstrecken kehren lassen. Das Wunder ist perfekt. Sie gewinnt bis zu den Paralympics in Vancouver alle Rennen und somit die Weltcups im Langlauf und Biathlon.

Es ist der 21. Februar 2010. Das 1-km-Sprintrennen der Sehbehinderten bei den Paralympics in Vancouver findet statt. Die blonde Spitzenathletin weint im Zielraum – vor Freude. Und sie umarmt ihren Begleitläufer Thomas Friedrich. Ihr fünfter Start in Vancouver, ihr fünftes Gold und gleichzeitig ihre insgesamt zwölfte paralympische Goldmedaille. Damit ist sie die erfolgreichste Sportlerin der Paralympics in Vancouver, die ein kanadischer TV-Moderator in „Bentelympics" umtauft.

Die Frau, die bei den Paralympics fünf Goldmedaillen für Deutschland holte, ist genau die Frau, der ein Jahr zuvor noch prophezeit wurde, dass sie ihre Karriere beenden müsste – Verena Bentele. Heute ist sie die bekannteste und erfolgreichste deutsche Behindertensportlerin der Wintersparte.

Dass Verenas Erfolge gemessen an ihrer persönlichen Geschichte womöglich noch ein wenig höher einzuordnen sind, liegt nicht nur an dem schrecklichen Unfall im letzten Jahr. Viel mehr liegt es daran, dass Verena zwar seit ihrer Geburt blind ist, sich aber nie über ihre Behinderung zu definieren scheint. Ob in Interviews, auf ihrer eigenen Homepage oder in ihrem Privatleben – es ist fast so, als wäre diese Behinderung gar nicht da. Verenas Credo, sich nie dem Schicksal zu ergeben, sondern immer das Beste daraus zu machen, begleitet sie bereits ihr gesamtes Leben. Die fröhliche Ausnahmeathletin vom Bodensee hat Durchblick, ohne sehen zu können. Sie schließt gerade ihr Literaturstudium ab. Nach ihrer Karriere will sie Marathon laufen und als Rhetoriktrainerin arbeiten. Bereits heute gibt sie Motivationsseminare. „Sie ist einfach ein Goldstück".

Wenn eine Frau wie Verena Bentele, die blind ist und nur eine Niere besitzt, es schafft, fünffache Olympiasiegerin zu werden; wenn es eine Sportlerin wie die ehemalige Fußballerin Britta Carlson schafft, eine beeindruckende Fußballkarriere zu machen, obwohl ihr bereits mit 16 das Karriereende prophezeit wird; wenn es der Australier Nick Vujicic ohne Arme und Beine schafft, ein glückliches und erfolgreiches Leben zu führen: welche Ausreden hast du, dass es in deinem Leben nicht klappt, Erfolg zu haben? Du bist zu jung, du bist zu klein, du bist zu dumm, du bist zu alt, du bist ein Junge, du bist ein Mädchen, du hast kein Geld, du bist ein armer Schlucker. Das sind alles nur äußere Umstände, die es dir schwieriger machen. Verena hatte auch schwierige Umstände. Ich kann dir noch dutzende Menschen aufzählen, die vieles erreicht haben, obwohl sie gehandicapt waren. Es gibt keinen einzigen Grund, den du anführen kannst, dass du nicht dein Leben in Erfolg, Gesundheit, Wohlstand und Glück führen kannst. Es gibt nur Ausreden und diese Ausreden will ich dir mehr und mehr austreiben.

Mit Spaß und Selbstdisziplin vom Oldie zum Goldie

Sicher kennst du folgende oder ähnliche Aussagen von älteren Menschen – also Menschen über 30, vielleicht sogar von dir selbst: „Ich bin zu alt. Ich habe die beste Zeit hinter mir. Mich weiterbilden lohnt sich nicht mehr. Wenn ich jetzt den Job verliere, bekomme ich eh keinen neuen mehr. Der Zug ist abgefahren." Du lachst, dass ich 30-Jährige als alt bezeichne? Ich selbst bin ganz anderer Meinung. Dreißig ist überhaupt kein Alter, das ist jungfräulich. Doch höre dich einmal in deinem Bekanntenkreis um. Da kommen Aussagen wie: „Ab 30 geht's steil bergab." oder „Mit 30 hast du die beste Zeit hinter dir." Ab dreißig giltst du im Tennisverein und in anderen Sportarten als Senior. Übrigens sagt Ephraim Kishon über das Altern: „Altern ist ein hochinteressanter Vorgang. Du denkst und denkst und denkst - plötzlich kannst du dich an nichts mehr erinnern." So schlimm ist es mit dreißig Gott sei Dank in der Regel dann doch nicht.

Hätte die inzwischen 37-jährige Speerwerferin Steffi Nerius diese oder eine ähnliche Haltung an den Tag gelegt, als sie Anfang 2009 in ihre letzte Saison startete, wäre ihr mit 100 %iger Sicherheit der größte Erfolg ihrer internationalen Karriere in Berlin verwehrt geblieben. Mit 37 Jahren sind über 90 % der Spitzensportler bereits in „Sportlerrente". 16 Jahre nach ihrem WM-Debüt in Stuttgart 1993 schaffte Nerius jedoch die Sensation und verabschiedete sich als Weltmeisterin aus der Weltelite. Damit hat sie es Jung und Alt gezeigt, dass auch im „Alter" noch absolute Bestleistungen möglich sind.

Was kannst du von Steffi Nerius lernen? „Spaß haben", lautete Steffis Motto für das Jahr 2009. Das gelang ihr zuletzt regelmäßig. Sie gewann vor der WM vier ihrer zehn Saisonwettkämpfe und wurde zum sechsten Mal seit 2001 deutsche Meisterin.

Während ihren Rivalinnen, wie z.B. Christina Obergföll, vor und während des Wettkampfes die Anspannung ins Gesicht geschrieben stand, gab Steffi die Mrs. Cool. Locker schlenderte sie über die Bahn und per Stirnband-Botschaft forderte sie die Fans im Olympiastadion auf: „Berlin – macht Rabatz".

Ein weiterer wichtiger Punkt, der Steffi Nerius 2009 in Berlin unterstützte, mit 37 Jahren noch Weltmeisterin im Sperrwurf zu werden, ist ihre unglaubliche Disziplin, die sie über 20 Jahre für ihren Sport aufgebracht hat. Steffis Leistung zeigt, dass du, wenn du dich über Jahre intensiv mit absoluter Selbstdisziplin für deinen Bereich einsetzt, Erfolg erarbeiten kannst – im Sport, wie auch in anderen Bereichen.

Was dir als Zuschauer nämlich verborgen bleibt, ist, dass Spitzensportler für ihren Erfolg einen sehr hohen Preis zahlen. Jahrelanges, tägliches Training gehört dazu, um die eigenen Stärken auszubauen und die Schwächen zu managen. Viel Schweiß, Schmerzen und Niederlagen sind nötig, um am Ende eine Medaille um den Hals hängen zu haben.

Leider meinen viele Menschen jedoch, Erfolg wäre ohne große Anstrengungen möglich und du müsstest nur darauf warten. Das ist jedoch weit gefehlt. Thomas Alva Edison stellte bereits damals fest: „Erfolg sind zu 99 % Transpiration und nur zu 1 % Inspiration." Jeder erfolgreiche Spitzensportler nimmt diese Anstrengungen und Entbehrungen dennoch gerne in Kauf und bestätigt: „Für solche Momente – mögen sie noch so kurz sein - lohnt es sich zu kämpfen."

Vor ihrem letzten Versuch drehte Nerius ihr Stirnband. Es stand dort in großen Lettern geschrieben: „Danke für eure Treue". Recht hat sie. Auch sie war sich fast zwei Jahrzehnte treu und kämpfte erfolgreich Tag für Tag für ihren großen Traum – einmal Weltmeisterin zu sein.[79]

Sportlerinterview Steffi Nerius

Rechte: DKB –Deutsche Kreditbank AG

Matthias: Welches sind deine drei wichtigsten Erfolgseigenschaften, die dich so erfolgreich gemacht haben?

Steffi: Disziplin, Kampfgeist, Zielstrebigkeit, aber auch die Fähigkeit aus Niederlagen etwas Positives zu ziehen und daraus zu lernen.

Matthias: Wie wichtig waren Disziplin und Ausdauer für deinen Sport?

Steffi: Sie waren entscheidende Faktoren für meinen Erfolg. Es ist von immenser Bedeutung für den maximalen sportlichen Erfolg, diszipliniert und fokussiert zu arbeiten und zu trainieren. Gerade nach Misserfolgen muss man die Ausdauer besitzen und am Ball bleiben.

---

79 Mehr Infos zu Steffi unter www.steffi-nerius.de.

Matthias: Wie bist du mit Verletzungen umgegangen?

Steffi: Zu Beginn meiner Karriere haben mich Verletzungen immer stark aus der Bahn geworfen. Im Laufe der Zeit habe ich aber gelernt damit umzugehen und zu erkennen, dass Verletzungen im Sport dazu gehören.

Matthias: Was empfiehlst du Menschen, die gerade eine Niederlage zu verkraften haben?

Steffi: In meinen Augen ist es wichtig, die Fähigkeit zu entwickeln, auch ... aus den Niederlagen zu lernen. Es ist wichtig, seine Fähigkeiten und Leistungen bzw. Fehlleistungen richtig einschätzen zu können und mögliche Fehler zu bestimmen. Bei mir war es zu Beginn der Karriere so, dass ich bei den wichtigen Wettkämpfen meine Leistungen aus dem Training nicht abrufen konnte. Die Vorleistungen waren super, aber im Wettkampf klappte es dann nicht wie gewünscht und ich hatte meine Nerven nicht im Griff. Ich habe dann begonnen, mit einem Mentaltrainer zusammen zu arbeiten.

Dein erster Schritt, um deine aktuelle Situation zu verbessern, besteht darin, dich von deinem negativen Glauben zu verabschieden, dass du nichts verbessern könntest. Wie schaffst du das? Die Vergangenheit ist vergangen. Was auch immer in deiner Vergangenheit schief gelaufen ist, ist jetzt uninteressant. Es kommt darauf an, was du jetzt in diesem Moment tust. Was du heute tust, entscheidet über deine Zukunft. Viel zu oft schaust du in den Rückspiegel, während du dein Leben in die Zukunft lenkst. Das führt schnell zu einem Crash. Anstatt dich für das „fertig zu machen", was früher einmal geschehen ist, konzentriere dich ab heute auf Lösungen anstatt auf Probleme. Konzentriere dich darauf, was du heute TUN kannst, um deine Lebenssituation zu verbessern.

- Was kann ich tun, um meine aktuelle Lebenssituation zu verbessern?

Hast du erkannt, was dein Denken, Fühlen und Handeln auslöst, brauchst du nur noch kluges, konsequentes und energisches Handeln an den Tag zu legen, um eine Verbesserung zu erzielen.

Ohne Fleiß keinen Preis

Hast du schon einmal einen Spitzensportler beobachtet, der sagt: „Mensch, stimmt ja, ich habe kommendes Wochenende eine deutsche Meisterschaft.

Da sollte ich diese Woche nutzen, um dafür zu trainieren. Drei Tage Vorbereitung reichen locker." Hast du das oder ähnliches schon mal erlebt? Sicher nicht.

• Wie gehst du an wichtige Termine heran – Schularbeiten, Prüfungen, Verkaufsgespräche, Präsentationen, Wettkämpfe usw.?

Du siehst Spitzensportler live oder im Fernsehen und denkst dir: „Wow, der beherrscht sein Fach. Das ist ein richtiger Könner. Man, hat der Talent. Das sieht so locker, leicht, lächelnd aus – als wenn der sich gar nicht groß anstrengen braucht." Glaubst du etwa, das sah immer so aus? Mitnichten. Selbstverständlich ist Talent wichtig. Talent ist die Basis für Bestleistungen. Niemand kann es in einem Bereich weit bringen, ohne ein gewisses Potenzial von Natur aus mitbekommen zu haben. Es gibt keine Marathonläufer ohne Ausdauer, keine Weitspringer ohne Sprungkraft, keine Handballer ohne Ballgefühl und keine guten Führungskräfte ohne Menschenkenntnis. Talent ist jedoch nur die Basis und wird häufig überschätzt. Viel wichtiger als Talent sind Disziplin und Fleiß, um aus einem Talent eine Stärke zu entwickeln. Der Spruch „Übung macht den Meister" gilt auch heute noch. Wissenschaftler haben herausgefunden, dass es ca. 10.000 Stunden intensiven Trainings bedarf, bis du in deinem Bereich an der Weltspitze stehst – das gilt sowohl für den Sport als auch für die Wirtschaft. Das entspricht ca. zehn Jahren. 1.000 Stunden Training pro Jahr bedeuten durchschnittlich knapp drei Stunden Training täglich bzw. 21 Stunden pro Woche. Und damit ist es nicht getan. Täglich trainieren Könner viele weitere Stunden, um mindestens genauso gut zu bleiben oder noch besser zu werden. Überlege selbst, wie viele Stunden du in deinen Bereich, in dem du richtig gut werden willst, pro Woche investierst. Wunderst du dich jetzt noch, dass du dich im Mittelmaß bewegst? Wenn du in einem Bereich richtig gut werden willst, gehört intensives Training dazu. Du brauchst die Bereitschaft und den Willen, dich weiter zu entwickeln, dir mehr Wissen und Können als andere anzueignen – kurz: lebenslang zu lernen.

Beispiel: Magdalena Neuner

Magdalena Neuner steht mit vier Jahren das erste Mal auf Alpinskiern. Mit neun beginnt sie mit dem Biathlon. Mit neunzehn wird sie die weltbeste Biathletin und gewinnt ihre ersten drei Weltmeistertitel. Lenas Siege sind scheinbar leichte Siege. Sie sagt über sich: „Ich kann gerade auf der Schlussrunde nochmals unglaublich auf die Zähne beißen und mich quälen. Wenn ich jemanden vor mir sehe, schalte ich auch schon mal das Hirn aus und laufe einfach." Lena kann sich schinden, sie kann beißen – das siehst du nicht. Lena hat sich die Leichtigkeit hart erarbeitet. Sie trainiert heute sechs Tage die Woche je 4-8 Stunden – je nach Saisonphase –, legt pro Jahr 6.500 Trainingskilometer auf Skiern zurück und gibt ca. 10.000 Schüsse auf die kleinen schwarzen Scheiben ab. Dieses Trainingspensum wird sie während ihrer weiteren Karriere beibehalten. Glaubst du etwa, Wintersportler liegen im Sommer auf der Liege und schauen den Sommersportlern zu, wie die trainieren und Wettkämpfe bestreiten? Blödsinn. Eine Biathletin arbeitet im Sommer an ihren Grundlagen. Um möglichst sportartspezifisch zu trainieren, fährt sie auf Rollerski durch die Landschaft und steht auch im Sommer am Schießstand. Darüber hinaus nutzt sie andere Sportarten, um ihre Fitness zu steigern: fährt Fahrrad, macht Crossläufe. Und auch in diesen Sportarten sind Wintersportler fit.

Wenn ich Vorträge in Schulen halte, stelle ich regelmäßig fest, dass viele Schüler heute nicht mehr bereit sind, sich für ein Ziel anzustrengen. Ausdauer und Disziplin sind Fremdworte für sie. In der Wirtschaft sieht es leider ähnlich aus. „Bloß nicht anstrengen", lautet das Motto. Viele sind fast schon „stinkend faul", tun nur das Nötigste. Du auch? Da du dieses Buch liest, ist die Wahrscheinlichkeit groß, dass du positiv anders bist als viele andere. Hüte dich davor, Teil dieser „Faultier- Gesellschaft" zu werden. Und wenn du dazu gehörst, hast du selbst die Wahl, dich anders zu entscheiden und den erfolgreichen Weg zu gehen. Willst du etwas aus deinem Leben machen – mehr Lebensqualität gewinnen, gesünder leben, mehr Zeit zur Verfügung haben, mehr Geld verdienen und dir schöne Dinge leisten können – gehört vorher Anstrengung dazu. Ohne Fleiß keinen Preis.

Erfolge sind vergänglich – schneller als dir lieb ist

Du bist von Natur aus bequem. Deshalb ist die Gefahr groß, dass du bequem wirst, sobald du oben stehst. Du fühlst dich sicher, genießt deinen Erfolg, lässt es dir gut gehen – du belohnst dich für das Erreichte. Belohnung und Feiern sind absolut ok und gehören dazu. Sei jedoch vorsichtig und vermeide, dich zurückzulehnen und auf deinem Erfolg auszuruhen.

Beispiel: Champions League

Der FC Bayern München gewann 2001 die Champions League. Die Mannschaft krönte ihren Erfolg zusätzlich durch den Gewinn des Weltpokals. Damit galten sie als beste Mannschaft der Welt. Nach diesen Siegen haben die Bayern in den Folgejahren keine ähnlichen Erfolge mehr feiern können, obwohl die Mannschaft zunächst weitestgehend zusammenblieb. Warum? Vermutlich, weil einige Spieler satt waren. Sie hatten ihr großes Ziel erreicht, einmal die Champions League zu gewinnen.

Die Erfolge von heute sind morgen leider kaum noch etwas wert. Sie sind schneller vergänglich als dir lieb ist. Andere interessieren deine Erfolge von gestern herzlich wenig.

Es gilt, dass du dich immer wieder aufs Neue beweist. Deshalb ist es von Vorteil, wenn nach großen Erfolgen zwischendurch ein heftiger Windstoß in Form einer Niederlage, eines Rückschlags, einer Krise kommt, der dir einmal kräftig den Kopf freipustet. Diese bewahren dich davor, zu stark nachzulassen und dich zu sicher zu fühlen. Das Schicksal testet dich in regelmäßigen Abständen, um zu gucken, wie stark dein Verlangen ist, deine Ziele wirklich zu erreichen.

Am Ende entscheidet dein Wille

Frühjahr 2008, ich sehe im Fernsehen einen Bericht über einen jungen Mann aus dem Schwarzwald, der sportlich gesehen verrückte Dinge macht. Sein Name ist Thomas Dold. Er ist Rückwärts- und Treppenläufer und zwar der Beste der Welt. Beim Rückwärtslaufen hält er fünf Weltrekorde, u.a. über 1.000 m – seine Bestzeit 3:20 min. Über 90 % der Bevölkerung laufen die Strecke selbst vorwärts langsamer als Thomas rückwärts. Die Treppen des ehemals höchsten Wolkenkratzers der Welt in Taiwan – den Taipei 101 – läuft er in zehn Minuten und 53 Sekunden nach oben. Dabei handelt es sich um immerhin 91 Stockwerke und 2.046 Stufen – das entspricht mehr als drei Stufen pro Sekunde. Du denkst sicher: „Autsch! Das ist schnell." Das ist nicht nur schnell, das ist extrem schnell.

* Teste es mal aus. Stoppe die Zeit und laufe drei bis vier Stockwerke – abhängig von deiner Kondition – in einem mehrstöckigen Gebäude hoch. Teile anschließend die Anzahl der zurückgelegten Stufen durch deine Endzeit in Sekunden. Dann weißt du, wie viele Treppen du pro Se-

kunde überwunden hast. Wie viele Stufen du auf einmal nimmst, entscheidest du selbst.

Und? Hast du drei Stufen je Sekunde geschafft? Thomas hält diese Geschwindigkeit übrigens für weitere 88 Stockwerke.

In dem Fernsehbeitrag erzählt Thomas, dass er in Zukunft Treppenlaufseminare anbietet. Im August 2008 fahre ich daraufhin nach Berlin, wo Thomas sein erstes „Run2sky"-Training anbietet. Thomas und eine Handvoll Verrückter – einer davon bin ich – stehen in der Lobby des Hotels Park Inn, dem höchsten Gebäude Berlins. Hier will uns Thomas in die Welt des Treppenlaufs mitnehmen.

Das Treppenhaus ist grau, die Luft trocken und es riecht etwas modrig. Unseren Blick richten wir steil nach oben. Das ist, als wenn du in einen tiefen Brunnen schaust, nur dass dieser nach oben führt. Das Zählen der Stockwerke ist unmöglich, so weit können wir gar nicht gucken. Thomas motiviert uns und sagt: „Treppenlaufen macht Spaß, oben habt ihr eine schöne Aussicht und ihr bekommt einen knackigen Hintern davon. Das mögen die Frauen. Dafür lohnen sich die 39 Stockwerke, 128 Höhenmeter und 770 Stufen."

Treppenlaufen ist ähnlich hart wie die Umgebung, in der es stattfindet. Thomas sieht jedoch stets das Positive: „Du kannst auch im Winter Shorts tragen." Er gibt uns noch ein paar wichtige Tipps mit auf den Weg: „Schaut, dass ihr zwei Treppenstufen nehmt. Setzt den Arm ein und zieht euch am Geländer hoch. Lauft nicht zu schnell los. Denn die paar Sekunden, die ihr am Anfang zu schnell lauft, verliert ihr hinten raus im Quadrat." Er gibt den Start frei. Vor dem Start dachte ich mir noch: Ich zähle die Stufen, ob es auch wirklich 770 Stufen sind. Das lenkt ab. Dieser Vorsatz ist jedoch schnell Geschichte. Bereits nach sieben Stockwerken habe ich mich komplett verzählt. Ich stelle schnell fest, dass dich bei so einer Belastung ganz andere Gedanken beschäftigen. Bei Stockwerk zehn merke ich, wie die Beine langsam müde werden. Ich reiße mich zusammen. Doch nach 19 Stockwerken lassen meine Kräfte stark nach. Die Beine sind schwer wie Blei. Und nun? Weiter, was sonst? Ich laufe weiter, Stockwerk für Stockwerk. Mensch, ich will da hoch. Ich schnaufe wie ein Elch. Inzwischen haben wir das 30. Stockwerk passiert. Noch sind es acht Stockwerke, die zurückzulegen sind.

Ich sage mir: „Quäl dich. Ich will da mit allen Mitteln hoch und den tollen Ausblick über Berlin erleben." Und ich sehe Licht am Ende des Tunnels. Der Ausgang zur Aussichtsplattform in 128 Meter Höhe ist erreicht. Meine Schenkel brennen wie Hölle. Dann muss ich husten, es breitet sich ein seltsam metallischer Blutgeschmack im Mund aus. Vergleichbares habe ich bis dahin noch nicht erlebt. Insgesamt brauche ich am Ende für die 770 Stufen 3:49 min. Der Fußballer in unserer Gruppe ist knapp 15 Sekunden schneller. Zwischen einer und eineinhalb Minuten später kommen die anderen drei und unser Trainer Thomas oben an. Wir sind alle fix und fertig – außer Thomas, der gemütlich neben den anderen leichtfüßig von einem auf den anderen Fuß hüpfte, wie sie später erzählen. Der Blutgeschmack im Mund ist auch Minuten später noch da, der Husten sogar noch einen Tag später. „Wenn du ein paar Treppenläufe hinter dir hast, sind auch der Blutgeschmack und Husten weg. Da gewöhnst du dich dran", will mich Thomas beruhigen. Ich sage nur leise – lauter geht's gerade nicht: „Glaubst du etwa, dass ich mir diese Qual nochmal antue?"

Thomas sagt kurz darauf auf der Aussichtsplattform diesen wichtigen Satz:

> „Ein Treppenhaus ist lang, am Ende treibt
> dich nur noch der Wille nach oben."

Diesen Satz unterschreibe ich zu 100 %. Ausschließlich mein WILLE, die Aussichtsplattform zu erreichen – zu Fuß anstatt mit dem Lift – hat mich nach oben getrieben. Dieser Wille ist es, der dich Herausforderungen meistern und Ziele erreichen lässt, von denen du vorher nur geträumt hast. Ohne diesen Willen wäre ich spätestens nach zwanzig Stockwerken ausgestiegen und hätte aufgegeben. Doch diese Alternative gab es erst gar nicht, da der Wille groß genug war, es unbedingt schaffen zu wollen. Vor allem hatte uns Thomas eins versprochen: „Eine traumhafte Aussicht über Berlin." Und er hat sein Versprechen gehalten. Die Aussicht war der absolute Hammer. Mit der Aussicht stellte sich das Glücksgefühl ein, es geschafft zu haben und diesen tollen Ausblick genießen zu dürfen. Das Glücksgefühl spürte ich im ganzen Körper. Dafür hatte sich die Anstrengung tatsächlich mehr als gelohnt.

Sicher kennst du diese Situation in anderer Form aus deinem Alltag. Du hattest in Gedanken das große Ziel vor Augen. Die Aussicht auf die Annehmlichkeiten, die mit dem Erreichen deines Ziels verbunden waren, hat dich bis zum Ende kämpfen lassen. Dabei hast du viele Momente gehabt, in denen du kurz davor standest aufzugeben, weil die Anstrengungen so groß waren und immer wieder Rückschläge auftraten. Doch der erneute Gedanke an dein Ziel hat dich weiter kämpfen lassen. Stufe für Stufe bist du deinem großen Ziel näher gekommen. Am Ende hast du es unglaublich erschöpft und gleichzeitig überglücklich erreicht. Dieses Glücksgefühl hat dich die Strapazen sehr schnell vergessen lassen.

Sportlerinterview Thomas Dold

Rechte: run2sky.com

Es gibt wahrhaft schönere Orte zum Sport treiben. Das staubige, graue Treppenhaus im MAINTOWER gehört definitiv nicht dazu. Trotzdem ist es das bevorzugte Trainingsobjekt von Thomas Dold – Wirtschaftsökonom, Unternehmer, Impulsgeber und Spitzensportler. Der Frankfurter Wolkenkratzer (256 Meter Höhe) ist für den Extremsportler aus Steinach im Schwarzwald Kinzigtal sein zweites Zuhause. Zweimal pro Woche sprintet der 25-Jährige die über 1.000 Stufen hinauf bis in den 65. Stock. Thomas

Dold ist der weltbeste Treppen- und Rückwärtsläufer. Was das bedeutet, erzählt er dir im Interview. [80]

Matthias: Ab wann tut es weh beim Treppenlaufen?

Thomas: In New York und Taipeh sind es 86 bzw. 91 Stockwerke bis zur Aussichtsplattform. Das geht tatsächlich relativ schnell, bis es richtig wehtut. ... Nach 10 Stockwerken fange ich bereits an zu schnaufen, bei 20 habe ich Schweißperlen auf der Stirn und bei 30 Stockwerken strengt es richtig an. Bei 40/50 Stockwerken fühle ich mich fertig und bin es auch – da brennen die Beine wie Feuer. Nur ist da bei Wettkämpfen wie New York und Taipeh erst Halbzeit. Den Rest laufe ich rein über den Willen. Die mentale Komponente spielt hier eine große Rolle.

Matthias: Wie motivierst du dich, wenn's weh tut?

Thomas: Da brauche ich mich nicht extra zu motivieren, das überlege ich mir vorher. Ich weiß ja vorher schon, was mich erwartet. ... Außerdem habe ich den Willen, den eigenen Schweinehund zu besiegen. Im Wettkampf läuft nur der Film vor meinem geistigen Auge ab, den ich vorher „gedreht" habe – ein perfekter Wettkampf, bei dem ich meine beste Leistung zeige.

Matthias: Führst du innere Selbstgespräche?

Thomas: Dafür fehlt mir meistens die Luft. Ich frage mich vielmehr, ob das die Geschwindigkeit ist, die ich noch 60, 40, noch 20 Stockwerke laufen kann oder ob ich vielleicht doch noch schneller laufen könnte.

Matthias: Wie hakst du Rückschläge ab?

Thomas: Rückschläge behalte ich in guter Erinnerung. Da denke ich an meinen ersten Start in New York, bei dem ich einen halben Schritt zu spät kam, um zu gewinnen. Da fehlte der bedingungslose Siegeswille. Oder an meinen Wettkampf in Taipeh, bei dem ich 0,35 Sekunden zu spät kam. Am Anfang meiner Karriere haben sich solche Situationen noch gehäuft. Da hätte ich einige gute Gründe gehabt, das Treppenlaufen an den Nagel zu hängen. Dennoch bin ich dabei geblieben und habe das Training und die Vorbereitung in körperlicher, organisatorischer und mentaler Hinsicht weiter verbessert, so dass ich von mir sagen kann: Ich habe alles Mögliche getan,

---

80 Mehr zu Thomas und zum neuen Trendsport Treppenlauf unter www.thomasdold.com und www.run2sky.com.

um mein Ziel zu erreichen. Im Hinblick auf die aktuellen Ergebnisse zahlt sich diese Geduld nun mehr als aus....

Matthias: Hat jemand früher gesagt: „Schaffst du nicht, kannst du nicht?"

Thomas: Das war ich selber, der gezweifelt hatte. Ich bin lange Zeit davon ausgegangen, dass ich nicht wirklich Talente habe. Fleiß und Disziplin gehörten dazu, um das zu widerlegen. Heute denke ich eher: „Unmöglich ist nur ein Wort, kein Zustand."

Matthias: Welche Ziele willst du noch im Treppenlaufen erreichen?

Thomas: Dieses Jahr gewann ich den Empire State Building Run Up in New York zum fünften Mal in Folge. Damit bin ich der erfolgreichste Treppenläufer weltweit. ... Es bleibt mein Ziel, das höchste Gebäude der Welt hochzulaufen: das Burdsch Chalifa in Dubai. Man kann ja eh nicht bis auf 828 Meter hoch, sondern bei 600 Metern enden vermutlich die Etagen, das sind etwa 126 Stockwerke. Dieses Gebäude zu laufen ist ein Traum, genauso wie die Aussicht hoch oben über der Wüste der Emirate.

Matthias: Wie lautet dein Lebensmotto?

Thomas: Lösungen suchen, keine Ausreden.

Deine nächsten Schritte, um aus dem Quark zu kommen

„Was du leicht tun kannst, kannst du auch leicht sein lassen."

Lies dieses Zitat nochmal. An diesem Satz ist sehr viel Wahres dran. Immer wenn du dir denkst, wie leicht es wäre, jetzt einen potenziellen Kunden anzurufen und ihm deine Dienstleistungen anzubieten, denkst du vielleicht: „Es ist genauso leicht, es einfach sein zu lassen." Immer wenn du dir denkst, wie leicht es doch wäre, jetzt deinen Hintern aus dem Bürostuhl zu heben und eine Runde im Wald Laufen zu gehen oder anderen Sport zu treiben, denkst du dir gleichzeitig: „Es ist genauso leicht, es einfach sein zu lassen."

Es ist leicht, erfolgreicher zu werden und seine Lebensqualität zu steigern. Es ist leicht, lebenslang zu lernen. Es ist leicht, sich ausgewogener zu ernähren. Es ist leicht, häufiger Sport zu treiben. Es ist leicht, kurze Entspannungspausen einzulegen. Es ist leicht, sich Ziele zu setzen. Es ist leicht, bessere Beziehungen zu führen. Es ist leicht, die Einstellung zu verbessern. All das ist leicht. Genauso leicht ist es jedoch, es einfach sein zu lassen.

Lass dir niemals einreden, Erfolg sei schwer zu erreichen. Alle, die das sagen, wollen nur, dass es so ist. Warum? Weil sie damit weiterhin im Quark sitzen und ihre Erfolglosigkeit entschuldigen können. Falls du bisher zu den Menschen gehört hast, die meinten, Erfolg wäre schwer zu erreichen, dann ist das der Grund, warum du bisher noch wenig erfolgreich warst. Ich habe dir in diesem Buch viele Dinge vorgestellt, die du tun kannst, um erfolgreicher zu werden. Jede Übung kannst du sofort umsetzen. Tust du das, stellst du innerhalb kürzester Zeit fest, dass du erfolgreicher wirst und deine Lebensqualität steigt.

Du kannst es! Willst du es auch?

Du kannst erfolgreicher sein. Du hast sogar die Pflicht, das Bestmögliche aus dir und deinem Potenzial zu machen. Warum? Weil du es kannst! Es wäre absolut unverantwortlich und bescheuert, wenn du die Chance vorbei ziehen lässt, mehr aus deinem Leben zu machen. Warum? Weil du es kannst! Es ist keineswegs so, dass du kein besseres Leben führen könntest. Es ist immer so, dass du kein besseres Leben führen willst. Entscheidend ist das WOLLEN.

Du hast dieses Buch gelesen. Du bist positiv anders als andere. HERZlichen Glückwunsch! Wichtig ist jedoch: du wirst nicht erfolgreicher, nur weil du ein Buch besitzt oder es gelesen hast. Erfolgreicher wirst du erst, wenn du die Inhalte des Buches anwendest. Erst, wenn du wirklich ins Handeln kommst, können sich dein Leben und deine Lebensqualität verbessern. Dazu gehört, dass du bereit bist, für deinen Erfolg alles zu tun, dein Bestes zu geben – jetzt und in Zukunft.

„Handeln kommt von Hand! Und nicht von Maul." Vielfach hast du in der Vergangenheit gemault und gequakt, wie ungerecht das Leben und die Umstände sind. Wenn du maulst, kannst du jedoch nicht gleichzeitig etwas verbessern und bewegen. Erst wenn du dein Leben in die Hand nimmst, dich bewegst und beginnst, neue Dinge umzusetzen, kommst du vorwärts und verbesserst deine aktuelle Situation.

Nutze die 72-Stunden-Regel. Erinnere dich: Alles, was du innerhalb von 72 Stunden ins Handeln bringst, hat eine über 90 %-ige Chance auf Erfolg. Nimm ein Blatt Papier und erstelle eine To-Do-Liste, wie im Gebrauchsleitfaden beschrieben. Schreibe auf, welche Punkte du ins Handeln bringst.

Fange einfach an. Nicht morgen, sondern heute, genau JETZT! Wenn du auf bessere Bedingungen und Umstände wartest, wartest du ein Leben lang. Der perfekte Zeitpunkt, um anzufangen, ist genau jetzt. Du bringst die besten Voraussetzungen mit. Du kannst nur zwei Fehler machen, um erfolglos zu sein. Der erste ist, faul zu bleiben und darauf zu verzichten anzufangen, der zweite ist, zu früh aufzugeben.

Lass dir in keiner Weise von anderen sagen, was möglich ist und was nicht. Sei bereit, die Verantwortung für dein Leben zu übernehmen, stets dein Bestes zu geben und damit mehr aus deinem großartigen Potenzial zu machen. Du hast es dir verdient. Die Frage ist: Willst du es? Du hast die Wahl! Jetzt schließe das Buch und leg los. Komm aus dem Quark und „Sei spitze, wenn's drauf ankommt!"

Viel Spaß und Erfolg dabei!

HANDelnde und HERZliche Grüße

Matthias und MATZE

Wie hat's gefallen?

Du hast das Buch jetzt gelesen. Damit bist du weiter, als viele jemals sein werden. Was hältst du davon? Über Anregungen und dein Feedback zum Buch – Lob als auch konstruktive Kritik – freue ich mich sehr. Wenn du Fragen oder Wünsche hast, persönliche oder geschäftliche, komme gerne auf uns zu. Du erreichst uns unter www.matthiasherzog.com und info@matthiasherzog.com.

50 Cent des Bucherlöses gehen an die **Philipp Lahm-Stiftung**. Philipp gehört zu den weltbesten Verteidigern im Fußball, spielt bei Bayern München und ist Führungsspieler der deutschen Fußball-Nationalmannschaft. Seine Stiftung engagiert sich u.a. in dem Projekt „Mädchen an den Ball". Das Projekt ist ein Sportprogramm für fußballbegeisterte Mädchen in verschiedenen Stadtteilen von München. Es wird vom Münchner Verein LILALU durchgeführt, der pädagogische und künstlerische Ferienprogramme für Kinder, Jugendliche und Familien anbietet, insbesondere für einkommensschwache Familien und junge Leute mit Migrationshintergrund. „Mädchen an den Ball" wendet sich ausdrücklich an Teilnehmerinnen zwischen 6 und 17 Jahren. Die soziale Integration steht im Fokus des Fußballprojekts – kaum eine andere Sportart führt so viele Menschen aus unterschiedlichen Schichten und Nationalitäten zusammen.

Erklärtes Ziel von „Mädchen an den Ball" ist es, durch den Mannschaftssport sowohl die Persönlichkeitsstruktur der Mädchen zu stärken, als auch Soft Skills wie Teamfähigkeit, Integrationsbereitschaft, Empathie und Verantwortungsbewusstsein zu fördern. Die Mädchen entwickeln ein neues und gestärktes Selbstbewusstsein sowie soziale, interkulturelle und auch kreative Kompetenzen, die ebenso im Vordergrund stehen wie die sportlichen Fähigkeiten.[81]

---

81 Mehr Informationen zur Stiftung unter www.philipp-lahm-stiftung.de.

Applaus und danke an...

... meinen Krümel Kristina für deine Geduld, deinen Glauben an mich und dafür, dass ich dich habe. Ich liebe dich!

... meine Eltern Margit und Manfred, die ihr mich stets meinen eigenen Weg gehen lassen habt. DANKE für alles!

... meinen „kleinen" Bruder Stephan und meine Schwester Gaby für eure Ideen und Unterstützung – zu jeder Tages- und Nachtzeit.

... Elvira Plitt und Heiner Huss vom HAUFE Verlag und Gabriele Vogt für das Vertrauen in dieses Buchprojekt, die ausgezeichnete Zusammenarbeit und das exzellente Lektorat.

... Timo Wuerz für die genialen Illustrationen von MATZE!

... Annette Rost und Jochen Enste und das engagierte Team von position. Bei euch weiß ich die Pressearbeit in den besten Händen.

... meine Interviewpartner, die ihr eure persönlichen Erfahrungen und wertvolle Gedanken beigesteuert habt: Michael Behrmann, Britta Carlson, Thomas Dold, Tino Fechner, Eric Frenzel, Kathrin Hölzl, Dr. Gunther Karsten, Björn Kircheisen, Dominik Klein, Boris-Nikolai Konrad, Felix Loch, Urs Meier, Rüdiger Nehberg, Steffi Nerius, Magdalena Neuner, Jennifer Oeser, Arnd Peiffer, Susanne Riesch, Markus Weise.

Dieses Buchprojekt haben besondere Menschen unterstützt – mit großem Engagement und einer unglaublichen Menge Spaß.
Vielen HERZlichen Dank an euch alle!
Matthias

Empfehlenswerte Literatur

Baschab, Thomas: Pablos Traum. Knaur, 2006

Bischoff, Christian: Machen Sie den positiven Unterschied. Draksal, 2008

Brand, Heiner; Löhr, Jörg: Projekt Gold – Wege zur Höchstleistung – Spitzensport als Erfolgsmodell. Gabal, 2008

Christiani, Alexander: Weck den Sieger in Dir! In 7 Schritten zu dauerhafter Selbstmotivation. Gabler, 2000

Fournier, Dr. Dr. Cay von: Die 10 Gebote für ein gesundes Unternehmen: Wie Sie langfristigen Erfolg schaffen. Campus, 2005

Frädrich, Stefan: Günter, der innere Schweinehund, hat Erfolg. Gabal, 2007

Geisselhart, Oliver: Notizbuch im Kopf: So merken Sie sich alles. GU, 2009

Heizmann, Patric: Ich bin dann mal schlank. Draksal, 2009

Hofmann, Markus: Familie in Hochform: Gedächtnistraining für alle von 0 bis 99, Ueberreuter, 2010

Karsten, Dr. Gunther: Lernen wie ein Weltmeister: Zahlen, Fakten, Vokabeln schneller und effektiver lernen. Goldmann, 2007

Löhr, Jörg; Pramann, Ulrich: Lebe deine Stärken. Wie du schaffst, was du willst. Econ, 2004

Meier, Urs: Du bist die Entscheidung. Schnell und entschlossen handeln. Scherz, 2008

Münchhausen, Marco von; Scherer, Hermann: Die kleinen Saboteure: So managen Sie die inneren Schweinehunde im Unternehmen. Campus, 2003

Nehberg, Rüdiger: Sir Vival blickt zurück: Resümee eines extremen Lebens. Malik, 2010

Staub, Gregor: mega memory® Gedächtnistraining Premium Edition - Textband plus 12 CDs

Sterzenbach, Slatco: Der perfekte Tag. Heyne, 2007

Winget, Larry: People are idiots and I can prove it. Gotham, 2008

Winget, Larry: Shut up, Stop Whining and Get a Life. Wiley, 2005

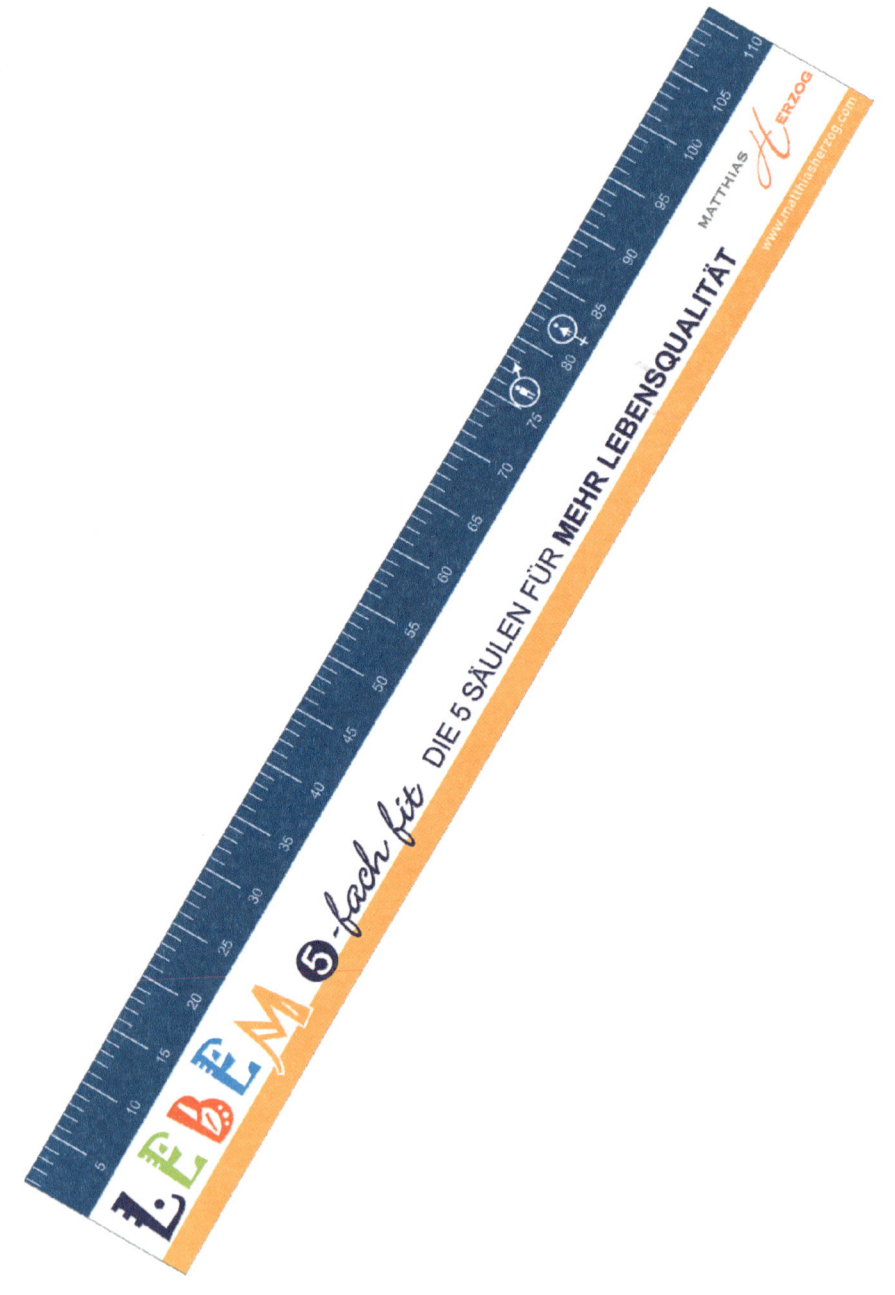